edition suhrkamp 2272

Die Globalisierung zeigt mit dem Schwinden der Grenzen für Terror und fundamentalistischer Identitätspolitik ein neues Gesicht. Immer mehr erweist sich nun Samuel Huntingtons Theorem vom Kampf der Kulturen als Signatur des 21. Jahrhunderts nicht als Erklärung kulturell begründeter Konflikte, sondern als Teil ihrer Ursachen. Nicht als Versuch der Deutung der neuen Entwicklungen ist die Kulturkampfthese ernst zu nehmen, aber als Arsenal für wohlfeile Berufungsgründe im Kampf der vermeintlichen kulturellen Identitäten um Macht und Anerkennung.

Thomas Meyer analysiert in diesem Band soziale, wirtschaftliche, kulturelle und politische Faktoren, die fundamentalistischer Identitätspolitik heute zum Erfolg verhelfen. Empirische Befunde und Analysen der Struktur unterschiedlicher Kulturen machen gemeinsame Grundwerte ebenso wie Reichweite und Grenzen der Differenz von Kulturen und Religionen bewusst. Das Buch zeigt schlüssig, dass es nicht an den kulturellen Unterschieden selbst liegt, ob sie uns bereichern oder einander entfremden, sondern an dem Gebrauch, den wir von ihnen machen.

Thomas Meyer, geboren 1943, lehrt Politikwissenschaft an der Universität Dortmund. Zuletzt erschien u. a.: *Mediokratie. Die Kolonisierung der Politik durch die Medien* (2001; es 2204).

Thomas Meyer
Identitätspolitik

*Vom Missbrauch kultureller
Unterschiede*

Suhrkamp

Für Ningzi

edition suhrkamp 2272
Erste Auflage 2002
© Suhrkamp Verlag Frankfurt am Main 2002
Originalausgabe
Alle Rechte vorbehalten, insbesondere das
der Übersetzung, des öffentlichen Vortrags
sowie der Übertragung durch Rundfunk und Fernsehen,
auch einzelner Teile.
Kein Teil des Werkes darf in irgendeiner Form
(durch Fotografie, Mikrofilm oder andere Verfahren)
ohne schriftliche Genehmigung des Verlages reproduziert
oder unter Verwendung elektronischer Systeme verarbeitet,
vervielfältigt oder verbreitet werden.
Satz: Jung Crossmedia, Lahnau
Druck: Nomos Verlagsgesellschaft, Baden-Baden
Umschlag gestaltet nach einem Konzept
von Willy Fleckhaus: Rolf Staudt
Printed in Germany

1 2 3 4 5 6 – 07 06 05 04 03 02

Inhalt

Identitätswahn und Identitätspolitik

Thema dieses Buchs ist nicht, um einem möglichen Missverständnis vorzubeugen, die Frage nach der kulturellen Dimension kollektiver sozialer Identität überhaupt und ihren notwendigen oder berechtigten politischen Bedingungen, wie sie in jüngster Zeit in höchst aufschlussreicher Weise v. a. von dem kanadischen Politikwissenschaftler Will Kymlicka gestellt und ausführlich diskutiert worden ist (Kymlicka 1995, 1999). Es geht vielmehr vorrangig um die Klärung der Voraussetzungen und Folgen *fundamentalistischer Identitätspolitik* in der gegenwärtigen Ära gesellschaftlicher Globalisierung, die ich zum ersten Mal in meinem Buch *Fundamentalismus. Aufstand gegen die Moderne* zum Thema gemacht habe (Meyer 1989a, 1989b), sowie die zu ihr spiegelbildliche Variante einer *scheinbar reaktiven »westlichen« Identitätspolitik Huntington'scher Art*, die in ihrem Außenverhältnis in der politischen Praxis auf dasselbe hinausläuft. Beide spielen einander in die Hände und beruhen auf derselben Art des Missbrauchs kultureller Differenz für Zwecke der Machtlegitimation. In den abschließenden Kapiteln wende ich mich der Frage nach den Spielräumen und Grenzen kultureller Identität in der rechtsstaatlichen Demokratie zu.

Der vorliegende Text ist eine wesentlich erweiterte, überarbeitete und aktualisierte Fassung meines Buches *Identitäts-Wahn. Die Politisierung des kulturellen Unterschieds*, in dem ich die aktuelle Debatte aufgegriffen, die theoretische Perspektive mit Bezug auf sie erweitert und auf eine empirische Grundlage gestellt habe (Meyer 1997, 1998).

Der 11. September 2001 hat mit barbarischer Konsequenz

etwas plötzlich sichtbar werden lassen, das sich schon während des gesamten letzten Drittels des 20. Jahrhunderts langsam und widerspruchsvoll, aber doch konsequent und beharrlich in vielen Teilen der Welt angekündigt hatte: den Einzug einer neuen religiösen Form des politischen Fundamentalismus in die Arenen der Weltpolitik. Als äußerstes Extrem der *negativen* Globalisierung, die sich bislang fast ganz auf das Niederreißen nationalstaatlicher Grenzen beschränkte, statt auch die dadurch fällig gewordene weltweite politische Verantwortung zu organisieren, haben die Selbstmordkommandos der vermeintlichen Rächer eines beleidigten Islam, wie sie ihn sehen, demonstriert, dass Grenzen künftig ihre Bedeutung verlieren. Verbindende weltweite Verantwortungsstrukturen aber, die eine faire Regelung der Kosten und des Nutzens sowie der Integrität aller von der Globalisierung Betroffener herbeiführen könnten, stehen weitgehend noch aus.

Dabei ist gänzlich aus dem Blick geraten, dass fundamentalistische Ideologien und Bewegungen, wenn auch in unterschiedlicher Stärke und Prägung, seit den 1970er-Jahren in allen Kulturen der Welt Auftrieb bekommen haben, im Hinduismus nicht weniger als im jüdischen und christlichen Bereich und sogar im von Hause aus höchst friedfertigen Buddhismus (Meyer 1989b, Marty/Appleby 1991). Die gebotene Erweiterung des Blicks ist auch ein Beitrag zum Verständnis des Fundamentalismus *im* Islam, der ja keineswegs gleichbedeutend ist mit dem nun überall beschworenen »fundamentalistischen Islam«. Fundamentalismus ist vielmehr, wie im vorliegenden Buch gezeigt werden soll, eine Begleiterscheinung aller Kulturreligionen der gegenwärtigen Welt als Folge unbewältigter oder scheiternder Modernisierungsbestrebungen und der mit ihnen verbundenen kollektiven Erfahrungen von Entwurzelung, Verunsicherung, Ausweglosigkeit, Degradation und Kränkung. Ihn pauschal als Reaktion auf die Globalisierung zu bezeichnen erklärt wenig, weil die Gegenreaktionen auf ihn innerhalb der jeweiligen Kulturen selbst ja gleichermaßen im Zusammenhang der Globalisierung stehen. Diese ist mittlerweile so vielgestaltig und komplex, dass sie sich stets rasch zur Scheinerklärung von allem und jedem, aber auch des jeweiligen Gegenteils anbietet.

Stärke, Massenwirksamkeit, Handlungsstrategien und das Maß der Intransigenz und Entschlossenheit der Anführer und Anhänger fundamentalistischer Identitätspolitik sind hauptsächlich auf Ursachen zurückzuführen, die außerhalb der religiösen Deutungswelt liegen, in der sich ihre Begründungen bewegen und in der sie ihre Gewissheiten finden. Die religiösen und ideologischen Deutungswelten erweisen sich in der genauen Analyse nicht als Gründe der neuen identitätspolitischen Konflikte, sondern lediglich als das Medium, in dem diese sich in der gegenwärtigen Phase der modernen Entwicklung und ihrer Krisen am wirkungsvollsten zum Ausdruck bringen und massenwirksam legitimieren lassen. Diese besondere Eignung zum Artikulationsmedium sozialer und politischer Konflikte in der gegenwärtigen Epoche ist freilich ihrerseits kein Zufall. Sie gilt es zu verstehen und zu erklären.

Die entgrenzte Welt der *negativen* Globalisierung öffnet mit der ungehinderten Ausweitung von Märkten, Informationen und kulturellen Mustern, die durch keine angemessenen Regulative weltweiter Verantwortung gezähmt werden, unvermeidlich zugleich auch die Transportbahnen für die vernichtenden Rückstöße, die sie erzeugen. Und es handelt sich zweifellos um Rückstöße – eine Einsicht, die freilich nichts rechtfertigt und nicht alles erklärt. Jedenfalls ist nunmehr deutlich geworden, dass der politische Fundamentalismus nicht nur, was wir seit längerem wussten, ein Produkt der negativen Globalisierung ist (Barber 1995). Er ist offenbar in der Lage, sich als aktiver Mitspieler in der globalen Arena mit bislang nicht absehbaren Folgen Geltung zu verschaffen.

Das weltweit zirkulierende Theorem des amerikanischen Politikwissenschaftlers Samuel Huntington vom Kampf der Kulturen als Signatur des 21. Jahrhunderts ist keine Erklärung dieser Entwicklung. Es erweist sich bei genauerer Betrachtung vielmehr als Teil ihrer Ursachen, denn es legitimiert, und sei es wider Willen, den Missbrauch kultureller Argumente für die Entfachung und Rechtfertigung von Konflikten, deren Ursache entgegen dem ersten Anschein gerade nicht in der prinzipiellen Unverträglichkeit unterschiedlicher Kulturen zu finden ist. Als solche und nicht als Versuch der Deutung der neuen Entwicklungen ist das Kulturkampftheorem ernst zu nehmen. Es bietet allen, die den Kampf der vermeintlichen kulturellen Identitäten an die Stelle von Kooperation, Verhandlung und Verständigung setzen wollen, nicht nur ein Arsenal von Berufungsgründen, sondern, was folgenreicher ist, auch anscheinend noch den Segen der liberalen Führungsmacht im Prozess der voranschreitenden negativen Globalisierung selbst.

Der »kulturelle Faktor« spielt in einer Welt der Globalisierung in mehrfacher Hinsicht eine tragende Rolle. Es zeigt sich, dass er es unter bestimmten Bedingungen durchaus mit seinen beiden großen Gegenspielern, dem politischen und dem ökonomischen Faktor, aufnehmen und wie sie den Gang der Ereignisse prägen und seine Ergebnisse bedingen kann. Die Ursachen für den zunehmenden Einfluss kultureller Motive und Argumente sind vielfältig und komplex, sowohl was ihre jeweilige besondere Ausprägung betrifft, aber auch im Hinblick auf die Interessen der unterschiedlichen Akteure. Seine Wirkungsrichtungen sind uneindeutig und in ihrem relativen Rang ungeklärt. Aus der Erfahrung der letzten beiden Jahrzehnte sind v. a. zwei einander entgegengerichtete kulturelle Wirkkräfte hervorzuheben (Offe 2000).

Zum einen erweisen sich die Ressourcen kultureller Differenz als mögliche Instrumente der Mobilisierung durch Ausschließung für die unterschiedlichsten politischen und religiösen Akteure als eine fortwährende Versuchung für ihren Missbrauch zum Zwecke der Legitimation sozialer und politischer Machtinteressen. Kulturelle Identitätspolitik wird dabei für eine Vielfalt handfester Zwecke genutzt, von der Rechtfertigung autokratischer Herrschaft bis zu ihrer Bekämpfung, von der Verweigerung der Menschenrechte bis zum Kampf gegen korrupte Eliten, von der Abwehr »fremden« Einflusses im eigenen Lande bis hin zur Entrechtung angestammter Minderheiten. Ihre Grundlage ist zumeist eine kontrafaktische Konstruktion reiner kultureller Identität, die primär durch die aggressive Ausschließung des Anderen erzeugt wird, um reinigende Erklärungen, stärkende Gewissheiten, scheinbar widerspruchsfreie Identifikationschancen, greifbare Heilserwartungen und klare Fronten der Zuweisung von Schuld und Sünde zu schaffen. Diese fundamentalistische Form der Konstruktion kultureller Identität wird im vorliegenden Buch, aus Gründen, die im Einzelnen dargelegt werden, *Identitätswahn* genannt.

Zum anderen ebnen kulturelle Ressourcen in der globalisierten Welt der Gegenwart aber auch die Wege für die kulturübergreifende Zusammenarbeit von Bürgern in den Initiativen der Zivilgesellschaft auf der Basis gemeinsamer soziopolitischer Grundüberzeugungen. Das zeigt die wachsende Bedeutung transnationaler Organisationen und Netzwerke des Bürgerengagements in der Weltpolitik. Solche kulturellen Allianzen sind, wie die empirischen Daten belegen, nicht auf die Abkehr von den jeweils eigenen kulturellen Traditionen angewiesen, sondern in ihnen allen ebenfalls erkennbar angelegt. Die negative Globalisierung bestärkt offenbar gleichzeitig Tendenzen der identitätspolitischen Abschottung und der kosmopolitischen Öffnung kultureller Traditionen. Welche Rolle die eine oder die andere dieser Verwendungsweisen kultureller Ressourcen jeweils spielt und wie sich ihr entgegengesetzter Einfluss gegeneinander aufrechnet, hängt offensichtlich nicht von den kulturellen Potenzialen allein ab, sondern von den sozialen, ökonomischen und politischen Erfahrungen und Interessen, in die ihre Verwendung eingebettet ist. Die eigentümliche Macht des kulturellen Faktors erweist sich darin, dass er sich in unserer Zeit in zunehmendem Maße für solch unterschiedliche Formen des Gebrauchs und Missbrauchs gleichermaßen eignet.

Die neuen Erfahrungen am Ende einer ideologisch bestimmten Epoche mit Konflikten, deren Antagonisten sich auf kulturelle Verfeindung beriefen, haben in der kurzen Zeit, seit sie einen Teil des Geschehens auf der Weltbühne und in den multikulturellen Gesellschaften der Gegenwart bestimmen, höchst unterschiedliche Deutungen auf den Plan gerufen. Viele sehen darin aber eine für die Zukunft der modernen Welt bedeutsame Entwicklung. *Benjamin Barber* vertritt das Argument, dass der Prozess der Globalisierung unmittelbar selbst den Fundamentalismus stärkt, denn starke lokale Gemeinschaften in allen Teilen der Dritten Welt betrachten schon die Folgen der ökonomischen Globalisierung als einen Angriff auf ihre kulturelle Identität. Sie meinen, diese allein durch den Rückgriff auf eine aggressiv fundamentalistische Variante ihrer angestammten Identität wirkungsvoll behaupten zu können (Barber 1995). Fundamentalismus wäre dann unvermeidlich der Zwillingsbruder der Globalisierung selbst. *Samuel Huntington* erblickt in den Bruchlinien der sozialen und politischen Grundwerte der großen Kulturkreise den Grund wachsender Verfeindung in dem Maße, wie ihre Kontakte miteinander intensiviert werden (Huntington 1996). Kulturell bedingte Kriege und Bürgerkriege wären dann unvermeidlich, Befriedung allein um den Preis der Unterwerfung der einen Kultur durch die andere zu erlangen. *Manuel Castells* sieht in der Macht fundamentalistischer Widerstandsidentitäten die logische Gegenmacht zur Macht der anonymen global-ökonomischen Netzwerke, die Leben und kulturelle Identitäten an vielen lokalen Lebensorten dieser Welt gefährden (Castells 1997). *Robert W. Cox* hingegen hält die zunehmende Berufung von Konfliktparteien auf kulturelle Gründe bloß für den Ausdruck der Verlegenheit, dass die sozialen Akteure der eigentlich ökonomischen und sozialen Konflikte in der Gegenwart über keine andere angemessene Sprache der Mobilisierung mehr verfügen (Cox 1997).

Offensichtlich ist die weltweite Renaissance des Fundamentalismus in allen Kulturen der Welt seit den 1970er-Jahren tief in den widerspruchsvollen Prozess der neoliberalen Globalisierung eingebettet, der sich zeitgleich zu entfalten begann (Kepel 1991). Was aber sind die genauen Ursachen für die wachsende Prominenz kultureller Argumente bei der Entfachung, der Legitimation und der Erklärung von Konflikten und Kriegen in der Gegenwart? Wie unterscheidet sich fundamentalistische Identitätspolitik von konkurrierenden Varianten kulturellen Selbstverständnisses und kultureller Selbstbehauptung, die unter denselben Bedingungen der Globalisierung ein ganz andere politische Logik entfalten? Und: Gehen politische, kulturelle und ökonomische Faktoren in der Welt des nachideologischen Zeitalters neuartige Verbindungen miteinander ein, oder variiert ihr Gewicht und ihr Wechselverhältnis von Situation zu Situation? Antworten auf diese Frage setzen zunächst ein genaues Verständnis der zeitgenössischen Kulturen und ihrer Dynamik voraus. Worin besteht ihre Identität, wie entfalten sie sich, worin unterscheiden sie sich, gibt es Verbindendes zwischen ihnen, worin bestehen und wie weit reichen ihre politischen Implikationen? Das sind die Themen und Leitfragen der folgenden Kapitel.

Seit den 1970er-Jahren scheinen Konflikte mit Berufung auf kulturelle Differenzen zur Signatur unserer Zeit zu gehören (Meyer 1989a, Kepel 1991). Das gilt – auch dies ein Kennzeichen der globalisierten Welt – gleichermaßen im Verhältnis zwischen den Staaten und innerhalb der Staatsnationen selbst. Denn auch die Grenzen, die zwischen diesen beiden lange bestanden, verlieren im Zeitalter der Globalisierung einen beträchtlichen Teil ihrer Macht über das Geschehen. Das wird in den realistischen Begriffen der Transnationalität und der *Transstaatlichkeit* anschaulich (Faist 2001). Innerhalb der modernen Gesellschaften und im Verhältnis zwischen ihnen müssen wir uns künftig nicht nur auf eine zunehmende, sondern auch auf eine in ihren Methoden und Wirkungen ungewisse Rolle des kulturellen Faktors im dynamischen Kräftedreieck einrichten, das er in seinen Wechselbeziehungen mit Politik und Wirtschaft bildet. Auch wo sie sich zutiefst durchdringen, spielt jeder dieser Faktoren nach seiner eigenen Logik und mit seinen eigenen Energien eine unverwechselbare Rolle.

Kulturelle Differenz, als Differenz zwischen ethnokulturellen oder kulturell-religiösen Identitäten, erweist sich im gesellschaftlichen Zusammenleben als ein hartnäckig doppeldeutiges Phänomen.[1] Das liegt daran, dass beide in ihren jeweils konkreten Ausprägungen immer soziale Konstruktionen sind, die in wechselnden Situationen und in Verbindung mit wechselnden Interessen und Erfahrungen gänzlich verschiedene Gestalten annehmen können. Gerade weil

---

1 Im Folgenden bezieht sich, sofern nichts anderes zum Ausdruck gebracht wird, der Begriff »kulturell« sowohl auf ethnokulturelle wie auf kulturell-religiöse Sachverhalte, die sich häufig, aber keineswegs immer überlappen.

beide von sich aus keineswegs zu Konflikten oder gar zu Feindschaft führen müssen, aber können, stellen sie fortdauernd eine Gelegenheitsstruktur für beides dar: für Innovation und produktive Synthesen unterschiedlicher Überlieferungen, aber ebenso für Sündenbock- und Ausgrenzungsstrategien als Grundlage für Mobilisierung und Verfeindung in machtpolitischer Absicht. Darum bedarf der Umgang mit kultureller Differenz nicht nur eines einmaligen Gründungsaktes der Erklärung wechselseitiger Verständnisses, sondern immerwährender Pflege durch Anerkennung, die in gemeinsamen sozialen Erfahrungswelten praktiziert wird.

Die Globalisierung hat diese *doppeldeutige Gelegenheitsstruktur des Multikulturalismus* zu einer unwiderruflichen Grundsituation der modernen Welt werden lassen, im Verhältnis der Nationen und Völker zueinander und innerhalb jeder Gesellschaft. Welche der unterschiedlichen Möglichkeiten, die er bietet, jeweils ergriffen und praktisch verfolgt wird, hängt daher nicht in erster Linie von der Gelegenheit selbst ab, sondern von dem, was entschlossene Akteure aus ihr machen. Darin und nicht in der kulturellen Vielfalt selbst bestehen die neuen Risiken des Multikulturalismus. Die Infamie der nunmehr auf allen Seiten zitierten Huntington'schen Kulturkampfthese besteht in der zielstrebigen Vermengung von Gelegenheit und Handlung (Huntington 1996). So als könnte den Dieb schon der Hinweis auf das bloße Vorhandensein der entwendeten Sache rechtfertigen.

Das vorliegende Buch untersucht in acht Schritten aufeinander aufbauender Analyse die Voraussetzungen und Risiken moderner fundamentalistischer Identitätspolitik. Zunächst fragt es in Kapitel 1 nach den Entstehungsbedingungen und der Struktur der fundamentalistischen Aneignung kultureller Überlieferung. Dabei wird sichtbar, dass diese in allen Kulturen der Welt eine höchst moderne Form ihrer Nutzung ist, die sich innerhalb der jeweiligen Kulturen selbst in heftigen Widerspruch zu anderen Formen der Aktualisierung des gemeinsamen Erbes setzt. Kapitel 2 macht einen Vorschlag zur Klärung der ineinander verschlungenen Begriffe Kultur und Zivilisation und führt zur Rationalisierung der Debatte über die Folgen kultureller Differenz den Grundbegriff des Zivilisationsstils ein. Kapitel 3 zeigt anhand empirischer Beispiele, welche Formen der moderne Fundamentalismus in unserer eigenen Gesellschaft annimmt. Kapitel 4 analysiert vergleichend einige der wichtigsten Theorien über die Rolle der kulturellen Verschiedenheit in der globalen Welt der Gegenwart. Empirische Befunde über die Verteilung politischer Grundwerte in den unterschiedlichen Kulturkreisen der Gegenwart präsentiert Kapitel 5. Das anschließende Kapitel sichtet die Hauptergebnisse der Theorien über den Fundamentalismus und fragt nach den empirischen Bedingungen für seinen politischen Erfolg. Kapitel 7 entfaltet einen differenzierten Kulturbegriff, der die Situation der multikulturellen Gegenwartswelt ohne vermeidbare Vorurteile zu fassen vermag. Schließlich untersucht Kapitel 8 Bedingungen des Zusammenlebens kulturell divergenter Gemeinschaften in der Demokratie.

I. Die Geburt einer Ideologie

1. Der böse Blick auf eine neue Erfahrung

Seit dem Ende des Ost-West-Konflikts haben sich scheinbar die Beispiele, jedenfalls aber unsere Aufmerksamkeit für dementsprechende Deutungsmöglichkeiten beträchtlich gemehrt, die auf eine Steigerung ethnokulturellen oder kulturell-religiösen Identitätsbewusstseins – beide häufig, aber keineswegs immer überlappend – und deren aggressiven Ausdruck hindeuten. Sie finden sich in allen Teilen und Kulturen der Welt.

In Bombay, einer Metropole, die Gemeinschaften nahezu aller Religionen der Welt beherbergt, fanden gegen Ende des Jahres 1992 innerhalb einer einzigen Woche 1400 Muslime einen gewaltsamen Tod (Mehta 1997). Die Massaker, in denen sie umkamen, seien die Folge lang während religiöser Spannungen, berichteten die Medien in aller Welt. Ihnen schien das Phänomen damit hinreichend geklärt. Geraume Zeit nach dem Massaker begannen Muslime, Bomben an vornehmlich von Hindus besuchten Orten der übervölkerten Metropole zu legen.

Der Vorgang galt nicht als Überraschung, da schon seit Monaten von vielen Orten des Subkontinents über wachsende Spannungen zwischen der hinduistischen Bevölkerungsmehrheit und der Minderheit der Muslime, die überall im Lande unter ihnen leben, berichtet worden war. In einer Zeit, da aus vielen Weltgegenden von Spannungen und Kriegen zwischen Religionsgruppen zu hören ist, erscheint dem Publikum, das meinten die Medien voraussetzen zu dürfen, schon die bloße Nachbarschaft zwischen den Angehörigen unterschiedlicher Religionen wie die vollkommene Erklärung ihres Zusammenstoßes. Wer Bombay kennt, mochte sich fragen, warum nicht auch Parsen oder Christen übereinander hergefallen oder das Opfer der Überfälle Anderer geworden sind und v. a., warum den Zusammenstößen, über die berichtet wurde, in der ersten Runde der Gewaltexzesse keine Hindus zum Opfer gefallen waren. Schon die allerersten Nachfragen offenbarten, dass der Vorfall offenbar einer wesentlich differenzierteren Klärung bedurfte.

Nicht lange nach dem verheerenden Blutbad wurden sorgfältige Untersuchungen über die Abläufe und ihre Ursachen vorgelegt, die auf Erkundungen vor Ort beruhten. Das Ergebnis war eindeutig. Nirgends in den Straßen der Metropole, in denen sich das Leben der unterschiedlichen Religionsgemeinschaften immerzu berührt und oft überlagert, ja gänzlich mischt, waren Nachbarn plötzlich übereinander hergefallen. Vielmehr waren zahlreiche instruierte Provokateure in die als Aggressionsziel ausersehenen Wohnviertel eingedrungen, hatten Tod und Verderben hineingetragen und damit die Verfeindung in Gang gesetzt, zu der die verschiedenen Nachbarn selbst so lange keinen Anlass gesehen hatten. Zu Fehden zwischen ihnen kam es, wenn überhaupt, erst in zweiter oder dritter Runde, als Wut und Schmerz über das erfahrene Leid überhand nahmen und die Verhältnisse gänzlich unübersichtlich geworden waren. Dann konnten auch die Auftraggeber der Provokationen befriedigt Bilanz ziehen. Die Verfeindung der Kulturen setzte eine politische Mobilisierung in Gang, die Macht und Einfluss der radikalsten Repräsentanten der Mehrheitskultur mehrte und festigte, deren Gefolgschaft zusammenschweißte und die politischen Probleme des Gemeinwesens, auf die es im Interesse aller eigentlich angekommen wäre, für geraume Zeit erst einmal von der Tagesordnung verdrängte.

Die Ereignisse von Bombay waren nur ein Glied in einer

längeren Kette ähnlicher Vorkommnisse in weit entfernten Weltregionen, die außer dem nicht ungewöhnlichen Sachverhalt, dass in ihnen Angehörige unterschiedlicher Religionen und Kulturen eine Lebenswelt teilen, wenig verbindet. Die großen Konflikte im Namen von Klassen und Ideologien, die bis zum Zusammenbruch des Sowjetreichs die Aufmerksamkeit der Weltöffentlichkeit gebannt und ihre Ängste genährt hatten, gelten seit 1989 als vergangen. Eine andere Logik bestimmte von nun an offenbar den Verlauf der aktuellen Geschichte, wenn es auch nach dem Ende des ideologischen Weltkonflikts nicht zum Ende der Verfeindung und des Zusammenstoßes von Gruppen, Gemeinschaften und ganzen Gesellschaften kommen wollte.

Sarajevo und der Kosovo sind in Europa zum Symbol für das geworden, was diese andere Logik der Verfeindung zu bedeuten scheint. Es hat nicht lange gedauert, bis sie Interpreten fand, die sie zum starren Schematismus einer globalen Welterklärung machten, die von nun an gültig sein sollte. Sie möchten aus der Eindrücklichkeit des gegenwärtigen Schreckens die Plausibilität für einen großen Erklärungsanspruch gewinnen, der wenig Raum für Vernunft und Hoffnung ließe, wenn er stichhaltig wäre.

Das politische 21. Jahrhundert, das mit diesen Ereignissen symbolisch schon begonnen habe, werde das Zeitalter eines unausweichlichen Zusammenstoßes der Kulturen der Welt sein, weil sie sich über die Schranken ihrer divergenten Weltdeutungen hinweg in den Kernfragen, um die es beim Zusammenleben der Menschen letztlich immer gehe, prinzipiell nicht verständigen könnten. Sie geraten nach dieser Deutung erst am Ende des 20. Jahrhunderts in eine solch aussichtslose Lage, weil sie nun – nach dem Zusammenbruch der großen, kulturüberwölbenden Ideologien – einander erstmals ganz ungeschminkt und unausweichlich gegenüberstehen. Dieses mit Blick auf die Gräuel, die ganze

Völker im zerfallenden Jugoslawien einander zugefügt
haben, plausible, mit Blick auf die Zukunft der Welt im
Ganzen gleichermaßen trostlose Szenario hat der amerikanische Politikwissenschaftler und Präsidentenberater Samuel Huntington im Sommer 1993 in einem kurzen Aufsatz
entworfen, der seither zum Paradigma einer neuen Weltsicht
avanciert ist und in aller Welt Furore macht: in den Redakti-
onsstuben und Seminaren ebenso wie in den Planungsstäben
und politischen Beraterrunden, in den Köpfen von Regie-
renden, die sich davon politischen Nutzen erhoffen, ebenso wie in den Führungskollektiven fundamentalistischer
Staatspolitiker oder Widerstandsführer. Die Resonanz, auf
die der Text in vielen Teilen der Welt stieß, kann nicht allein
von ihm selber ausgegangen sein. Stimmungen, Irritationen,
Befürchtungen und die Hoffnung auf günstige Gelegenheiten, das Prophezeite zum eigenen Vorteil nutzen zu können,
sind ihm in beträchtlichem Maß entgegengekommen. Er hat
etwas in eine verdichtete, strukturierte und zitierbare Form
gebracht, das offenbar auf der ganzen Welt seit längerem in
der Luft lag.

Das 21. Jahrhundert wird nach dieser Sicht zur Arena von
Kulturkämpfen werden, bis hin zum keineswegs unwahr-
scheinlichen Kulminationspunkt eines großen Weltkriegs
als Entscheidungsschlacht zwischen kulturellen Herr-
schaftsansprüchen, denen ihrem Wesen nach die Chance zur
Verständigung auf immer verwehrt sei (Huntington 1996).
Die Welt wird zur Beute eines in allen Kulturen die Macht
ergreifenden Fundamentalismus. Die Kulturen können in
dieser Sicht einander desto weniger verstehen und verständigen, je mehr sie sich in ihrer Unterschiedlichkeit erkennen
müssen, frei von allen Überresten ideologischer Schminke
und dem Schutz geographischer Distanz. Dem Krieg der
Ideologien folgt nun der Krieg der Kulturen, auch er ein kal-
ter zu Beginn, der aber schneller in einen heißen übergehen

könnte, als die ahnungslose Welt erwartet. Der Anfang, so könnte in der Logik dieser Sicht gesagt werden, ist am 11. September 2001 gemacht worden.

Dieses Modell einer zur immerwährenden Friedlosigkeit verurteilten Welt der Moderne, von höchster Warte im intellektuell-politischen Einflussgefüge der entscheidenden Weltmacht lanciert und auch darum in vielfältigen Nuancen der Zustimmung und Ablehnung rund um den Globus aufgenommen, hat alle Aussicht, die Wirklichkeit zu prägen, und zwar auch dann, wenn sein sachlicher Kern nicht der Wahrheit entspricht. Denn viele beginnen zu handeln, als träfe das Modell zu, jeder wähnt sich gut beraten, mit der in ihm beschriebenen Wirklichkeit zu rechnen, auch weil die Anderen sich gleichfalls entsprechend den Prognosen verhalten. Der klassische Fall einer *self-fulfilling prophecy* kündigt sich an.

Sieben Kulturen seien weltweit miteinander konfrontiert: der Westen, der Islam, der Konfuzianismus (bzw. Sinismus), die japanische Zivilisation, der Hinduismus, die orthodox-slawische Zivilisation, Lateinamerika und Afrika. So wie im 18. Jahrhundert die Fürsten, im 19. die Nationen und im 20. die Ideologien, so werden, unvermeidlich und unversöhnlich, im 21. Jahrhundert diese Kulturen zwischen den Mächten, die für sie stehen, und im Inneren der Gesellschaften, in denen sie durch die Migrationbewegungen zu Nachbarn geworden sind, zusammenstoßen. Die Zukunft erscheint also düster angesichts der kulturellen Vielfalt, in der sich die Menschengattung auf Erden zeigt. Der Westen – das ist der dringende Appell, in den das ganze Argument rasch einmündet – ist infolgedessen gut beraten, sich nach Kräften zu rüsten und zu wappnen, um sich wenigstens dort mit Gewalt zu behaupten, wo Verständigung doch ausgeschlossen scheint.

Die Deutungskultur der Intellektuellen unterscheidet

sich in allen Kulturen von der Sozialkultur, von den Deutungen der Welt, die das Alltagsleben der Menschen bestimmen, ihr Handeln wirklich beherrschen und damit am Ende auch über Krieg und Frieden zumindest für ihr Zusammenleben in den gemeinsam geteilten Alltagswelten entscheiden. Diese hartnäckige Differenz erscheint der aufklärerischen Absicht oft als Ärgernis und häufig als die Last, die Hoffnungen auf einen großen Fortschritt unter sich begräbt. Sie kann aber auch zum Faustpfand der Hoffnung werden, da das Leben der Menschen anderen Gesetzmäßigkeiten folgt als die Konstruktionen zuspitzender Theorie, die in ihrem Namen sprechen möchten. In Zeiten der Krisen – und die Moderne hat sich in mehr als einer Hinsicht bislang als eine ununterbrochene Kette von ökonomischen, kulturellen und politischen Krisen gezeigt – können die Angebote der Deutungskultur aber rasch und nachhaltig zu einer handlungsbestimmenden Macht auch der Alltagskultur selber werden.

Das Kulturkampfszenario Huntingtons zeigt beim näheren Hinsehen alle klassischen Merkmale ebenjener verführerischen Ideologien, deren Ende es eigentlich verkünden will. Es greift nach Maßgabe der eigenen Interessen einige Fakten aus der Welt der wirklichen Ereignisse auf, fügt sie zu einer abschließenden Erklärung des Geschehens im Ganzen zusammen und lässt beiseite, was in dieses absichtsvolle Bild der Zeit nicht von selber passen will. So zugerichtet, kann es dann zur Rechtfertigung von Vormachts- und Herrschaftsinteressen dienen, die bei einem fairen und unbefangenen Blick auf die Welt nichts Überzeugendes für sich ins Feld führen könnten. Der eigentliche Begründungskern der Kulturkampftheorie besteht ja nicht im Verweis auf die unbestreitbare Tatsache, dass sich überall auf der Welt Konfliktparteien auf kulturelle Gründe *berufen*, denn das bewiese ja nicht mehr, als dass sie faktisch kulturelle Argumente zu Legitimationszwecken gebrauchen. Vielmehr erhebt sie den

Anspruch, dass das Herzstück jeder der Kulturen der Welt aus sozialen und politischen Grundwerten besteht, die prinzipiell ein friedliche Koexistenz zwischen ihnen ausschließen und allein den Zusammenstoß als Kommunikationsform übrig lassen. Dieses Argument aber ist, wie in späteren Kapiteln dieses Buches im Einzelnen gezeigt werden soll, nachweislich falsch. Für eine empirisch stichhaltige Theorie der politischen Implikationen kultureller Unterschiede kommt es aber gerade auf diese Differenz zwischen der bloßen Benutzung des Unvereinbarkeitsarguments zur politischen Legitimation und dem Nachweis seiner Begründbarkeit in den kulturellen Traditionen und Lebensformen selbst entscheidend an. Die ganze Kulturkampfdebatte lebt in beträchtlichem Maße von der fortwährenden Konfusion dieser beiden völlig verschiedenen Argumentationsebenen. Wenn die Ereignisse des 11. September 2001 tatsächlich eine eindeutige Lehre enthalten, dann die, dass es künftig noch mehr als ohnehin auf Unterscheidungen ankommt, um Unheil zu vermeiden.

2. Die Politik kultureller Identität

Die *Kultur der Moderne* ist im Kern eine Kultur des Umgangs mit Differenzen. Sie ist im Gegensatz zu einer weit verbreiteten und immer neu bekräftigten Ansicht nicht identisch mit der traditionellen *Kultur des Westens*, sondern aus dieser sehr spät, nämlich nicht vor dem 17. und 18. Jahrhundert, in einem tief greifenden Transformationsprozess hervorgegangen, der gerade in den wesentlichen kulturellen, sozialen und politischen Handlungsbedingungen einen Bruch mit den »westlichen« Traditionen darstellt. Die Kultur der Moderne, wie sie sich dann im 19. und 20. Jahrhundert in Europa herausgebildet hat, unterscheidet sich in ihrem Anspruch, ihren Legitimationsgrundlagen, ihren sozialen und politischen Grundwerten und Institutionen grundlegend von der traditionellen europäischen *Kultur des Westens*.

In diesem prinzipiellen Unterschied und nicht in ihrer westlichen Vorgeschichte gründet der universelle Anspruch, der sich mit ihren maßgeblichen Normen verbindet. Die »Kultur des Westens« hatte sich schon seit dem 8. und 9. Jahrhundert in Europa entfaltet (Roberts 1986). Sie erwuchs aus dem Boden der antiken Klassik und der christlichen Religion und bildete in frühen Ansätzen besondere gesellschaftliche, kulturelle und politische Institutionen aus, die ihre Eigenart prägten. Zu ihnen gehörten ein gewisses Maß an Rechtlichkeit, Trennung von geistlicher und weltlicher Macht, Vielfalt gesellschaftlicher Gruppen, die Ausformung politisch-gesellschaftlicher Repräsentativorgane und eine in der christlichen Religion selbst angelegte Vorform des Individualismus. Diese Bausteine fügten sich freilich bis zum Durchbruch der modernen Kultur im gesamten Mittelalter zu einem rigiden gesellschaftlich-kulturell-politischen System, in dem die absoluten Gewissheitsansprüche der Religion allen Einzelnen und Gruppen, der Gesellschaft und dem Staat, dem Wirtschaftsleben und der Kultur ihre Rolle, ihre Spielräume und einen gemeinsamen verbindlichen Endzweck zumaßen, der sie im großen Vergleich strukturell den anderen Kulturen der damaligen Welt ähnlicher erscheinen lässt als der Kultur der Moderne, die nach vielen Jahrhunderten allmählich aus ihr hervorgegangen ist. Das 16. und 17. Jahrhundert waren geprägt von tief greifenden kulturellen Identitätskrisen bis hin zu lang währenden, die Existenz ganzer Länder bedrohenden Religionskriegen, und zwar innerhalb der Grenzen der angestammten eigenen kulturellen Identität. Das 18., das 19. und noch der Beginn des 20. Jahrhunderts waren bestimmt durch politische Revolutionen.

Und erst am Ende dieser Periode der kulturellen, sozialen und politischen Identitätskrisen, die alle Gesellschaften der alten westlichen Tradition im Mark erschütterten und ausweglos demonstrierten, dass die überlieferte Kultur am Ende ihrer Möglichkeiten angelangt war, setzte sich die Kultur der Moderne durch als der einzige Weg, mit den vielfältigen Unterschieden noch produktiv und überlebensfähig umzugehen, die sich im Schoße der kulturellen Tradition des Westens allmählich herausgebildet hatten.

Erst als die absoluten Gewissheiten zerbrachen, auf denen sie beruht hatte, und nach und nach in allen Bereichen der Gesellschaft widerstreitende Alternativen an die Stelle der überlieferten Traditionen traten, änderte diese Kultur mit ihrem inneren Funktionssinn ihr ganzes Wesen. Sie musste nun statt der Sicherheiten der Überlieferung die Allgegenwart von Differenzen in der Auffassung des Gleichen anerkennen und um des eigenen Überlebens willen Normen begründen, die dennoch den Gemeinschaftsfrieden, das Zusammenleben aller und den Zusammenhang des Ganzen zu wahren vermochten, nachdem die religiösen Bürgerkriege vor Augen geführt hatten, welche Folgen sonst drohten. Das und nicht die Elemente der »westlichen« Tradition, über die sie hinausgegangen ist, und schon gar nicht der so genannte »westliche Lebensstil« eines sinnvergessenen Konsumismus, der sich heute keineswegs allein im Westen ausbreitet, ist der generative Kern der Kultur der Moderne. Sie hebt die besonderen kulturellen Identitäten nicht auf, sondern schafft den Spielraum, in dem sie sich miteinander entfalten können. Diese Kultur ist reflexiv, denn sie besinnt sich auf die Legitimität prinzipieller Unterschiede in der Fortschreibung überlieferter Deutungen gesellschaftlicher Ordnung, privater Lebensweisen und persönlicher Glaubensüberzeugungen, wenn sich einheitliche Antworten auf diese Lebensfragen nicht länger zwanglos ergeben. Sie ist

eine Rahmenkultur für unterschiedliche Lebensweisen und
Weltsichten, aber nicht selbst eine besondere Lebensweise.
In dem Maße, wie daher in den Kulturen der Welt Differenzen die Aktualisierung der Überlieferung bestimmen, gewinnen die Normen der modernen Kultur auch für sie an
Bedeutung. Das bedeutet dann aber gerade nicht die Übernahme der Kultur des Westens auf Kosten der jeweils eigenen Traditionen, sondern die Selbstbesinnung darauf, wie
mit den entstehenden Differenzen beim Versuch der Aktualisierung der eigenen Überlieferung angemessen umgegan-
gen werden kann.

Das heißt freilich noch nicht, dass die moderne Kultur des
fairen Umgangs mit Unterschieden nun automatisch überall
auf der Welt Geltung erlangen müsste, wo der Zwang zur
Regelung tatsächlich entstandener Unterschiede dies nahe
legt. Aber sie wird in ihren grundlegenden Normen überall
zu einem Schlüsselthema auf der politischen Tagesordnung
der Kulturen, weil sich neben den Impulsen der Vermeidung und der Unterdrückung unliebsamer Differenzen
überall auch die Anwälte ihrer fairen Regulierung zu Wort
melden.

Die Tage einer mit Aussicht auf Massenerfolg betriebenen
Politisierung kultureller Unterschiede schienen gezählt, seit
die Kultur der Moderne einen besseren Weg des Umgangs
mit ihnen geebnet hatte. Nun erlebt die politische Instrumentalisierung kultureller Unterschiede seit den 1970er-
Jahren in allen Teilen der Welt eine ebenso machtvolle Renaissance (Teheranian 1993, S. 316; Tibi 1992). Sie gewinnt
aus dem Verlust der utopischen Energien des modernen
Fortschrittsmodells ihren eigenen Antrieb. Der Zusammenbruch des Kommunismus als Gegenmacht und als Verheißung verleiht ihr Schubkraft. Dieser Befund ist nicht die
Frucht spekulativer Kulturskepsis. Eine umfassende Über-
blicksstudie mit 14 empirischen Fallanalysen für sieben un-

terschiedliche Kulturkreise aus fünf Kontinenten hat vielmehr gezeigt, dass sprachliche, religiöse, ethnische und kulturelle Unterschiede in allen Kulturkreisen in verfeindender Absicht politisiert und gegeneinander ausgespielt werden (Marty/Appleby 1996). Als beispielloses Erfolgsrezept der Politisierung kultureller Differenz erwies sich am Ende des 20. Jahrhunderts in allen Kulturen der moderne Fundamentalismus, auch wenn er an den unterschiedlichen Schauplätzen, wo er zur Macht wird, ebenso verschiedenartige Gesichter zeigt wie die Modernisierung selbst, gegen die er revoltiert.

Deutlicher denn je sind nach dem Ende des Ost-West-Konflikts tatsächlich die unterschiedlichen kulturellen Muster als Grundwerte und als Lebensformen, als kollektive Prägungen und als Erwartungen sichtbar geworden. Dieser an sich kaum spektakuläre Tatbestand wird nun seinerseits zum Objekt zweckgerichteter Überhöhungen und politischer Indienstnahme, kaum dass er sich in den wenigen Jahren nach dem Ende des ideologischen Zeitalters dem öffentlichen Bewusstsein halbwegs einprägen konnte. Teils in politischer Absicht fabriziert, teils in Erkenntnisabsicht überpointiert, teils von desorientierten Öffentlichkeiten mit dem wohligen Schauder der sicheren Distanz zum großen Unglück aufgesogen, scheinen kulturelles Selbstbewusstsein und mit ihm das Bewusstsein kultureller Differenz fürs erste das Erbe der großen ideologischen Konfrontation anzutreten, die das 20. Jahrhundert beherrscht hatte.

Den *protestantischen* Fundamentalismus in den USA, den *Hindu*-Fundamentalismus in Indien, den *evangelikalen* Fundamentalismus in Guatemala, den *jüdischen* Fundamentalismus in Israel, den *buddhistischen* Fundamentalismus in Sri Lanka, den *islamischen* Fundamentalismus im Iran oder in Algerien, den *konfuzianischen* Fundamentalismus in Südostasien, den *römisch-katholischen* Fundamentalismus in Europa und den USA, um in den maßgeblichsten Fällen die unbegrenzte kulturelle Bandbreite sichtbar zu machen, trennen im Inhalt ihrer Lehre, in der Lebensweise der Menschen, die ihnen zugehören, und in der Gestalt der sozialen und politischen Ziele, die sie verfolgen, Welten, so wie es ihre Verwurzelung in höchst unterschiedlichen Kulturen erwarten lässt. Mehr aber als alles Trennende verbindet sie derselbe *Stil des verfeindenden Umgangs mit kulturellen Unterschieden*, eine Strategie vormachtorientierter Politisierung der eigenen Kultur gegen die Kultur der Anderen, der Anderen im Inneren ihrer eigenen Gesellschaften und außerhalb. Kulturelles Selbstbewusstsein wird zum Hebel für politische Verfeindung um der kulturellen Dominanz oder der politischen Macht willen.

Eine für das Ende des 20. Jahrhunderts höchst merkwürdige Naturalisierung des Verständnisses von Kultur selbst ebnet diesem Prozess der Rückkehr eines Freund-Feind-Denkens durch die kulturelle Hintertür in die Mitte der politischen Arena den Weg, als wären Kulturen und die Zugehörigkeit der einzelnen Menschen zu ihnen so definitiv und so unverbrüchlich wie die Zugehörigkeit von Lebewesen zu ihren biologischen Gattungen und Arten. Diese Strategie eines »kulturellen Rassismus« (Welsch 1996) ist nicht nur in der Sache unbegründet, sie steht auch in vollständigem Gegensatz zu dem, was heute für die politische Lösung der Überlebensprobleme der Menschheit – die Sicherung des Friedens, die Bewahrung der natürlichen Lebensgrundlagen, die wirtschaftliche Zusammenarbeit – geboten wäre, nämlich globale Kooperation über alle Unterschiede von Traditionen, Kulturen, Religionen und Regionen hinweg. Und sie steht ebenso in vollständigem Gegensatz zu einer globalen Wirklichkeit, in der sich die Kulturen längst wie Flüssigkeiten mischen und nicht mehr nur äußerlich aneinander stoßen können.

Eine Erinnerung, die schon am Ende des Zweiten Weltkrieges nach den Massakern der Völker und angesichts der sich abzeichnenden Globalisierung der Weltgesellschaft weitsichtigen Beobachtern an der Zeit schien, verdient unter diesen Umständen nachhaltige Belebung. Eine funktionsfähige internationale Ordnung bedarf wie jede einzelne Gesellschaft, wenn auch nicht in den gleichen Dimensionen, einiger gemeinsamer Werte und Normen (Northrop 1952). Die Möglichkeit solch elementarer Gemeinsamkeiten ist freilich keine überraschende Entdeckung, denn die Lebensbedingungen der Menschen in den unterschiedlichen Kulturen der Welt sind ja keineswegs in jeglicher Hinsicht nur unvergleichbar. Gemeinsamkeiten und Ähnlichkeiten liegen indessen kaum irgendwo auf der Hand. Es bedarf zielbewusster Anstrengung, damit diejenigen Elemente in unterschiedlichen Kulturen erkannt, entfaltet und einander nahe gebracht werden können, die Verständigung und gemeinsames Handeln ermöglichen, zumal sie so gut wie immer in unterschiedlichen Formen ihren Ausdruck finden.

Wenn hingegen kulturelle Unterschiede in verfeindender Absicht politisiert werden, die in freundlicher Lesart gerade die Grundlage einer kulturübergreifenden Politik der Verständigung über das sein können, was den Menschen in allen Kulturen gemeinsam ist, so sind nicht nur die Chancen eines guten Lebens innerhalb jeder Kultur bedroht, sondern am Ende auch die Grundlagen des Überlebens der menschlichen Zivilisation. Die Politisierung der kulturellen Differenz ist daher aufs Ganze gesehen ein selbstmörderisches Unterfangen für alle, und zwar auch dann, wenn die Impulse ihrer Entstehung aus überwältigenden Modernisierungskrisen oder den Vormachtansprüchen überlegener Mächte erklärt werden können. Auch wenn diese Form der Politisierung im Einzelfall als zunächst kraftvolles Lebenselixier für die Selbstbehauptung und die Widerstandspolitik von be-

drohten Gruppen und deren wirklichen Belangen – die
Schaffung von Arbeit, Gerechtigkeit, Sicherheit, gesunden
Lebensverhältnissen und Bildung – wirken mag, so bietet sie
zumeist nicht nur keinerlei Lösungen, sondern verschlechtert auch in beträchtlichem Ausmaß die Voraussetzungen
dafür, solche zu entwerfen und zu verwirklichen.

Marshall McLuhans fast zum Klischee geronnenes Bild
vom »Weltdorf«, auf das die Erde im Zeitalter entgrenzter
Kommunikation und wild wuchernder globaler Verflechtungen zusammenschrumpft, ist uns so geläufig, dass wir
selten seine beiden Seiten in ihrem inneren Zusammenhang
sehen. »Weltdorf« heißt unter den gegebenen Bedingungen
ja nicht lediglich, dass wir nun hierzulande und in fast allen
anderen Teilen der Welt täglich hautnah und unmittelbar erfahren, erleben und vielleicht auch erleiden, was in den entlegensten Winkeln der Welt vor sich geht. Schon das bringt
Irritation und Stress genug, zumal angesichts des lähmenden
Missverhältnisses zwischen dem Zwang, alles zu erfahren,
und dem Empfinden, so gut wie nichts tun zu können.
»Weltdorf« heißt in einer unvermeidlich globalen Migrationsgesellschaft eben auch, dass zu uns kommt und uns umgibt, was sich an kulturellen Differenzen und Widersprüchen, vertrackten Fragen und fixen Antworten in allen
übrigen Teilen der Welt ergeben hat.

Weder die martialischen Fangzäune an den Südgrenzen
der USA noch das Schengener Abkommen und die Aushöhlung des Asylrechts in Europa können verhindern, dass sich
so gut wie alle Kulturen dieser Welt nun auch in den Wohlstandsgesellschaften des Nordens ein Stelldichein geben und
ihre je besonderen Identitätsansprüche geltend machen, sobald sie erst einmal halbwegs Fuß gefasst haben. Mit welchem Recht wollte etwa jemand verbieten, dass sich die
Minderheit der türkischen Muslime in Siegen-Weidenau, einem traditionellen Herzland des Pietismus im südlichen

Westfalen, wenigstens dreimal täglich über phonstarke Lautsprecher zum Gebet rufen lässt, nachdem die Prüfung der Rechtslage ergeben hat, dass allein das »Landesimmissionsschutzgesetz« Einwände begründen könnte, aber nur im Hinblick auf die Lautstärke. Solche Erfahrungen können je nachdem die kulturelle Neugier anregen oder das Andere, das überraschend und irritierend zum Nachbarn geworden ist, zum bedrohlichen Feind werden lassen, gegen den das »Eigene« besinnungslos mobilisiert werden muss.

Ohne Frage bergen kulturelle Differenzen auch ein reales Konfliktpotenzial. Es kann sich in dem Maße entfalten, wie Missverständnisse über die Bedeutung von Handlungen oder Symbolen, die sich aus den unterschiedlichen Bedeutungssystemen der verschiedenen Kulturen selbst ergeben, unerkannt bleiben und damit zur Quelle anhaltender Fehlwahrnehmungen und in ihnen gründender Handlungskonflikte werden (Weiß 2001, S. 87). Wer nicht weiß, dass der Inder nicht nein, sondern ja meint, wenn er den Kopf schüttelt, und es dann als Vertrauensbruch wertet, wenn dieser sich dann womöglich über eine damit ausgelöste Fehlhandlung empört, kann rasch Aggressionen ansammeln und den Anderen als verständigungsunfähig oder gar unzurechnungsfähig bewerten. Beispiele dieser Art lassen sich aus allen Kulturen und Lebenssphären anführen. Eine wuchernde Seminarindustrie, v. a. auf Geschäftspartnerschaften und Firmenfusionen bezogen, hat sich in den letzten Jahren der Bearbeitung dieser Art von kulturellen Differenzen gewidmet. Sie können nur dann zu Konflikten werden, wenn sie unerkannt bleiben und nicht thematisiert werden. Sobald sie aber durch Übersetzungen aus dem einen symbolischen Bezugssystem in das andere verstanden sind, löst sich ihr latentes Konfliktpotenzial auf, denn nun schreiben alle Beteiligten den verschiedenen Symbolen dieselbe Bedeutung zu.

Institutionen und Symbole, die das öffentliche Zusammenleben betreffen, stehen aber regelmäßig im Mittelpunkt des Interesses und der Aufmerksamkeit aller von ihnen betroffenen Gruppen. Die Bedeutung möglicher Unterschiede ist daher so gut wie nie das konfliktstiftende Problem. Da es sich bei den Strategien fundamentalistischer Identitätspolitik stets auch um Differenzen innerhalb eines gemeinsamen nationalgesellschaftlichen Rahmens handelt, etwa dem Konflikt zwischen Fundamentalisten und Liberalen im Iran, in Israel, in Indien, in Malaysia oder in den USA, kann davon ausgegangen werden, dass es nicht die mangelnde Übersetzung unterschiedlicher kultureller Bedeutungszuschreibungen ist, die den Verhärtungen der Identitätspolitik zugrunde liegt.

Der faire Umgang unterschiedlicher kultureller Identitäten miteinander, also konstruktive Identitätspolitik, setzt im jeweiligen Lebenszusammenhang Gleichberechtigung als Handlungsmotiv in zwei zentralen Dimensionen voraus: Gerechtigkeit im Zugang zu den zentralen sozialen Lebens- und politischen Machtchancen sowie wechselseitige Anerkennung und Achtung. Wo kulturelle Zugehörigkeit oder Zurechnung als solche schon zur nachweisbaren Benachteiligung in einer dieser beiden Dimensionen oder gar in beiden führt, ist politischer Kampf zur Herstellung gerechter Bedingungen selbstverständlich legitim. Das gilt aber nur unter drei einschränkenden Bedingungen: Er muss *erstens* die Gleichheit zwischen den betroffenen kulturellen Lebensformen *anstreben*, er muss *zweitens* die Gewährleistung der Freiheit für alle Individuen *innerhalb* dieser Lebensformen zum Ziel haben, und er darf *drittens* die Zugehörigkeit zu keiner der kulturell definierten kollektiven Lebensformen zur Bedingung für die Garantie der politischen, liberalen, sozialen und kulturellen Menschenrechte des Einzelnen machen. Bei politischen Forderungen, Zielsetzungen und Handlungsstrategien, die sich in diesem Rahmen bewegen,

handelt es sich selbstverständlich nicht um die Instrumentalisierung kultureller Differenz, sondern im Gegenteil um
Antidiskriminierungspolitik. Sie schließt immer die Verständigung über gemeinsame Handlungsgrundlagen und
den Umgang mit den Unterschieden ein. Fundamentalistische Identitätspolitik hingegen ist Diskriminierungspolitik,
da sie auf Dominanz, Ungleichheit, Nichtanerkennung und
Ausschluss zielt. Genau in diesem Sinne stellt sie eine
machtpolitische Instrumentalisierung kultureller Differenz
dar, denn sie macht kulturelle Identität zum Mittel für den
Zweck der eigenen Macht als Basis der kulturellen Diskriminierung.

Die Politisierung der kulturellen Differenz folgt daher ihrer eigenen Logik. Sie schließt einerseits die Verständigung
von vornherein aus und verschiebt andererseits die Gesamtheit aller politischen Konfliktpotenziale auf die kulturelle
Argumentationsebene allein. Sie erklärt den tatsächlichen
oder einen konstruierten Unterschied entweder zum prinzipiellen Verständnishindernis für das Zusammenleben im öffentlichen Raum, etwa nach der Parole, Hindus und Muslime oder Katholiken und Protestanten können nicht in
einem gemeinsamen Staat zusammenleben, jedenfalls nicht
als Gleiche. Oder sie interpretiert das »Wesen« der Kultur
der Anderen als einen unvermeidlichen Angriff auf die Integrität der eigenen kollektiven Lebenskultur, sei es von außerhalb oder von innerhalb der eigenen Staatsnation, häufig
in der Form einer fiktiven Einheit beider Optionen. So etwa
wenn die indischen Hindu-Fundamentalisten proklamie-
ren, die Muslime im eigenen Land bildeten gemeinsam mit
dem islamischen Nachbarstaat Pakistan eine einheitliche Be-
drohungsfront gegen die Integrität ihrer eigenen Lebensform. Eine solche Indienstnahme kultureller Differenz für
strategische Interessen bietet sich besonders in solchen Situationen an, bei denen es entweder – in der offensiven Rolle

der Opposition – um die starke Mobilisierung gegen einen ursprünglich überlegenen politischen Gegner geht oder – in der defensiven Rolle der Sicherung errungener Macht – um die Verschiebung der Konfliktfronten. Probleme, die von der amtierenden Macht politisch nicht gelöst werden können, wie Arbeitslosigkeit, Massenelend, wirtschaftliche Ausgrenzung, soziale Verantwortungslosigkeit, privilegierende Vormachtsansprüche, Korruption oder Unfähigkeit zu Kooperation und Kompromiss, werden von dieser als Folgen der Herausforderungen durch die feindliche Identität dargestellt. Zentral ist, sei es aus oppositioneller oder aus herrschaftlicher Sicht, dabei zumeist das Argument, die sozialen und ökonomischen Verhältnisse, die viele Menschen empören, seien Folge des Verfalls kultureller Identität, der vorsätzlichen Vermengung von Kulturen oder der Belagerung durch die Mächte feindlicher kultureller Identität.

Die Politisierung kultureller Unterschiede ist eine außenpolitische Gefahr und eine innenpolitische Versuchung. Beide Herausforderungen gehen in vielen Fällen wie von selbst ineinander über, so etwa in klassischer Klarheit in Südostasien, wo zwischen den Atommächten Pakistan und Indien dieselben kulturellen Differenzen das Außenverhältnis und die Binnenverhältnisse der Gesellschaften beherrschen und hier wie dort gleichermaßen zu Sprengsätzen werden, wenn sie erst einmal in verfeindender Absicht politisiert sind. Es ist gleichwohl selten die kulturelle Differenz selbst, die zum Verhängnis wird, sondern fast stets erst der politische Gebrauch, der von ihr gemacht wird, häufig genug in der Folge ökonomischer Konflikte.

Selbst wenn es gelingt, die gegenwärtige beherrschende Phase der negativen Globalisierung allmählich durch die Verdichtung und Erweiterung von globalen Strukturen demokratischer Entscheidung und ökologisch-sozialer Verantwortlichkeit in eine Phase der positiven Globalisierung

zu überführen, wird sich in den meisten Gesellschaften der
Welt und auch in den Demokratien des Nordens weit mehr
als in vergangenen Zeiten derselbe Regenbogen divergenter
Kulturen entfalten, der die Welt im Ganzen umspannt. Er
wird sich zwar nicht in jedem dieser Länder in derselben
Vollständigkeit der Farben und ihrer gleich bemessenen
Bandbreite zeigen, aber doch überall so, dass mehrere der
großen Kulturen der Welt zu unmittelbaren Nachbarn werden. Die angestammten Kulturen werden zunehmend ergänzt. In den USA sind es heute so gut wie alle Kulturen der
Welt mit sozialem Gewicht, in Frankreich v. a. der Islam, in
Großbritannien neben diesem Buddhismus und Hinduismus, in Kanada zu allen genannten der Sikhismus und in
Deutschland außer dem Islam auch die orthodoxen Religionen Osteuropas, daneben in den meisten Ländern noch beinahe alle übrigen Kulturen und Religionen in Gestalt von
kleineren Gruppen, die sich im Zweifelsfalle unter den Garantien des Rechtsstaats nachdrückliches Gehör verschaffen. Die Größe der kulturellen Gruppen innerhalb einzelner
Gesellschaften wird unter dem Druck der Auseinandersetzung ums Prinzipielle immer mehr ihre Rolle als Voraussetzung für kulturelle Schutz- und Förderungsansprüche verlieren. Zum »Weltdorf« wird die Welt darum mehr und
mehr auch in jenem penetranten Sinne der ungefragten und
unvermeidlichen Nähe, der dem Begriff des Dorfes soziokulturell immer angehaftet hat. Die Politisierung der Kultur
ist aus diesen Gründen unversehens aus einem Kapitel der
Außenpolitik, das die Experten anging, zu einem Kernkapi-
tel der Innenpolitik geworden, das fast jede Gesellschaft der
Gegenwart beschäftigen wird.

Die Politisierung kultureller Unterschiede hat sich als
universelles Patentrezept erwiesen, das immer geeignet ist,
Stimmungen zu entfachen, die sich in Stimmen oder Zustimmung ummünzen lassen, wo Mächte herrschen wollen, die

zu dem, was Politik in Wahrheit zu leisten hätte, nichts bei-
tragen können. Frisiert man stattdessen bloß zugeschrie-
bene Unterschiede, die im Alltagsleben der Menschen kaum
je als Gegensätze erfahren werden, jedenfalls nicht zwangsläufig erfahren werden müssen, mit den Mitteln symboli-
scher Politikinszenierung, gesteuerter Kampagnen oder ge-
walttätiger Provokationen zu Fragen von Leben und Tod,
Würde oder Erniedrigung, Lebensglück oder Entfremdung,
sozialer Sicherheit oder Gefährdung um, lassen sich hoch-
fliegende Hoffnungen wecken, vermeintliche Hindernisse
markieren und Emotionen entfachen wie bei keinem wirklich politischen Thema. Diffuse politische Loyalitäten werden mittels kultureller Ausgrenzungsstrategien zu Freund-
Feind-Gegensätzen zugerichtet. Die wirklichen Herausforderungen und Verantwortlichkeiten verschwinden bei diesem Vorgang wie von selbst aus dem Blickfeld der Öffentlichkeit. Das ist für Politik und Politiker auf der ganzen Welt
eine mächtige Versuchung. Kulturelle Identitätspolitik, die
Vertreibung der Anderen aus ihren Rechten, erscheint in
dieser Perspektive als Grundlage des Gemeinwohls der »Eigenen«.

Die Politisierung der Kultur erfolgt sowohl von innen als
auch von außen her. Ersteres ist die Strategie des Fundamentalismus. Er möchte glauben machen, die Gebrechen
der Welt könnten erst durchgreifend kuriert werden, sobald
die je eigenen Gewissheitsansprüche der fundamentalistischen Charismatiker ohne weitere Widerrede die Welt re-
gieren. Letzteres ist die Strategie derer, die, ohne selbst Fundamentalisten zu sein, fundamentalistischem Handeln den
Weg bereiten, indem sie erklären, die divergenten Kulturen
der Welt könnten ihrem Wesen nach nichts anderes sein als
fundamentalistische Kampfprogramme, die auch die Nicht-
fundamentalisten nötigten, in gleicher Münze zurückzu-
zahlen, wenn sie im vermeintlichen weltweiten Kampf der

Kulturen nicht die eigene Selbstbehauptung gefährden wollen.

Die Politisierung der Kulturen von innen und von außen schickt sich in der Kreisbewegung wechselseitiger Bestätigung an, das Vakuum auf fatale Weise wieder aufzufüllen, das der Zusammenbruch der großen Ideologien des 20. Jahrhunderts hinterlassen hat. Sie ist gleichermaßen in ihrem Ausgangspunkt wie in ihrem Ergebnis weit inhumaner, als es die Machtansprüche der Ideologien des 20. Jahrhunderts je waren, denn sie stempelt den Einzelnen nach seinem kulturellen Herkommen ein für allemal als unveränderliche Größe ab, während die großen Ideologien sich noch der Mühe der Konversion unterzogen, die dem Einzelnen immerhin die Chance der eigenen Selbstzurechnung und damit einen Rest der Würde der Selbstbestimmung ließ.

Die Politisierung der Kultur hat überdies einen hinterlistigen Nebeneffekt. Hinter ihren Freund-Feind-Schablonen verschwinden die wirklichen kulturellen Unterschiede mitsamt der Bedeutung, die sie für Lebenswelt, Zivilgesellschaft, Politik und Wirtschaft tatsächlich haben, aus dem öffentlichen Bewusstsein. Unter dem Blickwinkel ihrer falschen Politisierung werden sie zu fremden Welten, die einander nicht verstehen können, während jene, die an Verständigung interessiert sind, die Thematisierung der Differenzen meiden, um der Demagogie keinen Vorschub zu leisten.

Die Politisierung der Kulturen hat daher gegenwärtig alle Aussicht, zum selbsttragenden Prozess zu werden. Diejenigen, die sie von innen her betreiben, und diejenigen, die von außen her an ihr arbeiten, spielen einander in die Hände. Ihre Erklärungen und Prognosen verifizieren sich auf trügerische Weise wechselseitig, und ihre Energien bestärken einander. Ein unvoreingenommener, empirisch offener Blick auf die Dimensionen, Reichweiten, Ursachen und Folgen der tatsächlichen kulturellen Unterschiede – und damit un-

vermeidlich auch auf das, worin sie bei aller Differenz doch
übereinstimmen – kann beide als interessegeleitete, in der
Sache aber unfundierte Konstruktionen erweisen.

3. Identität. Bedürfnis und Wahn

Das Wort »Identität« hat, seit es zur strapazierten Schlüssel-
vokabel für die Kennzeichnung höchst unterschiedlicher
Unverträglichkeiten im Leben der Menschen in der Moderne wurde, den vielfältigsten Gebrauch und Missbrauch
erfahren. Den zahlreichen soziologischen und psychologischen Theorien der Identität muss keine weitere hinzuge-
fügt werden. Für den politisch-kulturellen Zusammenhang,
um den es bei der politischen Instrumentalisierung kultureller Identität geht, können im Hinblick auf die spezifische
Variante des *Identitätswahns*, der dabei zugrunde liegt, einige hier in Anspruch genommene Unterscheidungen genügen.

Um überhaupt als zurechnungsfähiger Teilnehmer sozialer Interaktionen handeln und von den Anderen als solcher
anerkannt werden zu können, muss jeder Mensch in der
Kontinuität seiner Biographie und im Zusammenhang seines Redens und Handelns in wechselnden Situationen über
alle Unterschiede hinweg als derselbe wahrgenommen und
verstanden werden können. In diesem minimalen und allgemeinen Sinne bedarf er als soziales Wesen einer »Identität«.
Er muss für sich selbst wissen können, was auch die Anderen in ihm suchen: »wer er ist«, wenn er in allem Wandel der
Situationen, Rollen, Lebensabschnitte und Bezugsgruppen
als dieselbe Person (an)erkannt werden möchte.

Sobald die soziale Umwelt des Einzelnen ein Mindestmaß
an »miteinander konkurrierenden Normen, Erwartungen
und Interpretationen für Personen und Situationen« bereit-

hält, ist personale und soziale Identität kein fester und unverlierbarer Besitz mehr, keine Substanz, die, einmal erworben, immerfort wirkt. Sie ist dann nur noch als ein strukturierter Prozess möglich, als fortdauernde Leistung des Individuums im Wechselspiel mit seiner sozialen Umwelt (Krappmann 1988). Identität kann ihre soziale Funktion ja nicht dadurch erfüllen, dass der Einzelne sich ein Bild von sich selbst zurechtlegt und es seinen sozialen Partnern aufdrängt. Sie wird erst wirksam, wenn die Partner ein Bild von diesem Einzelnen gewinnen, in dem er sich auch selber wiedererkennt. In diesem Sinne ist Identität ein offener Prozess des Aushandelns zwischen dem Selbstbild, das der Einzelne von sich entwirft, und dem Bild, das sich seine sozialen Handlungspartner in wechselnden Zusammenhängen von ihm machen. Der Prozess gelingender Identität ist auf Anerkennung der Anderen angewiesen. Die Übereinstimmung zwischen beiden ist niemals von vornherein garantiert, sie kann immer misslingen. Der Einzelne kann sich den Zumutungen und Anstrengungen dieses riskanten Prozesses jedoch nicht entziehen, solange er überhaupt als der bestimmte Mensch, der er ist, von seiner Umwelt anerkannt werden will.

Identität ist darum kein individueller Besitz, sondern der soziale Prozess einer »Balance zwischen widersprüchlichen Erwartungen«. Das Individuum kann und darf die ihm von den Anderen angesonnene soziale Identität niemals ganz annehmen, solange es Individuum bleiben möchte, und es kann einen gewissen Widerstand zwischen den diversen sozialen Ansinnen und seinem eigenen Selbstverständnis auch schon deswegen nicht aufgeben, weil die Bezugsgruppen und Situationen, von denen sie ausgehen, rasch wechseln. Der fortwährende soziale Balanceakt der Selbstbehauptung individueller und sozialer Identität verlangt darum vom Einzelnen ein Mindestmaß an Fähigkeit zum Aushalten von

Widersprüchen, zum Widerstand gegen soziale Zumutungen und zur kreativen Fortsetzung bislang entfalteter eigener Identität. Uneindeutigkeiten, Offenheit, Widersprüche und Ambivalenz sind auszuhalten und für den Entwurf seiner selbst, den der Einzelne in immer neuen Anläufen fortführen muss, in Rechnung zu stellen. Dazu bedarf es dessen, was *Milton Rokeach* treffend einen »offenen« im Gegensatz zum geschlossenen Charakter genannt hat (Rokeach 1960). Ein solcher Charakter bildet eine soziale und persönliche Identität aus, die Spannungen aushält, für wechselnde Situationen offen bleibt und darum Verschiedenartigkeit, Infragestellung, Widerspruch in der sozialen Umwelt nicht als Bedrohung und Quelle lähmender Angst, als Verweigerung seiner Anerkennung empfinden muss.

Solche Identität enthält Brüche und Unterschiede in sich selbst. Ohnehin bildet der Einzelne in offenen oder sich öffnenden Gesellschaften in seiner Arbeits- und Lebenswelt zumeist zahlreiche Selbstbilder aus, als Mutter oder Vater, Gläubiger, Gleichgültiger oder Agnostiker, Lehrer oder Handwerker, Wähler der liberalen Partei oder der konservativen, Hausbesitzer oder Mieter, Bewohner der Süd- oder der Nordregion, Fußballfan oder -verächter, Gewerkschafter oder Arbeitgeber und was sonst noch auf ihn zutreffen mag. Es mag in mehr als einer Hinsicht dann eine offene Frage bleiben, ob die Fülle dieser Rollen und Mosaiksteine vom Einzelnen selbst oder von Anderen noch zu einem großen und einheitlichen Bild zusammengefügt werden und ob sie dies überhaupt zulassen. Solch dynamische »Patchwork-Identität« ist lebbar, sie lebt von ihren Brüchen und Nähten nicht weniger als von den einzelnen Flecken sozialer Zugehörigkeit, die sie ausmachen.

Unter den Bedingungen einer offenen Gesellschaft und damit immer auch widerspruchsvoller sozialer Erwartungen ist für eine stabile Identität nicht der Akt der Identifikation das Entscheidende, sondern bei niemals restloser Übernahme sozialer Erwartungen die Fähigkeit zu Empathie mit anderen Identitäten, Distanz zu den jeweils übernommenen eigenen Rollen und Toleranz gegenüber den Uneindeutigkeiten. Diese Fähigkeiten müssen durch die gesellschaftlichen Verhältnisse ermöglicht sowie vom Einzelnen ausgehalten werden können. Beide Seiten dieses Verhältnisses bedingen und erhalten sich im Falle des Gelingens wechselseitig.

Identitätssuche wird zum Identitätswahn erst dort, wo sie ohne Distanz zu den eigenen Rollen, ohne Empathie für die verschiedenartigen Rollen und Identitäten der Anderen, ohne den Willen und die Fähigkeit, Ambivalenzen zu ertragen, in jedem Handlungsfeld nur ganz als dieselbe aufzutreten vermag. Identitätswahn will nichts als Identität, dieselbe in allen Lebensbezügen und bei allen Anderen. Identität schlägt in Identitätswahn um, sofern sie sich ihrer selbst nur sicher wird, wenn sie in ihrer sozialen Umwelt nichts Andersartiges, Fremdes, Uneindeutiges, Widerständiges mehr erfahren muss, von dem sie sich in ihrem eigenen Anspruch herausgefordert, verunsichert, in Frage gestellt fühlen könnte. Sie muss das Andere, das ihr selbständig gegenübertreten will, darum entwerten, vertreiben oder unterwerfen, die soziale Umwelt von allen kulturellen Unterschieden säubern, um sich ihrer selbst gewiss sein zu können.

In allen Kulturen der Gegenwart ist der Erwerb soziokultureller Identität, in unterschiedlichen Maßen und unterschiedlichen Graden der Nötigung zur bewussten Entscheidung, in diesem Sinne immer auch eine Wahlhandlung des Einzelnen, da überall interne Differenzierungen der »Identität« der Kulturen selbst stattgefunden haben. Überall präsentieren sich die sozial eingelebten Kulturen als dynamische soziale Diskursräume. Sie sind dynamisch, weil sie schon durch den unvermeidbaren sozialen Wandel selbst in erfahrbaren Veränderungen begriffen sind, so dass der Einzelne und seine Bezugskollektive sich zum erlebbaren Prozess der Veränderung selbst verhalten müssen. Sie entfalten sich in einem vielfältig strukturierten sozialen Raum, denn sie können sich aus ihrer hermeneutischen Grundsituation, die jede Aktualisierung zu einer konstruktiven Deutung macht, nicht entfernen. Die Aktualisierung der Überlieferung entfaltet sich damit unvermeidlich in pluralistischen Bahnen, je nach den sozialen Erfahrungen, Interessen, Standorten, Präferenzen und Außeneinflüssen der jeweiligen bestimmten sozialen Interpretationsgemeinschaft. Und sie entfalten sich im Foucault'schen Sinne als diskursive Lebenspraxis, denn ihre unterschiedlichen Interpretationen sind jeweils in die Alltagspraktiken einer Lebensform eingelassen, die ihrerseits durch soziale Chancen, Sanktionen oder Machtpotenziale gestützt sind. In diesem minimalen Sinne der sozialen Anwesenheit von Differenz im Binnenraum derselben kulturellen Überlieferung ist die grundlegende »Modernität« kultureller Identität in allen Kulturen der Gegenwart, gleichsam als gemeinsames Epochenmerkmal, gegenwärtig und anschaulich erlebbar. In diesem Sinn ist die vormoderne Erfahrung der Substanzialität überlieferter kultureller Identitäten überall verloren gegangen und die Erfahrung der Bedingtheit eigener Zugehörigkeit universell geworden. Vielleicht mit der Ausnahme weniger winziger ethnokultureller Enklaven stellt sich deshalb das Grundproblem der Art und Weise individueller und kollektiver Identitätsbildung in allen Kulturen der Gegenwart.

Obgleich sich aber die kulturellen Identitäten ursprünglich einheitlicher Traditionszusammenhänge zunehmend differenzieren und häufig durch Hybridisierung, Überlappung, Synthesebildung, Virtualisierung und individuelle Kombinationsmöglichkeiten erheblich auflockern *können*, können sie paradoxerweise, wie *Will Kymlicka* am Beispiel nationaler Identifikation gezeigt hat, gerade in dieser Form um so hartnäckigere Bezugsquellen individueller und kollektiver Identität sein (Kymlicka 1999, S. 37ff.). Solche Identitäten verlangen aber weder »Reinheit« noch Geschlossenheit, sie schließen beide vielmehr kategorisch aus. Liberalisierte kulturelle Identitätsmuster und fortgeltend starkes Identifikationsverlangen stehen in der Wirklichkeit nicht im Gegensatz zueinander. Das Problem des fundamentalistischen Identitätswahns besteht daher auch nicht in der Stärke eines Identitätsbedürfnisses, sondern im Verlangen nach substanzieller Reinheit der kulturellen Identität des jeweiligen Bezugskollektivs.

Identität in diesem weiten Sinne setzt die Chance voraus, innerhalb eines mit Anderen geteilten politischen Gemeinwesens in selbst gewählten sozialen Milieus leben zu können, in denen ihre Ausbildung und lebensweltliche Praxis möglich ist (ebd., S. 18ff.). In diesem Sinne gehört der Schutz einer kulturellen Lebenspraxis, zu der sich Individuen in Freiheit entscheiden, zu ihren Grundrechten und zu den politischen Pflichten der liberalen Demokratie. Dieses Freiheitsrecht schließt aber gerade nicht die Verpflichtung des Staates ein, eine bestimmte historische Form solcher kultureller Gruppenidentitäten zu gewährleisten oder gar die Garantie der individuellen Rechte von der Zugehörigkeit zu ihnen abhängig zu machen. Es verlangt zunächst lediglich die Gewährleistung der Chance ihrer Ausbildung und Erhaltung in den jeweiligen Formen, in denen Individuen sich ihnen in freier Entscheidung zugesellen, wenn sie dabei die von der liberalen Demokratie selbst gezogenen Grenzen respektieren.

4. Fundamentalismus.
Moderner Identitätswahn

Es versteht sich von selbst, dass ein modernes Massenphänomen wie der politische Fundamentalismus, der sich seit den 1970er-Jahren zeitgleich mit dem Prozess der negativen Globalisierung in allen Kulturen der Welt verbreitet hat und in einigen größeren Staatsnationen wie dem Iran und dem Sudan die politische Macht ergreifen konnte, in anderen wie Indonesien, Israel, Algerien oder Indien immerhin mit realistischem Anspruch an ihre Tore zu klopfen vermag, zumindest *auch* weltweit wirksame handfeste strukturelle soziale, ökonomische und politische Ursachen haben muss. Und es mag zunächst dahinstehen, ob diese Ursachen das Phänomen Fundamentalismus nicht nur erklären, sondern, wie manche Beobachter meinen, womöglich zum Teil auch rechtfertigen können (Castells 1997). Diese entscheidenden Fragen und ihren genauen Zusammenhang mit dem Prozess der negativen ökonomischen Globalisierung möchte ich im Anschluss an die Sichtung und Erörterung einer Reihe paradigmatischer theoretischer Erklärungsversuche in einem späteren Kapitel erörtern (Kap. 21). In diesem Kapitel geht es zunächst um eine Phänomenologie des Fundamentalismus, seine möglichst genaue Beschreibung und begriffliche Fassung in Abgrenzung zu anderen Formen kultureller Identität. Das dient der trennscharfen Unterscheidung fundamentalistischer Ideologien und Lebensformen von den nichtfundamentalistischen Ausdrucksweisen derselben kulturellen Traditionen, denen er sich jeweils zuordnet. Mit der Trennschärfe dieser Unterscheidung wächst die Beweiskraft der Zurückweisung populärer oder kalkulierter Versuche der Identifikation ganzer Kulturen mit ihrer fundamentalistischen Vereinnahmung, wie sie insbesondere im Hinblick auf den Islam immer wieder unternommen werden (Barber 1996). Dazu die folgenden Vorschläge zur Definition:

Fundamentalismus ist eine moderne politische Ideologie mit ethisch-religiösem, mitunter auch areligiös-weltanschaulichem Anspruch (Meyer 1989a, 1989b). Er kombiniert auf widerspruchsvoll-pragmatische Weise Elemente der späten Moderne mit Rückgriffen auf dogmatisierte Bestände vormoderner Traditionen, um die von ihm als Bedrohung der eigenen Identität erfahrenen Grundlagen und Folgen der Kultur der Moderne auf moderne Weise und mit modernen Mitteln desto wirkungsvoller bekämpfen zu können.

Modern ist der Fundamentalismus auf höchst widerspruchsvolle Art, zunächst natürlich in dem trivialen Sinne, dass er in der Epoche der kulturellen Moderne in Erscheinung tritt. Er bringt *in ihr* jedoch spezifisch vormoderne Kulturbestände *gegen sie* zur Geltung. Er greift wesentliche Grundlagen der Kultur der Moderne mit Mitteln an, die sich ausschließlich auf sie stützen. Er versucht also, in der Moderne gegen die Moderne mit modernen Mittel zur Herrschaft zu gelangen.

Er tritt auf als eine politische Ideologie, die in den Krisen von Modernisierungsprozessen eine zumeist religiöse, seltener weltanschaulich-profane Ethik politisch absolut setzt und entweder im Ganzen oder in symbolisch aufgewerteten Grundfragen gegen alternative Ethiken und gegen die politischen Institutionen moderner Gesellschaften für das Gemeinwesen verbindlich machen will. Er erhebt damit den Anspruch, die Ursachen der Modernisierungskrisen zu erklären und Auswege aus ihnen zu weisen, deren Erfolge so sicher seien wie die absoluten Gewissheitsansprüche, mit denen er sie begründet. Obgleich diese kulturelle Komponente kollektiver Identität dem Fundamentalismus als moderner politischer Ideologie überall sein charakteristisches Gepräge verleiht, ist seine jeweils spezifische Ausformung in erheblichem Maße dadurch bedingt, ob die Kränkung seiner kulturellen Identitätsansprüche selbst die generative Schlüsselerfahrung für seine Entstehung bildet oder zu den anders gearteten Schlüsselerfahrungen sozialer Degradation, soziokultureller Verunsicherung, ökonomischer Misere und politischer Frustration als Interpretationsmedium nur hinzutritt.

Fundamentalismus in allen Formen mündet in dem Anspruch, einen von mehreren konkurrierenden ethischen Ordnungs- und Lebensentwürfen in seiner Gesellschaft an die Stelle ihrer Gemeinschaftsmoral zu setzen, auf die sich alle, die in einem politischen Gemeinwesen zusammenleben, verständigen können, die einen je eigenen Freiraum für ihre unterschiedlichen ethischen Glaubenssysteme, Orientierungen und Lebensentwürfe beanspruchen. In diesem Sinne ist der fundamentalistische Zivilisationsstil im Kern die Verweigerung eines friedlichen, gewährenden und fairen Umgangs mit kulturellen Differenzen. Er ist eine ausschließlich vormachtorientierte Instrumentalisierung kultureller Identität. Über tief greifende inhaltliche und formelle Unterschiede fundamentalistischer Ideologien in offenbar allen Kulturen der Welt hinweg, seit sie unter den Einfluss der kulturellen Moderne geraten sind, ist dies, wie umfassende vergleichende Studien gezeigt haben, die gemeinsame Tiefenstruktur des »fundamentalistischen Impulses« (Marty/Appleby 1991, S. 817).

Es ist diese idealtypische Struktur und nicht ihr jeweils kulturspezifischer Inhalt, die den Fundamentalismus von anderen Zivilisationsstilen wie Traditionalismus und Liberalismus unterscheidet und die unterschiedlichen Fundamentalismen der Gegenwart einander im Stil ihres Umgangs mit kulturellen Differenzen ähnlicher macht als den jeweils konkurrierenden Zivilisationsstilen innerhalb ihrer eigenen Kultur. Dieser Befund ist das Ergebnis vergleichender kulturübergreifender Forschungen auf empirischer Grundlage (Marty/Appleby 1991, 1996). Fundamentalismus erweist sich mithin in Theorie und Praxis als eine spezifische Form kultureller Gegenmodernisierung, denn er ist in all seinen Formen gegen das faire *Offenheitsprinzip der Bewältigung von Differenz* gerichtet, das den Kern der modernen Kultur und ihrer liberal-demokratischen politischen Ordnung aus-macht. In seinen je besonderen Ausprägungen zeigt er sich so mannigfaltig wie die Dynamik der Modernisierung in den unterschiedlichen Kulturen, in denen er in Erscheinung tritt. Der amerikanische Fundamentalismusforscher Martin E. Marty hat aufgrund dessen als Resümee des von ihm geleite-ten groß angelegten interkulturellen Forschungsprojekts den Vorschlag gemacht, Fundamentalismus im Sinne Witt-gensteins als einen Familienbegriff zu verstehen. Alle Fun-damentalismen teilen eine Reihe charakteristischer Merk-male ihres Denkens und Handelns, aber nicht alle ganz dieselben. Im Falle der Familie des Fundamentalismus kann gleichwohl festgestellt werden, dass alle Mitglieder durch eine Reihe prägender Merkmale in auffälliger und eindeuti-ger Weise verbunden sind. Auch wenn daher bei der Be-schreibung und Beurteilung jedes einzelnen Fundamentalis-mus Unterscheidung geboten ist, sowohl im Hinblick auf die soziale, ökonomische, politische und kulturelle Situa-tion, in der er auftritt, wie auch im Hinblick auf seine Form, seine Handlungsweise und seine Ziele, so verkörpern sie alle doch in ausschlaggebendem Maße auf je eigene Weise den-selben »idealtypischen fundamentalistischen Impuls«. Der Fundamentalismus ist darum eine distinkte politische Ideo-logie und Bewegung der Moderne. Er nutzt die technischen und organisatorischen Mittel, die die Moderne hervorge-bracht hat, um ihre kulturellen Grundlagen zu überwinden.

Fundamentalismus richtet sich im Kern gegen den kultu-rellen Impuls der Moderne, mit dem diese ihre historische

Grundsituation des Zerfalls kultureller Überlieferung in eine Vielfalt von Differenzen zu bewältigen hofft. Der Prozess der Modernisierung hat zur Öffnung der kulturellen, sozialen und politischen Systeme der Gesellschaft für alternative Deutungen, Ordnungsentwürfe, Lebensweisen und Entwicklungswege geführt und damit zum unwiederbringlichen Zerfall der substanziellen Einheit traditionaler Gesellschaften und metaphysisch gestützter Kultur. Er vollzog sich in den westlichen Gesellschaften aus innerer Dynamik, in vielen Entwicklungsgesellschaften zunächst durch äußeren, häufig aufgezwungenen Einfluss, wenn auch so gut wie nie ohne eine gleichzeitige synergetische Dynamik durch Modernisierungsbefürworter in ihrem Inneren. Überkommene Gewissheiten müssen sich von nun an, sobald der Modernisierungsprozess in Gang gekommen ist, durch Kritik und Alternativen in Frage stellen lassen. Die Offenheit für Alternativen wird nach und nach in sämtlichen Bereichen des Denkens und Handelns prinzipiell. Die öffentliche Ordnung und ihre Begründung müssen sich unter diesen Bedingungen grundlegend wandeln, um den Verkehr und die Freiräume der konkurrierenden Orientierungen so zu regeln, dass die Integration der Gesellschaft als Ganzes möglich bleibt. Sie müssen den produktiven Umgang mit Unterschieden lernen und auf Dauer organisieren.

Mit den Voraussetzungen für Freiheit und Selbstbestimmung schafft diese Freisetzung unvermeidlich zugleich in historisch ungekanntem Ausmaß Risiken des Orientierungsverlustes und des Sinndefizits, denn sie überlässt die Wahl von Orientierungsangeboten und Sinndeutungen den Einzelnen und Gruppen. Sie bringt für Individuum und Gesellschaft große Chancen selbstbestimmter Entwicklung, aber keine Garantien des Gelingens für die Ausbildung einer befriedigenden individuellen und kollektiven Identität. Die Tradition mit ihren überlieferten Orientierungsangeboten,

Identifikationsmöglichkeiten und Statussicherheiten steht unter modernen Bedingungen deshalb fortwährend zur Disposition, niemals zwar in allen überlieferten Geltungsansprüchen zugleich, aber doch prinzipiell in einem jeden von ihnen, sobald neue soziale Entwicklungen ihn fragwürdig machen. Traditionen gelten nicht mehr aus sich selbst heraus, sondern nur noch im Maße ihrer aktuellen Überzeugungskraft. Die Ausbildung und Bewahrung individueller und kollektiver Identität werden unter diesen Bedingungen zu einer fortwährenden in Frage gestellten Anstrengung. In dem präzisen Sinne der unentwegten Nötigung zur Selbstprüfung ist gesagt worden, dass die Moderne nicht ihre Krisen hat, sondern als solche die Krise ist. Die kulturelle Dauerkrise der Moderne kann darum auch unter der in den entwickelten Industrie- und Dienstleistungsgesellschaften zumeist gegebenen Grundsituation sozialer Sicherheit Anlass zu Flucht in die selbst gemachten kulturellen Sicherheiten des Fundamentalismus werden. Sie wird es auch hier in der Regel um so mehr, wenn die Erfahrungen sozialer Verunsicherung, wirtschaftlicher Misere und politischer Entfremdung hinzutreten.

Der Versuch der Modernisierung ist bisher aber gerade in den meisten Ländern der Dritten Welt auf der elementaren Ebene der sozialen und ökonomischen Integration der Bevölkerung und der Schaffung von Lebenschancen für sie jenseits der traditionellen Lebensformen gescheitert. Massenarbeitslosigkeit, ökonomische Perspektivlosigkeit, soziale Entwurzelung und der Mangel an Erfolg versprechender Repräsentation im politischen System ihrer Gesellschaft sind zum Massenschicksal geworden. Politische Entfremdung von den nach ihrem eigenen Anspruch erfolglosen und zudem häufig auch noch hoffnungslos korrupten »Modernisierungseliten« sind in den meisten dieser Gesellschaften die fast unvermeidliche Begleiterscheinung. Die Flucht in den Fundamentalismus kann in solcher Lage als letzter Ausweg des Widerstands und der Hoffnung erscheinen. Für ein solches Szenario ist das Algerien der Gegenwart ein anschauliches Beispiel. Auch in dieser, ursprünglich aus sozialen und ökonomischen Krisenerfahrungen und einer tief greifenden politischen Frustration gespeisten Konstellation setzt die fundamentalistische Reaktion als politische Ideologie und Bewegung auf den Versuch, den modernen Prozess der Öffnung, der Pluralisierung, der Ungewissheit und der Demokratisierung, sei es ganz, sei es in seinen zentralen Bereichen zu umgehen und die von seinen Verfechtern zur absoluten Gewissheit erklärte Variante der Weltdeutung, der Lebensführung, der Ethik, der sozialen Organisation, der politischen Verfassung zu Lasten aller Anderen für alle verbindlich zu machen.

Fundamentalismus als Produkt der Moderne will Ungewissheit und Offenheit überwinden, indem er eine der Alternativen kultureller Identitätsbildung im Rückgriff auf geheiligte Traditionen oder künstlich immunisierte Gewissheiten absolut setzt und darauf politische Herrschaftsansprüche gründet. Das darauf gestützte geschlossene System des Denkens und Handelns, das Unterschiede, Zweifel und Alternativen künstlich ausschließt, soll nach dem Willen der Fundamentalisten an die Stelle der modernen Offenheit treten und damit Halt und Sicherheit, Orientierungsgewissheit, feste Identität, tugendhaftes Handeln und Wahrheit im privaten und öffentlichen Leben aufs Neue ermöglichen, indem sie auf dieselbe Weise für alle verbindlich gemacht und künftigem Wandel entzogen werden. In diesem Angebot für kulturell verunsicherte, in ihrer angestammten Identität gekränkte oder sozial-ökonomisch entwurzelte Individuen und Kollektive liegen die psychosozialen Voraussetzungen und Motive, die einen Massenerfolg der politischen Instrumentalisierung kultureller Differenz ermöglichen. Die Instrumentalisierung der kulturellen Differenz für Zwecke der soziokulturellen Dominanz, der rächenden Verletzung der vermeintlichen und wirklichen Verletzer der eigenen soziokulturellen Integrität oder der Erlangung politischer Herrschaft hat darum stets zwei Seiten, die einander entsprechen müssen: die Kalkulationen der ideologischen Stichwortgeber und Organisatoren auf der einen Seite und die ihnen entgegenkommenden Motive und Hoffnungen der Mobilisierten auf der anderen. Sie sind entweder von der überwältigenden Erwartung getrieben, wenigsten in einer forcierten Gemeinschaftserfahrung Stütze und Sinn ihres Lebens zu finden, wenn ihnen äußere Anerkennung, soziale Sicherheit und wirtschaftlicher Handlungserfolg verweigert werden, oder sie finden im unbedingten Ernst des fundamentalistischen Versprechens die beste Gewähr für die grundlegende Verbesserung ihrer sozialen Lage, und häufig verbinden sich beide Erwartungen zu einer widerstandsfähigen doppelt gebundenen Motivation.

In seinen kämpferischen Formen dient dem modernen Fundamentalismus sein auf diese Weise immunisiertes Fundament als Legitimation für geistige, religiöse und politische Vormachts- oder Herrschaftsansprüche gegen die Abweichenden. In dem Maße, wie die geschlossenen Glaubenssysteme und Ordnungsentwürfe fundamentalistischer Prägung eine öffentliche Rolle übernehmen und Kritik, Alternativen, Zweifel, offene Dialoge über ihre Erkenntnisansprüche zwischen Gleichen ausschließen, stellen sie eine Rückkehr des Absoluten in die Politik dar. Das hat in der Regel die gänzliche, in entfalteten demokratischen Kulturen mitunter aber auch nur die selektive Missachtung von Menschenrechten, Pluralismus, Toleranz, Recht und der demokratischen Mehrheitsregel im Namen der ganz gewissen Wahrheit zur Folge, der sich die Fundamentalisten jeweils kompromisslos verpflichtet wähnen.

In der Sache hat es Fundamentalismus seit dem Beginn der kulturellen Modernisierung als deren immanenten Gegenimpuls immer gegeben. Das Wort trat zuerst im Zusammenhang mit einer religiösen Schriftenreihe in Erscheinung, die in den Jahren 1910 bis 1915 in den USA unter dem Titel *The Fundamentals* erschien. Sie trug den kennzeichnenden Titel *A Testimony to Truth (Ein Zeugnis der Wahrheit)*. 1919 gründeten die protestantischen Christen, die die Reihe herausgegeben hatten, eine weltweit tätige Organisation, die »World's Christian Fundamentals Association«. Damit war die Bezeichnung »Fundamentalismus« für diese Art christlicher Gläubigkeit geprägt und hat sich zunächst für sie im allgemeinen und im wissenschaftlichen Sprachgebrauch durchgesetzt. Allmählich wurde sie auch auf andere Ideologien und Bewegungen zunächst im Katholizismus und dann in anderen Kulturbereichen bezogen, wenn sie die charakteristischen Merkmale teilten.

Es waren v. a. vier Fundamentals, die diese ursprüngliche fundamentalistische Bewegung, die der Sache ihren Namen gab, charakterisierten:

1. die buchstäbliche Unfehlbarkeit der Heiligen Schrift in allen ihren Teilen, verbunden mit der unbeirrbaren Gewissheit, dass sie keinen Irrtum enthalten könne;

2. die Erklärung, dass alle Theologie, Religion und Wissenschaft nichtig seien, soweit sie den Bibeltexten widersprechen;

3. die Überzeugung, dass niemand, der von den Bibeltexten abweicht, wie die Fundamentalisten sie auslegen, ein wahrer Christ sein könne, auch wenn er selbst diesen Anspruch überzeugt erhebt;

4. die entschiedene Bereitschaft, die moderne Trennung von Kirche und Staat, Religion und Politik immer dann zugunsten einer Bestimmung der Politik durch die eigene Auslegung der Religion aufzuheben, wenn politisch-rechtliche

Regelungen in entscheidenden Kernfragen mit der eigenen
Ethik kollidieren.

5. Realtypen:
Fundamentalismus in Indien und den USA

Der Vergleich zahlreicher fundamentalistischer Bewegungen und Denkmuster in vielen höchst verschiedenartigen
Kulturen hat gezeigt, dass ungeachtet aller Unvergleichbar-
keiten in den inhaltlichen Fragen in Form und Vorgehens-
weise Fundamentalismus überall von demselben »ideal typi-
cal impulse« geleitet wird (Marty/Appleby 1991, S. 681).
Die kulturellen Spielräume der Manifestation dieses idealtypischen Impulses, die Variationen der Ähnlichkeit dieser
über alle Kulturen der Welt verteilten Familie zeigen sich
exemplarisch an zwei so unterschiedlichen Religionen und
politischen Bewegungen wie dem christlichen Fundamentalismus in den USA und dem indischen Hindu-Fundamentalismus, verkörpert v. a. in den kulturellen Organisationen Vishwa Hindu Parishad (VHP) und Rashtriya Sewak
Sangh (RSS) sowie den politischen Parteien Shiv Sena und
Bharatiya Janata Party (BJP) (Voll 1989). Beide umspannen
den größtmöglichen Unterschied im Charakter der Bezugs-
religion, des Entwicklungsstandes der Länder, in denen sie
auftreten, und ihrer politischen Kultur.

Den Anspruch, die einzigen authentischen Sprecher ihrer
Religion zu sein, erheben beide, der Hindu-Fundamentalis-
mus ebenso wie der protestantische. Die Legitimation zum
Eingriff in das politische Geschehen beziehen beide aus ver-
meintlichen Privilegien und Konsensverletzungen der
Mehrheitskultur, die von den wahren religiösen Grundlagen
der für das Land auf immer gültigen religiös bestimmten
Kultur abgefallen sei. Die protestantischen Fundamenta-

listen in den USA pochen auf ihr Recht, im Falle der Lega-
lisierung der Abtreibung und der Illegalisierung des Schul-
gebetes demokratischen Mehrheitsentscheidungen und
Gerichtsurteilen den Gehorsam zu verweigern. Die Hindu-
Fundamentalisten haben diesen Anspruch erstmals exemplarisch für die Wiedererrichtung des alten Hindu-Tempels
in Ayodhya auf dem Terrain einer zu diesem Zwecke nieder-
zureißenden Moschee aus dem 17. Jahrhundert erhoben und
gleichzeitig kundgetan, dass sie weitere Aktionen mit derselben Zielsetzung im Sinne haben.

In beiden Fällen wird aus dem überlegenen Vorrecht der
eigenen Religionsauffassung das Ansinnen begründet, in
Kernfragen des Gemeinschaftslebens die eigene Gruppen-
ethik zur verbindlichen Moral für das ganze Gemeinwesen
zu erheben und es mit allen Mitteln durchzusetzen, einschließlich der Missachtung der Grundrechte Anderer und
der demokratischen Entscheidungsregeln, wo immer es für
nötig befunden wird. Beide teilen die unbeirrbare Gewissheit, mit der unanfechtbaren Überlieferung der einzigen religiösen Wahrheit die bessere und verbindliche Identität der
eigenen Gesellschaft zu hüten. Andere Lesarten derselben
Religion oder Weltanschauung im eigenen Lande gelten ihnen als abtrünnig.

Während die protestantischen Fundamentalisten in den
USA den Wortlaut der Bibeltexte heiligen, verfügen die
Hindus über keine für alle verbindliche schriftliche Überlieferung, noch nicht einmal über wohl definierte Dogmen,
die für alle Gläubigen gelten. Die Hindu-Fundamentalisten machen angesichts dieser Lage denn auch keinen
Versuch der Heiligung von Texten oder der Einführung einer spezifisch hinduistischen Gesetzgebung. Sie berufen
sich zur Kennung von Freund und Feind, Rechtgläubigen
und Abtrünnigen auf symbolische Ereignisse der Traditionen und untermauern diese durch dogmatisierte Deutun-

gen dessen, was sie für gegenwärtiges Handeln zu bedeuten haben.

Während die protestantischen Fundamentalisten in den USA stets die allerneuesten Produkte der modernen Kommunikationstechnologie nutzen, vom privaten Fernsehen bis zum Direct-mailing, um ihre Botschaft zu verbreiten, bleiben die Hindu-Fundamentalisten bislang an vormoderne Kommunikationsweisen gebunden, etwa symbolische Umzüge von Dorf zu Dorf oder Massenversammlungen in Stadt und Land, die im kulturellen Kontext ihres Handelns jedoch höchst wirkungsvoll sind. Während die protestantischen Fundamentalisten der USA auf die Programme der bestehenden Parteien und die Auswahl ihrer Kandidaten für die politischen Führungsämter massiv und zielstrebig Einfluss nehmen, um an der politischen Macht teilzuhaben, aber keinerlei Anstalten machen, sich selbst als Partei zu organisieren, verfügen die Hindu-Fundamentalisten in Indien über zwei eigene Parteien, Shiv Sena und BJP. Beide gelangten in einzelnen Bundesstaaten des Subkontinents durch Wahlerfolge zur Macht.

In beiden Ländern verfechten die Fundamentalisten ihre Authentizitäts- und Gewissheitsansprüche gegen zahlenmäßig weit stärkere Gruppen, die dieselbe religiöse und kulturelle Überlieferung traditionalistisch oder liberal auslegen und andere Vorstellungen vom Gemeinwesen hegen, sowie gegen zahlreiche große Gruppen von Vertretern anderer Religionen. In Indien richten sich die Bestrebungen der Fundamentalisten vorrangig gegen andere Religionen, in den USA werden sie teils bekämpft, teils ignoriert.

Fundamentalismus ist daher immer auch eine Form systematisch verzerrter Kommunikation. Symmetrische Kommunikation, also offene Dialoge unter gleichberechtigten Partnern, setzte ja voraus, dass im Verständnis der Beteiligten gleichermaßen zurechnungsfähige Menschen über un-

terschiedliche Meinungen, Interessen, Konzepte, Interpretationen von Überlieferungen, die Bedeutung von Texten
und Lesarten von Traditionen Verständigung suchen. Alle
Seiten stimmen in diesem Fall darin überein, dass keine von
ihnen über einen unmittelbaren Zugang zu einer Erkenntnisgewissheit verfügt, in deren Licht die einen, die über sie
verfügen, a priori im Namen aller entscheiden könnten. Die
Prinzipien des Dialogs, der Menschenrechte und der Demokratie sind mit divergenten Wahrheitsansprüchen verträglich, die alle kooperativ verfolgen, nur eben nicht mit Ge-
wissheitsansprüchen, die von einer Seite im Namen aller und
für alle Anderen geltend gemacht werden können.

Politischer Fundamentalismus beruht immer auf intel-
lektuellem Dogmatismus. Er kann zum »Totalitarismus«
werden, doch – abgesehen von den Unklarheiten dieses politischen Begriffs – er wird es nicht in jedem Fall. Fundamentalismus ist vielmehr eine neuartige politische Ideologie
der Moderne, die in spezifischen Modernisierungskrisen
Auftrieb gewinnt. Er ist, wie die vergleichende empirische
Analyse zeigt, nicht das eigentliche Wesen einer der Kulturen der Welt, sondern ein spezifischer Zivilisationsstil, der
die je besonderen Überlieferungen einer jeden Kultur der
Welt in Konkurrenz zu anderen Zivilisationsstilen innerhalb
derselben Kultur auslegt und in einer besonderen Praxis verkörpert. Fundamentalismus ist – v. a., was das Bild von dem
Menschen betrifft, den er prägen will, und die Formung der
sozialen Umwelt, die er schaffen will – ein moderner Identitätswahn, der das Andere im Menschen selbst und in seinen
Lebenswelten entwerten, unterwerfen oder vertreiben
muss, um sich seiner eigenen gefährdeten Identität zu versi-
chern. Aus diesen Motiven und Strukturen ergeben sich Inhalte, Ziele und Methoden seiner fundamentalistischen
Identitätspolitik.

6. Idealtypen des Fundamentalismus

Fundamentalismus erweist sich nach alledem als eine politisch-kulturelle Verarbeitungsform grundlegender Modernisierungskrisen. Je nach der zentralen Dimension der jeweiligen Krisenerfahrung und je nach den politisch-kulturellen Rahmenbedingungen ihrer Verarbeitungsmöglichkeiten können wir daher vier Grundtypen fundamentalistischer Bewegungen erwarten:

I. Dimension:
Typ der primären Krisendimension

a) *Sozial-ökonomisch.* Unter Bedingungen sozial-ökonomischer Existenzkrisen ohne soziale Grundsicherung und ohne vertrauenswürdige politische Eliten, die absehbare Abhilfe versprechen, ist eher ein Typ des *revolutionären, gewaltbereiten Fundamentalismus* zu erwarten, der nach der politischen Macht greift (Beispiele: Iran in den 1970er-Jahren, Algerien in der Gegenwart).

b) *Sozial-kulturell.* In sozial und ökonomisch relativ gesicherter Lage, aber angesichts der existenziellen Erfahrung gefährdeter soziokultureller Identitätssicherung ist eher ein *parallelgesellschaftlicher Fundamentalismus* zu erwarten, bei dem die partikuläre Gemeinschaftsbildung, sei es in eigenen Milieus, Teilgesellschaften oder Sekten, im Vordergrund steht, mit nur gelegentlichen und auf einzelne Problembereiche bezogenen Interventionen in die reguläre Gesellschaft und das politische System (Protestantischer Fundamentalismus in den USA, Scientology).

II. Dimension:
Politisch-kultureller Bezugsrahmen

c) *Lange liberal-demokratische Tradition.* Fundamentalismen, die sich innerhalb von Gesellschaften mit einer langen Tradition liberal-demokratischer Kultur ausbilden, neigen eher zur Mäßigung im dreifachen Sinne. Sie respektieren im Großen und Ganzen den demokratischen Rahmen, sie verfechten nur einzelne politische Ziele im Kernbereich ihrer kulturellen Identitätspolitik, dies aber in militanter Form, und sie konzentrieren sich eher auf eine indirekte Einflusspolitik als auf konfrontative Strategien. Da sie in ihren Gesellschaften weder die reale Chance der politischen Machtergreifung haben noch eine entsprechende Strategie offensiv verfolgen, bleiben sie *peripherer Fundamentalismus* (Protestantischer Fundamentalismus in der USA, Rechter Ethnofundamentalismus in den europäischen Demokratien, Hindu-Fundamentalismus in Indien, Türkei).

d) *Keine oder kurze liberal-demokratische Tradition.* Gesellschaften mit kurzer oder ohne liberal-demokratische Tradition der politischen Kultur sind in der Regel, aber keineswegs stets, solche, in denen fundamentalistische Strömungen zudem durch massive sozioökonomische Existenzkrisen forciert werden. In ihnen gelingt es fundamentalistischen Bewegungen daher in der Regel durch ein breite Massenmobilisierung und angesichts der Schwäche bzw. der Glaubwürdigkeitsprobleme der politischen Institutionen, mit Aussicht auf Erfolg nach der politischen Macht im Staate zu greifen (Deutschland in der Weimarer Republik, Iran, Ägypten, Sudan, Algerien, Indonesien, Pakistan). In ihnen bildet sich darum häufig eine Form des *zentralen Fundamentalismus* aus.

Wie bereits die angeführten Fallbeispiele zeigen, überlappen sich die beiden Kriteriengruppen einerseits zum Teil und sind andererseits überkreuz kombinierbar. Darauf ergeben sich zahlreiche Misch- und Übergangsformen der jeweils betroffenen Fundamentalismen selbst. Die vier Kategorien stellen daher nur idealtypische Pole der tatsächlichen Variationsmöglichkeiten des Fundamentalismus dar. Ihnen allen eignen, wenn auch in unterschiedlicher Intensität und Akzentuierung, die Kerneigenschaften des »fundamentalistischen Impulses«.

II. Klärung der Begriffe

7. Zivilisation, Zivilisationsstile, Kultur und Milieus

Die Begriffe *Zivilisation* und *Kultur* haben, wie jüngst Terry Eagleton kundig demonstriert hat, eine wechselvolle und höchst verwirrende Geschichte (Eagleton 2000). Das gilt in besonderem Maße für Deutschland. Infolgedessen muss bis heute, und zwar keineswegs allein in der deutschen Sprache, sorgfältig bestimmt werden, auf welchen der widersprüchlichen historischen Bedeutungskontexte bei ihrem Gebrauch jeweils Bezug genommen wird, um klarzustellen, was beide Begriffe jeweils für sich und in ihrem Verhältnis zueinander bedeuten sollen.

Einer sorgfältigen Klärung bedürfen beide Begriffe v. a. dann, wenn ihnen hochragende Bedeutungsunterschiede aufgebürdet werden, die mächtige Theoriegebäude tragen sollen, wie in der Zusammenstoßtheorie Huntingtons. *Zivilisation* besagt paradoxerweise in manchen Verwendungskontexten und bei manchen Autoren als Gegensatz von *Kultur* genau das, was bei Anderen gerade Kultur heißt, die nicht mit Zivilisation verwechselt werden soll. Das Spiel der Begriffe wechselt von Autor zu Autor, von historischem Kontext zu historischem Kontext und von Theorie zu Theorie. Solche Entgegensetzungen sind keineswegs der bloße Ausdruck von Bedeutungsunterschieden in verschiedenen Sprachen, sie sind fast stets Produkt divergenter Kulturtheorien, die solchen Unterscheidungen über Sprachgrenzen hinweg Sinn und Richtung verleihen sollen. Die Festlegung der Grundbegriffe, besonders der Grad ihrer Differenzierung, enthält aber weit reichende Vorentscheidungen über die Erkenntnismöglichkeiten der Theorie, die ihr Gebäude auf ihnen errichtet.

Die Begriffe *Zivilisation* und *Kultur* bleiben freilich widerspenstig gegen den Versuch, sie ganz eindeutig und systematisch in ihrem Wechselverhältnis zu fassen. Etwas an ihnen, und wohl auch am Verhältnis der Sachverhalte, die sie bezeichnen sollen, entzieht sich definitorischer Bindung, sobald es darum geht, ihre unterschiedlichen Bedeutungsfelder unmissverständlich voneinander zu trennen. Das liegt wohl in entscheidendem Maße daran, dass sie einander mit ihrem nie ganz festzulegenden Fokus weitgehend, wenn auch mit schwimmenden Konturen, überlagern. Kultur und Zivilisation meinen – selbst wo sie strikt unterschieden werden – immer etwas Gemeinsames, wenn auch nicht auf dieselbe Weise. Die wertende Aufladung beider Grundbegriffe vor aller Empirie und die Beschränkung auf sie allein erweisen sich darum als ein sicherer Holzweg bei der Betrachtung des Verhältnisses von Kulturen zueinander.

Im vorliegenden Text wird als Vorschlag für eine ausreichende Klärung und Differenzierung der Begriff der Zivilisation in der gleichen Weise verwendet wie in Norbert Elias' Theorie über den *Prozess der Zivilisation*. Zivilisation bezeichnet mithin Prozess und Resultat der Hereinnahme kultureller Normen und Gebote in die Motivationsstruktur der Individuen und, mit ihm verbunden, die voranschreitende gesellschaftliche Differenzierung. Ein Prozess der Zivilisation in diesem Verständnis entfaltet sich in jeder der Kulturen. Es ist dabei eine völlig offene Frage, ob seine voranschreitende Entfaltung ein Weg zum »Besseren« ist. Zivilisation in der hier vorgeschlagenen Verwendung ist also ein Begriff im Singular.

Kultur hingegen wird als Begriff im Plural verwendet, in einer gewissen Entsprechung zu Terry Eagletons Begriff *Kultur-als-Lebensform* (Eagleton 2000, S. 39). In einer offe-

nen Weise, deren Grenzen und Schwerpunkte selbst jeweils
erst am gegebenen Fall empirisch zu bestimmen sind, werden
die aus unterschiedlichen religiösen und traditionalen Quellen gespeisten übergreifendend Deutungs- und Orientie-
rungssysteme als Kulturen bezeichnet, jedoch in pointierter
Entgegensetzung zu allen Versuchen ihrer naturalistischen
Verdinglichung. Allen Kulturen, die in den aktuellen Debatten eine Rolle spielen, eignet in unterschiedlichem Maße ein
reflexiver Zug, seit sie untereinander und mit der Moderne in
einen Austauschprozess getreten sind. Kulturen sind darum,
wie die empirische Betrachtung unzweideutig zeigt, in erster
Linie soziale Diskursformationen, in denen in einem offenen
Kräftefeld widerruflich entschieden wird, was die überlieferten Weltbilder, Werte und Lebensformen für die Gegenwart
bedeuten können. Ich bin aber im Gegensatz zu Eagletons
Konstruktion von *Kultur-als-Solidarität* und deren Entgegensetzung zu einem liberalen Verständnis von *Kultur-als-
Zivilisation* aus empirischen Gründen der Überzeugung,
dass auch die gegenwärtigen Kulturen im Plural, sowie sie
ihre Identität immer noch aus der Beziehung zu ihren religiös bestimmten Ursprungstraditionen beziehen, in sich so
facettenreich differenziert sind, dass sie weder per se Solidarität stiften noch einheitliche Lebensformen hervorbringen
können, obgleich sie dies in einzelnen ihrer Auslegungen
leisten. Wie die empirischen Analysen zeigen, verbindet die
Fülle der aus ihnen abgeleiteten Orientierungsmuster, Lebensweisen, Glaubenswelten und sozialen Ordnungsvorstellungen in den Streuzonen der religiös bestimmten kulturellen Traditionen im Ganzen gesehen nicht viel mehr als die
Form der Beziehung auf dieselbe Überlieferung, aber kein
zuverlässig wirksamer gemeinsamer Inhalt mehr. In diesem
allgemeinen Sinne von Diskurs als Bezugnahme auf dieselben Themen auf einer ihrer unterschiedlichen Bedeutungs-
ebenen trifft der Begriff der Kultur im Plural auch in der Ge-

genwart noch empirisch gehaltvoll verbindende Bestände. Jede darüber hinausgehende begriffliche Festlegung verstellt, wie die Dinge heute liegen, bereits den unbefangenen Blick auf die kulturelle Wirklichkeit.

In diesem eingeschränkten Sinne werden Hinduismus, Buddhismus, Islam, der Westen, das Judentum beispielsweise in einer offenen Weise zunächst als Kulturen bezeichnet, ohne dass der Begriff eine Vorentscheidung darüber fällen soll, ob das Identische in diesen Traditionen das Verschiedene überragt, das in den tatsächlichen Lebenskulturen, soziokulturellen Milieus und Glaubensgemeinschaften oft eher ein Identisches zwischen verschiedenen Kulturen sein kann. Es ist heute zu erwarten, dass wohl strukturierte Varianten des Fundamentalismus, des Traditionalismus, des Modernismus oder die unterschiedlichen Milieus realer Lebenskultur in den verschiedenen Kulturen der Welt mehr miteinander verbindet als mit den großen Deutungsalternativen innerhalb ihrer eigenen kulturellen Tradition.

Die bis zur völligen Entgegensetzung unterschiedlichen Modi der Selbstauslegung des kognitiven, evaluativen und emotiven Gehalts kultureller Überlieferung, beispielsweise eines modernen, traditionalistischen oder fundamentalistischen Modus des Verständnisses und der Praktizierung identischer kultureller Überlieferung, werden im vorliegenden Text im Anschluss an Werner Sombarts Begriff der Wirtschaftsstile und im Hinblick auf das hier vorgeschlagene Verständnis von Zivilisation als *Zivilisationsstile* bezeichnet.[1]

---

1 Auch M. E. Marty/R. S. Appleby verwenden in ihrem resümierenden Essay zu den vergleichenden Studien über Fundamentalismus und Staat den Begriff eines »style of fundamentalist's imaginings, and the ways in which these imagined communities have been realized in local and state governments« (Marty/Appleby 1993, S. 624).

Die Ergebnisse der umfassenden Vergleichsstudie von Marty und Appleby (1991) sowie einer Reihe anderer Studien (Tibi 1993) bieten eine ausreichende empirische Grundlage für die These, dass sich alle Kulturen in der Moderne grundlegend in drei miteinander im Widerstreit befindlichen Zivilisationsstilen auslegen und ihre Einheit daher nur noch in diesem widerspruchsvollen elementaren Pluralismus finden: Der Zivilisationsstil des *Traditionalismus* ist durch eine defensive, hierarchisch patriarchalische Aktualisierung der Traditionsbestände gekennzeichnet, die auf möglichst minimale Anpassungsveränderungen setzt und die überkommenen Sozialbeziehungen und Besitzstände zu erhalten trachtet. Der Zivilisationsstil der *Liberalisierung bzw. Modernisierung* betreibt bei seiner Aktualisierungsarbeit an den überkommenen Traditionsbeständen die Aufwertung von Individualismus, Rationalismus, Pluralismus und die Säkularisierung der öffentlichen Sphäre. Auf die Zumutungen und Krisen, die im Zuge der von innerhalb und von außerhalb der jeweiligen Gesellschaften initiierten Modernisierungsprozesse entstehen, reagiert der Zivilisationsstil des *Fundamentalismus* mit der ihm eigentümlichen offensiven Abwehrpolitik, indem er in der Regel traditionalistische Milieus in seinem Sinne radikalisiert (Riesebrodt 1990).

Mit der vorgeschlagenen Begriffswahl soll zum einen die grundbegriffliche Festlegung auf das Missverständnis vermieden werden, als seien Modi der kulturellen Selbstauslegung wie Fundamentalismus, Modernismus oder Traditionalismus wesensmäßige Eigentümlichkeiten bestimmter Kulturen selbst. Zum anderen wird in ihr durch die Begriffskomponente Zivilisation im Einklang mit der soeben vorgenommenen Bestimmung dieses Begriffs dem empirisch belegbaren Sachverhalt Rechnung getragen, dass diese Modi der Selbstauslegung in unterschiedlichen Kulturen auf sehr ähnliche Weise vorkommen und wie der Prozess der Zivilisation selbst eine Weise der Entfaltung, der Differenzierung und des reflexiven Umgangs von und in Kulturen mit der eigenen Überlieferung darstellen.

So kann in diesem grundbegrifflichen Rahmen beispielsweise eine islamische Kultur zu unterschiedlichen historischen Zeitpunkten unterschiedliche Formen der Zivilisation hervorbringen, ohne dadurch aufzuhören, eine islamische Kultur zu sein. Innerhalb der islamischen Republiken der Gegenwart – und das ist dann allein eine empirische Frage, die durch die Wahl der Grundbegriffe nicht vorentschieden werden darf – können gegebenenfalls Traditionalismus, Modernismus (Säkularismus), Fundamentalismus und andere Spielarten kultureller Selbstauslegung als unterschiedliche Zivilisationsstile vorgefunden werden. Ob alle islamischen Gesellschaften eine einzige Kultur bilden, ob die Unterschiede zwischen divergenten Zivilisationsstilen innerhalb derselben Kultur größer sind oder kleiner als zu den vergleichbaren Stilen in unterschiedlichen Kulturen, das sind Fragen, die allein auf dem Wege empirischer Forschung zu entscheiden sind.

Das vorliegende Buch möchte einen Beitrag zur Differenzierung im Lichte empirischer Befunde leisten. Die für Darstellung und Analyse gewählten Grundbegriffe Zivilisation, Kultur, Zivilisationsstil und soziokulturelles Milieu sollen dafür Voraussetzungen schaffen. Sie müssen sich am Material bewähren. Dabei kommt es darauf an, dass die Begriffe und Sachverhalte, für die die Wörter stehen, nicht von vornherein verengt oder in ihrem Verhältnis zueinander fixiert, sondern für Erfahrung offen gehalten werden.

Nach der Skizzierung der Gemeinsamkeiten zwischen den beiden in ihrem kulturellen Kontext höchst unterschiedlichen Fundamentalismen im indischen Hinduismus und im Protestantismus der USA werden im folgenden Ka-

pitel zur Erweiterung der empirischen Basis Fälle unterschiedlicher Formen des Fundamentalismus im kulturellen
Kontext des »Westens« vorgestellt, darunter Varianten ohne
explizit religiösen Bezug.

III. Unverhoffter Fundamentalismus
im »Westen«

8. Rechter Identitätswahn: Ethnopluralismus

Ethnopluralismus ist eine überall in Europa verbreitete rechtspopulistische Ideologie, die das Gebot der Reinheit der Rassen als Reinheit der ethnisch verstandenen Kulturen wiederauferstehen lässt. Deren »Vermischung« sei die Ursache ihres gegenwärtigen Niedergangs und verletze das Recht auf Selbstbehauptung jeder einzelnen Kultur, unserer eigenen in den europäischen Ländern, die Immigranten aus den Ländern des Südens aufnehmen, ebenso wie der Kulturen der Immigranten selbst.

Frappierend erscheint schon auf den ersten Blick die Nähe der Theorie vom Zusammenstoß der Zivilisationen zum chauvinistischen Konzept des »Ethnopluralismus«, das der Chefideologe der Nouvelle Droite in Frankreich, Alain de Benoist, zu einem Lieblingsdiskurs der Neuen Rechten in Europa gemacht hat. Die politischen Überzeugungen und Absichten mögen in beiden Fällen gänzlich verschieden sein. Die Konvergenz der Ergebnisse und damit der Gleichklang der politischen Effekte sind indessen kein Zufall. Sie ergeben sich aus dem verdinglichten Kulturbegriff, den beide aus ähnlichen Erwägungen zugrunde legen, mit denselben Konsequenzen für den praktisch-politischen Gebrauch der Konzepte, unabhängig von dem, was die einzelnen Autoren selbst in dieser Hinsicht für politisch wünschenswert halten.

Ethnopluralismus nimmt im Denken der Neuen Rechten in Europa haargenau den Platz ein, den der offen biologisti-

sche Rassismus im rechten Extremismus traditioneller Prägung innehatte. Mark Terkessidis hat in einer aufschluss-
reichen Analyse die Operationen nachgezeichnet, die an
ursprünglich links-egalitär gemeinten Theorien vollzogen
werden, damit die neorassistische Doktrin des Ethnopluralismus aus zunächst harmlosen kulturtheoretischen Unterscheidungen hervorgehen kann und den Anschein gewinnt,
eine moderne Theorie zu sein, die sich vor Demokratie- und
Menschenrechtsforderungen nicht verstecken muss (Terkessidis 1995).

Zunächst werden die unterschiedlichen Kulturen aus den
in den rechten Denktraditionen alter Prägung üblichen
Hierarchisierungen von Höher- und Minderwertigkeit
scheinbar herausgelöst. Das ist ein Akt radikaler Modernisierung rechtsextremer Denkbestände. Die Kulturen seien
als solche, was immer ihre Inhalte auch sein mögen, durchaus gleichwertig. Sodann wird der Kulturbegriff natura-
lisiert, so dass die Vielfalt der menschlichen Kulturen im
gleichen Lichte natürlich gegebener und fest abgegrenzter
Identitäten und Differenzen erscheint wie die Vielfalt der
Gattungen und Arten in der Natur selbst. Die menschliche
Kultur nimmt als Ergebnis dieser Operation ihrerseits bio-
logische Züge an, so dass sich der Rückgriff auf den in der
postfaschistischen Epoche verpönten Biologismus erübrigt,
ohne dass seine Prämissen, Absichten und Auswirkungen
dementiert werden müssten. Durch Naturalisierung und
Ethnisierung ergibt sich die den Ethnopluralismus kennzeichnende Absolutsetzung der Differenz zwischen den
Kulturen wie von selbst, und jeder Versuch ihrer Vermischung, ihrer substanziellen Veränderung erscheint als le-
bensbedrohlicher Verfall der kulturellen Lebensbedingungen menschlicher Gemeinschaften. Nach dieser Umkehrung soll gerade die Gleichheit der Kulturen, ihre ethnisch
naturalistische Verdinglichung vorausgesetzt, die radikale

Forderung begründen – und das ist natürlich auch bei der Neuen Rechten des Pudels Kern –, dass »fremde« Kulturen sich im Westen nicht niederlassen und entfalten sollen. Ihre Repräsentanten sollen dorthin zurückkehren, woher sie gekommen sind, nun aber nicht mehr nur um der Interessen der »Hiesigen« willen, das Fremde fernzuhalten, sondern eben sowohl im Interesse und nach dem Recht ihrer eigenen Kultur: eine konsequent egalitäre Begründung für eine Trennung, die sich bei Lichte rasch als der alte rassistische Chauvinismus zu erkennen gibt.

Es gehört zur Technik dieser »Retorsion« (*Taguieff*), der Umkehrung eines ursprünglich mit der entgegengesetzten Absicht entfalteten Gedankens, dass eben die Argumente, die eigentlich zur Widerlegung rechtschauvinistischer Positionen entfaltet wurden, auf listige Weise zur immunisierten Neubegründung solcher Positionen zweckentfremdet werden. Selbst sensible Begriffe, die lange Zeit für die Kennzeichnung der unvergleichlichen Exzesse des rechten Chauvinismus reserviert blieben, werden verkehrt und für die Brandmarkung der Positionen in Dienst genommen, gegen die sich der modernisierte rechte Chauvinismus richtet. Die Vermischung der Kulturen in multikulturellen oder anderen Projekten, die sich gegen kulturelle Separation richten, wird in der neurechten Sprache des Ethnopluralismus zum »Ethnozid« (*de Benoist*) oder gutdeutsch »kulturellem Völkertod« (Terkessidis 1995, S. 63). Der rechtsextreme Identitätswahn kann nun seine humanistischen Gegenspieler mit denselben Begriffen verfemen, die sie einst für seine eigenen beispiellosen Verbrechen geprägt haben.

Dieser Identitätswahn begründet die ethnische Apartheid, die er verlangt, scheinbar mit egalitären Argumenten. Er kann bei den ethnischen Säuberungen, die er betreibt, sogar zum Schein noch den Anspruch geltend machen – der in Wahrheit bloßer Zynismus ist –, in gewisser Weise im Inter-

esse der Verfolgten zu handeln, da auch sie durch die erzwungene Trennung wieder zur reinen Eigengruppe werden
und sich dadurch die Aussichten für ihr Wohlergehen bes-
sern. Dabei haben genaue historische Studien im Kontinent
der »ethnischen Konflikte«, Afrika, gezeigt, dass selbst noch
die ethnische Zurechnung der sozialen Gruppen in gegebener politischer Lage denselben Regeln politischer Konstruktion folgt wie die Indienstnahme kultureller Unterschiede
für politische Machtinteressen. Nie ist ethnische Identität
nur natürliche Abstammungsgemeinschaft, stets auch politisches Konstrukt. Bände spricht in diesem Zusammenhang
ein Kapitel aus der Vorgeschichte des gegenwärtig so viru-
lenten mörderischen Konflikts zwischen Hutus und Tutsi in
Ruanda. Die Zugehörigkeit zu diesen beiden »Ethnien« war
lange Zeit variabel, da es für die Zuschreibung keine objek-
tiven Kriterien gab. »Durch Kolonialismus und Missionsge-
schichtsschreibung wurden die Zugehörigkeiten verfestigt,
instrumentalisiert und mittels einer rassistisch getönten Eth-
nohistorie untermauert. Die Tutsi wurden als angebliches
›Herrenvolk‹ von der belgischen Kolonialadministration
gefördert, die auch einen ethnischen Zuordnungsvermerk
im Ausweis zur Pflicht machte. Mangels kultureller Unter-
scheidungskriterien wurde als Tutsi definiert, wer mehr als
zehn Kühe besaß« (Kreile 1997, S. 116f.).

Die »ethnischen Säuberungen« der 1990-Jahre in Serbien
haben die Mechanismen der Akkumulation politischer
Macht durch die Politisierung kultureller Unterschiede
bloßgelegt, die während ganzer historischer Epochen in den
Lebenswelten der Menschen selbst keine blutigen Konflikte
auslösten. Sie konnten erst zur selbständigen Quelle von
Verfeindung werden, als die fundamentalistischen Furien
des Hasses einmal losgelassen waren. Der ethnisch-kulturelle Identitätswahn konnte in vielen Gesellschaften Osteuropas die Nachfolge eines fundamentalistisch zugespitzten

Marxismus übernehmen, weil er dessen Grundstruktur der Herrschaft aus Erkenntnisgewissheit teilte, und er musste dessen Nachfolge antreten, weil die alten Politiker neue Rezepte benötigten, um sich auf fast die alte Weise an der Macht zu halten. Vielleicht werden in Osteuropa die Wunden, die dieser Identitätswahn schlägt, erst nach Generationen heilen. Er war sehr viel weniger eine Eruption der Volksseele als vielmehr ein Fabrikat verantwortungsloser Politik, die alles Andere ihrem Machtwillen unterzuordnen bereit war.

9. Linker Identitätswahn: Gemeinschaft als Gesellschaft

Der Identitätswahn, der einen einflussreichen Teil der europäischen Linken ein Jahrhundert lang beflügelt hat, scheint heute kuriert, offenbar jedoch um den Preis des Verlustes der Energien für eine Reform- und Sozialpolitik, die in den Zweidrittelgesellschaften der Massenarbeitslosigkeit heute nicht weniger an der Zeit ist als bei der Entstehung des linken Reformprojekts am Beginn der Industriellen Revolution. Nur noch in winzigen Rinnsalen der intellektuellen Deutungskultur ist dieser linke Identitätswahn gegenwärtig mit Mühen zu erkennen, der sich ein ganzes Jahrhundert lang mit der stolzen Verheißung der Überwindung der menschlichen Entfremdung verbunden hatte. An die Stelle der Entzweiung der Menschen untereinander und des Individuums von der Gesellschaft sollte nach der Vorstellung des jungen Marx vollkommene Identifikation von Individuum und Gattung treten, die alles den Menschen Fremde als überwundene Vorgeschichte hinter sich lassen würde. Aus dem öffentlichen Diskurs ist dieser ursprünglich auf das Wohl der Gemeinschaft ausgerichtete Identitätswahn gänzlich verschwunden. Selbst in den großen Massenorganisationen der linken Parteien und Gewerkschaften, die er lange beseelt und mit Energien gespeist hatte, hat er kaum Spuren hinterlassen (Heimann 1989, Miller 1989).

Auch dieser Identitätswahn, der im Tiefpunkt menschlicher Erniedrigung und Entzweiung des Frühkapitalismus mit der Verheißung begonnen hatte, die Emanzipation der Gesellschaft von Herrschaft und Unterdrückung könne zugleich die Erlösung vom Übel menschlicher Entfremdung sein, fand in einem Fundamentalismus Zuflucht, der auf der Basis seiner historisch-moralischen Gewissheitsansprüche viele Varianten ausgebildet hat: von Lassalle bis Marx, von Kautsky bis Trotzki und Lenin, von Lukács bis Bloch (Künzli 1986).

Die europäische Linke hat in ihrem Hauptstrom die historische Kritik an einer individualistischen Gesellschaft, die entgegen ihrem eigenen Anspruch der Mehrheit ihrer Glieder Freiheit und Gleichheit verweigerte und stattdessen Entfremdung und Ausschluss brachte, mit dem Gegenentwurf einer sozialistischen Gemeinschaft gekrönt, der durch und durch fundamentalistisch geprägt war. Gegen die Macht einer Entfremdung, die am Ende die Menschen nicht nur voneinander, sondern auch mit sich selbst entzweite, wurde die Vision einer erlösten Gemeinschaft gesetzt, in der alle Einzelnen mit allen Anderen und mit sich selbst eins wären. An die Stelle der entfremdeten Gesellschaft sollte die mit sich identische Gemeinschaft treten. Es schien, als sei mit der Überwindung der Institutionen, die durch ihr eigenes Wesen Entfremdung und Entzweiung systematisch immer aufs Neue erzeugten, nämlich Privateigentum an den Produktionsmitteln und Konkurrenzwirtschaft, das Mittel gefunden, um die Gesellschaft der Fremden zu einer Gemeinschaft der Gleichen zu machen, die, wie der junge Marx schwärmte, ihr gemeinsames menschliches Wesen zugleich ineinander und in dem, was sie gemeinsam hervorbrachten, spiegeln konnten.

Es war der Kern der sozialistischen Botschaft, dass eine radikale Form der menschlichen Emanzipation möglich sei, die zugleich Erlösung von gesellschaftlicher Entfremdung brächte. Als diese Botschaft ihre erste große Blütezeit erlebte, gegen Ende der Bismarck'schen Sozialistengesetze, hatte *Ferdinand Tönnies* die beiden Schlüsselbegriffe auf berühmt gewordene Weise idealtypisch kontrastiert: »Die Theorie der Gesellschaft konstruiert einen Kreis von Menschen, welche, wie in Gemeinschaft, auf friedliche Art nebeneinander leben und wohnen, aber nicht wesentlich verbunden, sondern wesentlich getrennt sind« (Tönnies 1887, S. 8). »Die Theorie der Gemeinschaft geht solchen Bestimmungen gemäß von der vollkommnen Einheit menschlicher Willen als einem ursprünglichen oder natürlichen Zustande aus, welcher trotz der empirischen Trennung und durch dieselbe hindurch sich erhalte« (ebd., S. 39). Gerechtigkeit der Verteilung und der Teilhabe waren die Losungsworte für die Tagespolitik. Eine menschliche Gemeinschaft, die über alles hinaus, was Gerechtigkeit vollbringen kann, die Individuen zu einer substanzielleren Einheit verbinden würde, lautete das historische Versprechen, das die Bewegung im Namen der Geschichte jenseits aller Tagespolitik machte.

Bei den Kommunisten sollte diese Gemeinschaft auf geheimnisvolle Weise aus einer Diktatur hervorgehen, bei den demokratischen Sozialisten hingegen als Qualitätssprung aus der Summe der vielen Reformen entstehen. Über die alles entscheidenden Gegensätze in der Wahl des Weges hinweg, Diktatur oder Demokratie, Gewalt oder Verständigung, war es diese historische Hoffnung, die einflussreiche Strömungen der Linken bis vor kurzem auf kennzeichnende Weise miteinander verband und vom Rest der »bürgerlichen« Parteien unterschied. Der kleine innersozialistische Gegenstrom der Revisionisten, die schon seit der Jahrhundertwende ahnten, dass mit der Aufnahme von liberalem Verfassungsdenken und gesellschaftlichem Realitätsprinzip die radikalen Identitätshoffnungen auf immer verabschiedet werden müssten, hat zwar das Handeln der meisten Politiker bestimmt, aber bis vor kurzem nicht den Geist der Bewegung oder ihrer Verwerfungen, die nach dem Zweiten Weltkrieg allmählich entstanden waren.

Selbst in der schon seit längerem durch Erfahrungen ernüchterten Sozialdemokratie lebte – weniger in den Handlungsmaximen ihrer Programme und schon gar nicht in den Absichten ihrer Amtsträger, aber doch in der besonderen Atmosphäre der Verknüpfung ihrer großen Vergangenheit mit dem Anspruch einer unvergleichlichen historischen Mission – die Erlösungshoffnung dieses wohl gemeinten Identitätswahns weiter. Er war im demokratischen Teil der Arbeiterbewegung freilich immer durch den Willen zur Demokratie gezähmt und daher niemals wie bei den Kommunisten als Rechtstitel zur Begründung einer Vormundschaft über Andere oder wie bei den »maoistischen« Terrorgruppen der 1970er- und 1980er-Jahre als Handlungsvollmacht für »erlösende Gewalt« benutzt worden – ein Traum erfüllter Identität daher eher als ein handlungsbestimmender Wahn.

Die Linke als Ganze hat den Schock der endgültigen Ernüchterung erst mit dem Zusammenbruch des Sowjetsystems erfahren. Nun scheint das Realitätsprinzip unumkehrbar jeder beschwichtigenden Interpretation entzogen. Liberale Demokratie bedeutet nun einmal die Anerkennung prinzipieller politischer Differenz und mit der Marktregulierung die gesellschaftliche Entfremdung. Das ist der unfreundliche, aber reale Handlungsrahmen, innerhalb dessen Solidarität und Gerechtigkeit zu erringen sind. Der lange Traum eines idealistischen linken Identitätswahns, der erst in der vollendeten Einheit der Menschen das Ende ihrer Ausbeutung erkennen konnte, scheint jedenfalls in der momentanen historischen Situation ausgeträumt, auch wenn die Anlässe, die ihn einst erzeugt hatten, im Zeichen einer hemmungslos liberalen Globalisierung von Wirtschaft und Gesellschaft beängstigend anwachsen. Als Gegenmacht und in den gesellschaftlichen Inseln kleiner Gruppen bleibt Gemeinschaft lebendig, als große Alternative zur Gesellschaft der Getrennten ist ihre historische Kraft erloschen. Der linke Fundamentalismus scheint fürs Erste erschöpft.

10. Postmoderner Identitätswahn: Psychosekten

Der Schock, den der Versuch der japanischen AUM-Sekte, die politische Machtergreifung mit hemmungslosem Gewalteinsatz zu proben, in aller Welt ausgelöst hatte, ist mit dem Abebben der spektakulärsten Gewaltberichte aus dem öffentlichen Bewusstsein verschwunden. In Deutschland schleppt sich der zähe, erbitterte und bislang ergebnislose Stellungskrieg um den politischen Charakter der Scientology-Sekte ohne große Leidenschaft und ohne Aussicht auf ein Ende gereizt und lustlos dahin. In ihm sind mittlerweile, durchaus mit gutem Grund, neben Behörden, Kirchen, Vereinen, Medien und verletzten Abtrünnigen, auch ganze Regierungen verstrickt.

Scientology ist nur die gegenwärtig am grellsten leuchtende Facette im weit verzweigten, bunten Mosaik der Sektenlandschaft in der Bundesrepublik. Diese ist vielgestaltig, umfangreich, und selbst für Experten sind ihre Mitgliederzahlen, ideologischen Varianten und Verzweigungen schwer zu durchschauen. Jeder genauere Blick auf Binnenstruktur und Beitrittsmotive zeigt für den am meisten verbreiteten Standardtyp der Psychosekten immer aufs Neue klar und deutlich, dass sie in ihrer Struktur und in ihrem Anspruch den klassischen Fall fundamentalistischer Gemeinschaftsbildung verkörpern. Sie bieten ihren Anhängern alles, was der moderne Fundamentalismus an Gewissheiten, Absolutheitsansprüchen, geschlossenen Gegenwelten, manichäischen Weltbildern, Heilsversprechungen, Sinnverheißungen und Trost zu bieten vermag. Sie schaffen eine Welt der absoluten Identität, in der alles, was anders ist, aus dem nahen Erfahrungskreis verbannt ist und in der ferneren, gesellschaftlichen Umwelt, aus der es sich mit den Kräften, über die die Sekten verfügen, nicht verbannen lässt, als Zeugnis einer verworfenen Welt jedes eigenständigen Geltungsrechts beraubt und damit als eigensinnige Irritation beseitigt ist. Die Zahl dieser Sekten steigt sprunghaft, die Menge ihrer Vollmitglieder wird in der Bundesrepublik auf mehrere Hunderttausend geschätzt. Die Etiketten, unter denen sie letztlich alle denselben fundamentalistischen Trost auf den Märkten postmoderner Beliebigkeit einem in tiefer Seele verunsicherten Publikum feilbieten, umfassen farbenprächtige Anleihen aus den religiösen Traditionen fast aller Epochen und Weltregionen, vom »Neo-Heidentum« des Nordens über Buddhismus, Hinduismus, Islam und Christentum, bis hin zu höchst phantasievollen Synthesen aus alledem. Und sie sind an den vermuteten Bedarf des Psychomarktes angepasst, wofür Scientology ja selbst ein beredtes Beispiel ist.

Wie stets bei der Anwendung von Begriffen sind die Grenzzonen mitunter heikel und unscharf definiert. Der Begriff der Psychosekte oder eben einfach der Sekte ist auch ein Instrument, mit dem sich Repräsentanten von Offizialkirchen und herrschenden Weltanschauungen lästige Konkurrenz vom Halse halten, die ihnen in manchen Elementen der Organisation und des Glaubens gar nicht so unähnlich sind, wie ihr Eifer vermuten lassen soll. Indem sie die Sekten an den Pranger stellen, hoffen sie, die lästigen und keineswegs erfolglosen Konkurrenten zu schwächen. Gleichwohl lässt sich das Bedeutungsfeld eines sozialwissenschaftlich gehaltvollen und in den wesentlichen Anwendungskriterien eindeutigen Sektenbegriffs für alle praktischen Fragen hinreichend sicher bestimmen. Sie erfüllen nahezu idealtypisch die Strukturmerkmale des Fundamentalismus. Die Frage ist nur, ob sie im Kern unpolitisch sind oder doch eine ins Gewicht fallende politische Dimension haben. Diese Frage steht im Zentrum der Debatten um Scientology.

Wie die anderen Psychosekten weist Scientology eine Reihe von organisatorischen, psychologischen und ideologischen Kennzeichen auf, die aufs Haar denen gleichen, die für die großen politischen Fundamentalismen erkannt und beschrieben wurden. Nicht wenige dieser Sekten erfüllen im Aufmerksamkeitsschatten der Öffentlichkeit die Kriterien fundamentalistischer Verfassung, Denk- und Handlungsweise rigider und vollständiger als die großen politischen Organisationen des Fundamentalismus in den öffentlichen Arenen selbst. Sie errichten in allen Fällen auf der Basis absolut gesetzter Wahrheitsansprüche starre Strukturen weit reichender geistiger und sozialer Geschlossenheit und kultivieren ausnahmslos das hybrishafte Selbstbewusstsein, allein Garant und Vollender der Erlösung der Menschheit zu sein. Die Versuchung, bei gegebenem Anlass über alle Köpfe der einfachen Mitglieder und erst recht der Außenstehenden hinweg nicht nur handeln zu dürfen, sondern sogar zu müssen, da dies in Wahrheit auch in deren eigenem verkannten Interesse liege, ist in die geistige Verfassung dieser Sekten als eine Art genereller Ermächtigungsklausel eingelassen.

Es ist allerdings die Frage, ob es sich bei den Sekten, die in ganz Europa Aufmerksamkeit erregen, nur um eine gleichsam kulturell-lebensweltliche Variante des Fundamentalismus handelt, dann könnte die Anwendbarkeit des Fundamentalismusbegriffs selbst zweifelhaft sein, da dieser ja ein öffentlichkeitsbezogenes Element politischer Ideologie zur Voraussetzung hat. Oder haben Psychosekten wie Scientology entgegen ihrer eigenen Darstellung und der überwiegenden öffentlichen Wahrnehmung doch auch eine genuin politische Dimension?

Die Antwort auf diese Frage ist von weit reichender praktischer Bedeutung. Im Falle des politischen Charakters ist beispielsweise die öffentliche Beobachtung und gegebenenfalls auch die öffentliche Intervention legitim, die beide im unpolitischen Falle problematisch erscheinen müssen. Für Sekten dieser Art, deren politischer Charakter erwiesen ist, kann selbst die Mitgliedschaft nicht als eine reine Privatangelegenheit angesehen werden, die niemand sonst außer dem zur Mitgliedschaft entschlossenen Einzelnen etwas angehen dürfte.

Die Antwort auf die heikle Frage nach dem politischen Charakter einer Psychosekte muss sich an einem differenzierten Begriff des Politischen orientieren, der nicht vorab schon Politik auf staatliches Handeln allein verengt. Auch in der Gesellschaft selbst findet ja in vielfältigen Formen durchaus Politik statt, und zwar überall dort, wo verbindliche Gemeinschaftsentscheidungen getroffen oder vorbereitet werden. Ausschlaggebend ist aber darüber hinaus die unbestreitbare Erkenntnis, dass die politische Kultur einer Gesellschaft, nämlich die Gesamtheit der auf das Politische bezogenen Einstellungen, Werte und Handlungsorientierungen ihrer Menschen, von ebenso gewichtiger Bedeutung für die Überlebenschancen der Demokratie ist wie das System der politischen Institutionen selbst, das sie sich schafft. Erst politische Kultur und politische Institutionen gemeinsam bilden das Fundament des politischen Gemeinwesens. Das hat sich in Deutschland beispielhaft im Schicksal der Weimarer Republik offenbart. Es ist später an der politischen Karriere der Demokratie in Ländern der Dritten Welt sichtbar geworden, in denen die importierten Institutionen des demokratischen Staates in kurzer Frist verkümmerten oder abgeworfen wurden, wenn die kulturellen Traditionen des Landes, die in eine andere politische Richtung wiesen, hartnäckiger waren als die gut gemeinten Importe. Die Netzwerke selbstbestimmten Bürgerhandelns in der Zivilgesellschaft und die v. a. in ihnen ermöglichten oder verhinderten Einstellungen und Gewohnheiten erhalten Demokratie am Leben und nicht allein das Skelett ihrer Verfassung.

Als Organisationen in der Zivilgesellschaft sind daher die Psychosekten in gewissem Maße immer schon politisch, weil sie, wenn auch in wechselndem Maße, die verbindliche Regelung gemeinsamer gesellschaftlicher Angelegenheiten einschließen. Sie sind in jedem Falle höchst einflussreiche Mitproduzenten der politischen Kultur ihrer Gesellschaft, weil ihre Mitglieder auf prägende Weise Einstellungen zum Politischen einüben, die im Zweifelsfalle den Ausschlag dafür geben, ob die Menschen zu einem Verständigungshandeln unter Gleichen befähigt sind oder nicht. Das aber entscheidet über die Aussichten der Demokratie spätestens in der Krise und ist darum in jedem Falle eine politische Schlüsselfrage der Demokratie. Eine der Konsequenzen aus dem Scheitern der Demokratie von Weimar ist, dass in Deutschland Verbände und Parteien nicht nur in ihren politischen Bestrebungen die Normen und Institutionen der Demokratie respektieren, sondern ihnen auch in ihrer eigenen inneren Ordnung entsprechen müssen. Diese Forderung ist im öffentlichen Recht verankert.

Es ist nun aber, wie alle einschlägigen Studien belegen, gerade der eigentliche Funktionssinn der Psychosekten, dass sie auf einer nichtverhandelbaren Heilsgewissheit basieren, über deren Auslegung und Anwendung nichtgewählte Füh-

rer autokratisch befinden. All diese Gruppen sind hierarchisch aufgebaut, mit einem über alle und alles erhabenen
Führer an der Spitze. Die Abhängigkeit der Mitglieder ist ja
gerade der Zweck der ganzen Übung, sie bedingt Auser-
wähltheitsbewusstsein der Überlegenen über den Rest der
verworfenen Welt. Eine Anerkennung oder gar das offene
Austragen von Konflikten, das Sinnzentrum der politischen
Kultur der Demokratie, würde ebenjene Identitätsrisiken
ins Leben der Sektenmitglieder und ihrer Gemeinschaft zu-
rückbringen, deren Vermeidung gerade ihr entscheidendes
Beitrittsmotiv war. Das gilt in gleichem Maße für offene Kritik und die öffentliche Erwägung von Handlungsalternati-
ven. Die Mitgliedschaft in Psychosekten dieser Art entfremdet die Menschen dauerhaft und mit der unwiderstehlichen
Macht des täglichen Lebens auf ganz praktische Weise von
allem, wovon die politische Kultur der Demokratie lebt.

Ähnlich wie bei der japanischen AUM-Sekte, deren Führung weit über alles hinaus, was die Mitglieder wissen oder
ahnen konnten, direkte staatspolitische Zwecke verfolgte,
muss nach neueren Erkenntnissen auch bei der weltweit
agierenden Sekte Scientology davon ausgegangen werden,
dass die Führung unmittelbar staatspolitische Zwecke verfolgt. Diese fundamentalistische Organisation der Zivilgesellschaft wirkt nicht nur an der Erzeugung der politischen
Kultur mit, sie agiert vielmehr unmittelbar politisch wie politische Verbände. Zu diesem gut begründeten Fazit kommt
der Politikwissenschaftler Hans-Gerd Jaschke in einem
Gutachten über den politischen Charakter von Scientology,
das er 1996 der Landesregierung Nordrhein-Westfalen vorgelegt hat. Bei ihr handelt es sich demnach um eine fundamentalistische Organisation im strikten Sinne politisch-
ideologischer Ausrichtung und Zielsetzung.

Jaschke zeichnet in sorgsamen Analysen der Organisati-
onspraxis und der Ideologie die »totalitären Grundzüge«

von Scientology im Einzelnen nach. In beiden Bereichen ist die Demokratiefeindschaft überall mit Händen zu greifen. In informativem Gegensatz zum Selbstanspruch als Kirche hatte schon der legendäre Sektengründer L. Ron Hubbard ohne Versteckspiel von einer »politischen Dianetik« als Element seiner Sektenideologie gesprochen. Sie gipfelt in einem Führerkult auf der Basis totalitärer Ideologie und dem Anspruch, unter der Parole »clear« die politische Herrschaft in den einzelnen Ländern und schließlich auf der ganzen Welt an sich zu reißen und nach dem Muster der internen Organisation von Scientology selbst auszuüben.

Der Begriff des Totalitarismus bedarf Jaschke zufolge freilich im Falle dieser Sekte einer Neubestimmung. Es handelt sich bei ihr nämlich um »eine neuartige Form des politischen Extremismus« (Innenministerium NRW 1996, S. 57). Obgleich ja ihre Ideologie und ihr Aufbau die bekannten Kriterien des rechten und des linken Extremismus nicht erfüllen, gleicht sie diesen historischen Formen des politischen Extremismus dennoch in wesentlicher struktureller Hinsicht, wenn auch in entscheidenden Punkten auf ihre eigene unverwechselbare Weise. »Dennoch scheint sich bei Organisationen wie SC eine neuartige Form des politischen Extremismus anzubahnen, orientiert an Ideen des absoluten, heldischen Übermenschen, der die lästigen Fesseln des Liberalismus und der Demokratie abstreift auf dem Weg zu einer Weltherrschaft, die auf totalitären und mit einer demokratischen Verfassung unvereinbaren Grundprinzipien basiert.« Neu an diesem politischen Fundamentalismus ist kaum, dass er zunächst ausschließlich im kulturellen Bereich wirksam wird, um die Gemüter allmählich auf die große Umwälzung einzustimmen, die für viel später im politischen Bereich geplant ist. Das Neue ist eher eine Eigenart, die als solche zwar in beinahe allen fundamentalistischen Bewegungen in wechselndem Maße zu beobachten ist, von Scien-

tology aber auf eigentümliche Weise auf die Spitze getrieben
wird. Es ist die Differenz der Motive und Handlungszwecke
zwischen Gefolgschaft und Führung. Während das Motiv
für den Eintritt in die Sekte so gut wie immer die individuelle
Identitätssuche und die Hoffnung auf Gewissheit und feste
Lebensorientierungen ist und kaum je politische Machtge-
lüste ins Spiel kommen, leitet auf der Ebene der Führung der
Organisation offenbar gerade dieses Motiv das gesamte
Handeln.

In diesem Sinne werden Motivation und Gefolgschafts-
bereitschaft der Sektenmitglieder, die ausschließlich psychosozialen Interessen entspringen, von einer Führung in
Dienst genommen, die sie gegen die Absichten der Gefolgschaft für ihre eigenen, ganz anders gearteten Interessen
politisch instrumentalisiert. In zahlreichen fundamentalistischen Bewegungen ist eine solche Dichotomie ausgebildet,
die eine weite Spanne der Differenz der Handlungszwecke
von Führung und Gefolgschaft aufweisen kann, vom Ak-
zentunterschied zwischen psychosozialen und politischen
Motiven bis hin zur bloß noch äußeren Verbindung der
ideologischen Denkmuster bei gänzlich verschiedenen primären Handlungsabsichten.

Scientology zeigt in idealtypischer Reinheit den Doppel-
sinn der Formel von der politischen Instrumentalisierung
kultureller Unterschiede. Dabei geht es eben nicht allein
um die Indienstnahme kultureller Verschiedenheit für die
Zwecke politischer Macht, die Menschen je für ihren eigenen Gebrauch vornehmen, sondern in vielen Fällen auch um
die Indienstnahme der psychosozialen Interessen von Menschen an reiner Identität für die politischen Machtkalküle
Anderer, die das Identitätsinteresse als eigenes Handlungsmotiv gar nicht teilen. Eine solche Dichotomie ist bei offen
politischen Verbänden oder gar Parteien nicht möglich. Sie
findet sich im politischen Fundamentalismus infolge seiner

schillernden Zwischenstellung zwischen Religion und Politik indessen regelmäßig und kann wegen des kulturell-politischen Doppelgesichts des Fundamentalismus der Gefolgschaft über lange Zeiten hin verborgen bleiben. In diesem Sinne ist Scientology eine »neue Form« des politischen Extremismus und, wegen ihres trügerischen Doppelgesichts, eine über alle bekannten Formen des politischen Extremismus hinaus ernsthafte Bedrohung für die Demokratie.

Diese Janusköpfigkeit hat an der Oberfläche ihren Ausdruck in dem skurrilen Anspruch der Organisation gefunden, nichts als eine Kirche zu sein, aber eine, wie die Analyse ihrer Arkanideologie dann manifestiert, die wie eine politische Kampfformation operiert, die die politische Macht ergreifen will, wenn auch zunächst auf den leisen Sohlen einer Kulturrevolution. Als Kippfiguren zwischen Kirche und Partei – auch darin ist Scientology idealtypisch – erweisen sich in letzter Instanz die religiös fundamentalistischen Bewegungen überall auf der Welt. Eben darin liegen ihr Geheimnis und der Schlüssel zur gewaltigen Macht, die sie entfalten können.

11. Identitätswahn durch Ausgrenzung: Junge Türken in Deutschland

Die deutsche Öffentlichkeit zeigte sich überrascht und verwundert, als eine Arbeitsgruppe des Bielefelder Instituts für interdisziplinäre Konflikt- und Gewaltforschung zu Beginn des Jahres 1997 Umfrageergebnisse präsentierte, wonach ein Drittel der jungen Türken der dritten Generation in Deutschland im Alter von 15 bis 21 Jahren einem gewaltbestimmten religiösen Fundamentalismus zuneigen (Heitmeyer u. a. 1997). Gewiss, Zahlen sind immer problematisch, wenn es um die Einstellungen von Menschen, zumal die Abschätzung ihrer Bedeutung und Dauerhaftigkeit geht, und die Fragen, deren Beantwortung den Schluss auf die tiefer liegenden Einstellungen ermöglichen sollen, entziehen sich selten dem Zweifel und der wohl begründeten Anfechtbarkeit. Auch gegen Heitmeyers Studien sind methodische Einwände erlaubt. Sie können Einschränkungen, Relativierungen und eine gewisse Skepsis in Bezug auf die großen Zahlen begründen, aber nicht das Hauptergebnis in seinem qualitativen Anspruch widerlegen. Die Forschungsgruppe hat für ihren Analyseansatz besonders sorgfältig zwischen den unterschiedlichen Formen einer Renaissance des Religiösen und dem religiös begründeten politischen Fundamentalismus unterschieden, um auszuschließen, dass eine Verstärkung des religiösen Bewusstseins als solchem wahllos dem Fundamentalismus zugerechnet werden kann. Dabei werden unterschiedliche Arten, bei Unsicherheit persönliche und kollektive Identität über religiöses Selbstbewusstsein zu sichern, überzeugend differenziert. Erstens: islamische Religiosität als persönliche Angelegenheit. Zweitens: islamische Religiosität als Mittel kollektiver kultureller Abgrenzung in Konkurrenz zu anderen Kulturen. Und drittens: die politische Verwendung islamischer Religiosität als Verbindung von Religion und Machtpolitik mit dem Ziel der Ausbreitung des Geltungsbereichs dieser Kultur und der Erringung einer Vormacht gegenüber konkurrierenden Kulturen. Im Anschluss an den Stand der internationalen Fundamentalismusforschung wird nur die letzte Einstellung als Fundamentalismus bezeichnet, durch genaue Fragen ermittelt und in ihrer Verbreitung und den Gründen, die bei den Betroffenen zu ihrer Ausbildung führten, untersucht.

35,7 % der befragten türkischen Jugendlichen sind bereit, sich notfalls mit körperlicher Gewalt gegen Ungläubige durchzusetzen, wenn es der islamischen Gemeinschaft dient. 55,9 % waren der Auffassung, dass die Religionen an-

derer Nationen nichtig und falsch seien und ihre Angehörigen Ungläubige, der Islam mithin die einzige rechtgläubige
Religion sei. Eine Anpassung an die westliche Lebensweise
lehnen 56 % dieser Jugendlichen ab.

Mit einem gewissen Recht, wenngleich in überzogener
Strenge, leitet das Forscherteam aus dem ebenfalls ermittelten Sachverhalt hoher Mitgliedschaftsraten der »fundamentalistischen« Jugendlichen in straff organisierten politisch-
kulturellen Verbänden des Fundamentalismus die Prognose
ab, dass der Fundamentalismus keine kurze Episode der Ju-
gendzeit bleiben, sondern sich als eine stabile Orientierung
im gesamten Leben der meisten dieser Menschen erweisen
wird. Die Schlussfolgerung muss schon nach einem kurzen
historischen Rückblick fraglich erscheinen, der daran erinnert, wie viele deutsche Jugendliche in den strikt fundamentalistisch ausgerichteten kommunistischen K-Gruppen der
1970er-Jahre landeten und nach wenigen Jahren aufgrund
der dort gemachten Erfahrungen in eher basisdemokratische
Parteien wie die Grünen überwechselten oder der Politik
ganz entsagten. Vielleicht kann auch für Fundamentalisten
das Diktum des demokratischen Sozialisten George Bernard
Shaw gelten, nach dem kein Herz hat, wer mit 20 kein Kom-
munist war, aber keinen Verstand, wer es mit 40 noch ist.

Interessanter noch als die Ergebnisse selbst erscheinen die
Ursachen, die die Jugendlichen in fundamentalistische Positionen hineintreiben: Orientierungslosigkeit und verweigerte Anerkennung in der Mehrheitsgesellschaft. Jeweils etwas mehr oder etwas weniger als die Hälfte der Befragten
gab zu Protokoll, dass in der Gegenwart alles so unsicher geworden sei, dass jeder auf alles gefasst sein müsse; dass den
meisten Menschen ein richtiger Halt fehle; dass gegenwärtig
alles so sehr in Unordnung geraten sei, dass niemand mehr
wisse, wo er eigentlich steht; dass für die meisten ganz un-
klar geworden sei, was sie zu tun und zu lassen haben.

Diese Jugendlichen sind in Deutschland aufgewachsen, sprechen häufig makellos die Sprache des Landes, beherrschen seine wichtigen Kulturtechniken und kennen dessen Vorzüge, Gepflogenheiten und Schwächen zumeist nicht weniger gut als ihre deutschen Altersgenossen. Sie haben, soweit sie nun fundamentalistische Positionen übernommen haben, indessen Erfahrungen durchlaufen, die sie in die rigiden Identitätsansprüche der fundamentalistischen Version ihrer Ursprungskultur zurücktreiben, aber erst, nachdem ihr Versuch, eine offenere Identität zwischen der Herkunfts- und der Mehrheitskultur zu finden, auf verletzende Weise gescheitert ist. Fast die Hälfte von ihnen resümiert diese Erfahrung verweigerter kollektiver Identität in den Urteilen: »Die Deutschen lehnen uns ab, die Türken in der Türkei verstehen uns nicht, aber Muslime akzeptieren uns«, und: »Wir können uns nie als Deutsche fühlen, weil wir nicht dazugehören.« Diese Erfahrung versagter Anerkennung hängt nicht davon ab, ob der Einzelne, der sie macht, die deutsche Staatsbürgerschaft hat oder nicht. Entscheidend sind vielmehr persönliche Kränkungserfahrungen als »Fremder« und das wiederholte symbolische Erlebnis erniedrigender Gewaltanwendung gegen Ausländer im Aufnahmeland.

Die Erfahrung der Arbeitslosigkeit eines oder beider Elternteile und erhebliche Schwierigkeiten, einen Ausbildungsplatz zu finden, teilt das betroffene Drittel der türkischen Jugendlichen mit einem beträchtlichen Teil seiner deutschen Altersgenossen, aber es verarbeitet sie in einer Atmosphäre erlebter ethnisch-kultureller Diskriminierung auf kulturell akzentuierte andere Weise. Dabei kommen natürlich stets individuelle Merkmale der prägenden Lebenserfahrungen in Kindheit, Familie und Umwelt ins Spiel, aber die ausschlaggebenden Gründe für den Willen zur Übernahme einer fundamentalistischen Identität sind doch in dem missglückten Versuch zu sehen, eine tragfähige Identität nicht gegen die Mehrheitsgesellschaft auszubilden, sondern in ihr.

Diese Entwicklung wird gleichermaßen für das gesellschaftliche Zusammenleben und das politische Gemeinwesen der Bundesrepublik schwer wiegende Probleme aufwerfen. Sie zeichnen sich schon ab. Sobald charismatische Wortführer, mögen sie nun selbst fundamentalistisch gesonnen sein oder nicht, dieses Potenzial bündeln, durch symbolische Konflikte um kulturelle Unterschiede – sei es das Kopftuch in der Schule, die zulässige Lautstärke der Stimme des Muezzin oder die Art der Tierschlachtung – aufheizen, um es für ihre eigenen politischen Karriereinteressen zu instrumentalisieren, wird ein ungekanntes gravierendes Problem auftreten, das die deutsche Gesellschaft in dieser Dimension selbst verschuldet hat durch ihre mangelnde Bereitschaft, die kulturelle Differenz und die Angehörigen fremder Kulturen anzuerkennen. Es sei denn, sie zieht Konsequenzen, solange dazu noch Zeit ist, denn wir wissen ja aus der Erfahrung vieler Länder, dass der eine Fundamentalismus den anderen nach sich zieht und nährt, der religiöse Fundamentalismus der Minderheit den rechtspopulistischen Fundamentalismus der Mehrheit, und dass am Ende das liberal-demokratische Gemeinwesen selber zum Opfer werden kann.

IV. Globale Szenarien für Kultur und Politik

12. Globalisierung und kulturelle Differenz

Nicht nur die Diskurse über die wachsende Bedeutung des kulturellen Faktors in der Politik der nationalen, regionalen und politischen Arenen haben seit dem Ende des ideologischen Ost-West-Gegensatzes an Bedeutung gewonnen. Das ist die eine Ebene. Auf einer anderen Ebene, innerhalb der politischen Prozesse selbst, nimmt die Berufung von Akteuren auf kulturelle Faktoren zur Rechtfertigung sozialer und politischer Konflikte, aber auch zur Begründung globaler Kooperation ebenfalls in erheblichem Maße zu. Die nahe liegende Vermutung, dass der zeitgleichen Entfaltung der weltweiten Renaissance des Fundamentalismus und des Prozesses der negativen Globalisierung kausale Zusammenhänge zugrunde liegen, ist in den 1990-Jahren auf vielfältige Weise thematisiert und untersucht worden. Die Ursachen für den zunehmenden Einfluss kultureller Motive und Argumente bei der Formulierung politischer Konfliktlinien sind indes vielfältig und komplex, sowohl was ihre jeweilige besondere Ausprägung betrifft als auch im Hinblick auf die Interessen der unterschiedlichen Akteure. Neben der auf Mobilisierung durch Ausschließung und Verfeindung setzenden fundamentalistischen Identitätspolitik spielt auch die kulturübergreifende globale Kooperation auf der Grundlage gemeinsamer soziopolitischer Grundwerte eine zunehmende Rolle in den Arenen der Politik.

Offenbar setzt die negative Globalisierung in ihrer gegenwärtigen Form v. a. Prozesse der soziokulturellen Differenzierung und Polarisierung innerhalb der unterschiedlichen

Kulturen frei. Während große Milieus in allen Kulturen in ihren Lebensweisen und soziopolitischen Orientierungen einander ähnlicher werden, gleichen sich andere nur in der Formalstruktur ihrer fundamentalistischen Selbstbehauptung auf der Grundlage gezielter Verschärfung inhaltlicher Differenzen an (Offe 2000, S. 111). Die sich in raschen Schüben herausbildende globale Zivilgesellschaft mit ihren ökologischen, geschlechterpolitischen, menschenrechtlichen, friedenspolitischen, sozialen oder regionalpolitischen Zielsetzungen basiert in beträchtlichem Maße auf der Annäherung der politischen Kultur ihrer Proponenten. Sie setzen auf kosmopolitische Rechte und Verantwortungsstrukturen. Dabei sind sie nicht auf die Abkehr von den jeweils eigenen lokalen kulturellen Traditionen angewiesen, sondern verstehen sich vielmehr als deren aktivste Verteidiger. Die ökonomische Globalisierung selbst erzeugt auf unterschiedlichen Wegen einerseits professionell gestützte globalisierte Milieukulturen und andererseits Enklaven relativ geschlossener Herkunftsmilieus in allen großen Relaisstationen der ökonomischen Verflechtung.

In den folgenden Kapiteln werden zunächst einige der interessanteren und untereinander hinreichend unterschiedlichen Theorien über den Zusammenhang von fundamentalistischer Identitätspolitik und Globalisierung vorgestellt und diskutiert, um aus ihnen Gesichtspunkte für die Beantwortung der beiden Fragen nach dem Verhältnis der Kulturen selbst zueinander und zur ökonomischen und politischen Dynamik des Globalisierungsprozesses in seiner gegenwärtigen Verfassung zu gewinnen.

13. »Der Kampf der Kulturen«

Samuel Huntingtons Szenario vom unvermeidlichen Kampf der Kulturen als Schicksal der Welt im 21. Jahrhundert ist in wenigen Jahren zum Rahmen für die gegenwärtige Diskussion über das neu gewichtete Wechselverhältnis von Kultur und Politik in der Welt nach dem Ende des Ost-West-Gegensatzes geworden. Es gewinnt seine vordergründige Evidenz aus zwei Quellen: aus der tatsächlichen Neubelebung der Kultur als Bestimmungsfaktor politischen Handelns und aus der Renaissance des politischen Fundamentalismus in nahezu allen Kulturen der Welt. Da beide Quellen völlig unabhängig von dem Gebrauch, den Huntington von ihnen macht, wirklich reichlicher sprudeln als in einer langen Epoche zuvor, ist seinem Szenario Vertrauen zugewachsen weit über alle wissenschaftlichen und politischen Schlussfolgerungen hinaus, die er daraus in seiner Argumentation entwickelt (Huntington 1993, 1996).

Die grundlegende Beobachtung, von der Huntingtons Konstruktion ihren Ausgang nimmt, markiert eine neue Tendenz in der innen- und außenpolitischen Entwicklung, die im vergangenen Jahrzehnt zunehmend offenkundig geworden ist. Kulturelle Handlungsmuster, Wertorientierungen und das Bewusstsein kultureller Unterschiede, besonders aber die Rückbesinnung auf ethnische, nationale und religiöse Traditionen haben vielerorts den Platz im politischen Kräftespiel eingenommen, den bis dahin für eine ganze Epoche die großen Ideologien innehatten. Die Wechselwirkungen zwischen kulturellen und politischen Kräften bestimmt weltweit die Dynamik des Politischen. Aus dieser triftigen Beobachtung leitet Huntington nun in Argumentationsschritten höchst unterschiedlicher Plausibilität sein Kulturkampfszenario mit einem Gestus ab, als folge es wie von selbst aus den beobachteten Daten. Um die Suggestion der Argumentation zu brechen, muss sie in ihren einzelnen Schritten rekonstruiert werden.

Huntingtons Kulturbegriff, die eherne Grundlage seiner Theorie, beruht wie selbstverständlich auf zwei im höchsten Maße rechtfertigungsbedürftigen Voraussetzungen, die jedoch nicht zur Diskussion gestellt werden. Die eine ist die *Herder'sche Kugeltheorie der Kultur*, die andere die *Parsons'sche Wertetheorie der Kultur*. Herders Kugeltheorie der vollkommenen Geschlossenheit kultureller Einheiten schließt andere Formen der kulturellen Kommunikation als die der Fremdheit und des Zusammenstoßes schon konzeptionell aus. Parsons Wertetheorie der Kultur sieht in grundlegenden sozialen Werten, die sich in jeweils anderer Weise ausprägen und zu höchst charakteristischen Mustern verbinden, das Sinnzentrum von Kulturen und die Ursache der Unterschiede zwischen ihnen. Diese Theorie ist als Zugang zum Verständnis von Kulturen und kulturellen Differenzen fruchtbar, zumal sie mit den sozialen Grundwerten Einheiten beschreibt, die als Brücken Kultur, soziale Lebenswelt und Politik verbinden.

Ausdrücklich führt Huntington daher den Konflikt der Kulturen, den er prophezeit, auf unversöhnliche Unterschiede im Verständnis sozialer Grundwerte zwischen den Kulturen zurück, die er zu sehen meint. Unverträgliche Wertüberzeugungen über die Beziehungen zwischen Bürger und Staat, Gott und Mensch, Mann und Frau, Rechte und Pflichten, Individuum und Kollektiv, Freiheit und Autorität, Gleichheit und Ungleichheit, Eltern und Kinder geben jeder Kultur ihren spezifischen Sinn und verhindern in ihrer Gegensätzlichkeit Verstehen und Verständigung zwischen ihnen. Sie liegen wie Bleigewichte konstant und hartnäckig im Mittelpunkt der Kugeln, bestimmen ihre plumpen Bewegungen und halten sie starr zusammen. Grundwerte strukturieren die Gesamtheit der sozialen Beziehungen in jeder Kultur und geben ihnen Bedeutung und Richtung. Huntington nimmt an, dass jede der von ihm herausgestellten großen Kulturen durch eine allein ihr eigentümliche Ausprägung der Grundwerte ihr Profil erhält und dadurch in Gegensatz zu den anderen Kulturen gerät.

Die unbestreitbare Zunahme der weltweiten Kontakte aller Kulturen untereinander – zwischen Nationen, die von ihnen durchdrungen sind, und innerhalb von Nationen, in denen sie einander mehr und mehr gegenübertreten – schärft unvermeidlich das Bewusstsein für die Eigenarten der je eigenen Kultur und für die Differenz zu den anderen. Reisen, Migration und Telekommunikation sind die zentralen Wege der ständig vielfältiger werdenden Kontakte. So gut wie alle Menschen sind betroffen.

Innerhalb der Kulturen finden infolge ihres neu entfachten Selbstbewusstseins radikalisierende Strömungen zunehmend Gehör, die, wie im Extremfall des Fundamentalismus, die Identität der jeweiligen Kultur besonders pointiert herausstellen und die Differenz zu den anderen unversöhnlich zuspitzen. Fundamentalistische Varianten des kulturellen Selbstbewusstseins füllen zudem die Lücken, die das Ende der alten Ideologien und die Schwäche des Nationalstaates in einer globalen Weltwirtschaft aufreißen.

Auch die gesellschaftliche Modernisierung selbst wird mehr und mehr universell. Mit der Auflösung von Traditionen untergräbt sie überall die ursprünglichen Quellen von Identität und Orientierung. Die Suche nach neuen, zuverlässigen Quellen für Identität wird universell. Identität bildet sich v. a. und am eindeutigsten in der Unterscheidung vom Anderen. Auch aus diesem Grund liegt die politische Definition kultureller Identität in der Konkurrenz zu anderen kulturellen Identitäten nahe.

Widerstand kommt auf in der nichtwestlichen Welt, wird

geschürt und organisiert gegen ungefragt ins Land drängende »westliche Werte« und kulturelle Praktiken. Das Bewusstsein der kulturellen Entgegensetzung wird schärfer.

Huntington setzt bei alledem durchgängig voraus, ohne diese alles entscheidende Annahme eigens zu begründen, dass eine andere Kultur wahrnehmen, die Unterschiede erkennen, sie ablehnen und sich in der Ablehnung zu ihrem Feind machen, ein einziger Akt sei, der als Reaktion in jedem Menschen abläuft, sobald Kulturen einander nahe kommen. Dieses Herder'sche Dogma ist die stillschweigende Grundlage all seiner Argumente.

Nachdem die Prämissen so gewählt sind und die Ausgangsbeobachtungen stimmen, ergibt sich die Schlussfolgerung unweigerlich: Die globalisierte Welt treibt ohne wirkliche Hoffnung der Verständigung auf einen Kampf der Kulturen zu, der nur in der Katastrophe enden kann. Jede Kultur, insbesondere der Westen, ist gut beraten, sich dafür zu rüsten.

Dieses vordergründig durchaus plausible neue Weltmodell steht bei genauerem Hinsehen jedoch auf tönernen Füßen, die überall kräftige Risse erkennen lassen. Nirgends macht sein Urheber den Versuch, für die Feststellung der Unterschiede der Grundwerte empirische Daten heranzuziehen. Gleichheit und Freiheit, Individuum und Kollektiv, Gesellschaft und Politik, Ordnung und Spontaneität werden gewiss in unterschiedlichen Gesellschaften verschieden bewertet, aber decken sich die Bruchlinien solcher Differenz mit den religiös bestimmten Kulturkreisen? Sind die Unterschiede in der Wertschätzung dieser Normen innerhalb der Kulturen nachrangig? Gibt es nicht auch Übereinstimmungen zwischen den Kulturen, Überlappungen in der Geltung der Grundwerte, die Kulturen einander ähnlich machen und Grundlagen für Konsens und Kooperation stiften? Empirische Daten, die beim Versuch, Antworten auf solche Fragen zu finden, ins Gewicht fallen, interessieren den Architekten des neuen Weltbildes vom Kulturkampf nicht. Wer solche Daten kennt, ist nicht überrascht, denn sie stützen Huntingtons Modell auf keine Weise. Die Daten betreffen aber die Schlüsselfrage im Wechselverhältnis von Kultur und Politik, denn sie enthalten die entscheidenden Hinweise dafür, ob kulturell bestimmte politische Konflikte schon in den Kulturen selbst angelegt sind oder erst durch ihre politische Instrumentalisierung erzeugt werden. Ob die Auseinandersetzung zwischen Serben und Bosniern im ehemaligen Jugoslawien, zwischen Hindus und Muslimen in Bombay oder zwischen Tamilen und Singhalesen in Sri Lanka von kleinen strategischen Gruppen politisch fabriziert oder aus den Wertgrundlagen der beiden Kulturen selbst entsprungen sind, ist aus dem Konflikt selbst nicht ersichtlich. Solche Fragen wirft Huntington indes nirgends auf. Er verzichtet souverän auf alle Empirie. Das rein ideologische Konstruktionsverfahren erweist sich als die Voraussetzung dieses Szenarios.

Zwei der Grundannahmen, die wie Selbstverständlichkeiten in das Fundament des Modells eingelassen sind, erweisen sich im Lichte unparteiischen Erfahrungswissens als durch und durch fragwürdig. Die eine besteht in der Gleichsetzung von kulturellem Unterschied und feindseligem Konflikt. Nichts in der bisherigen Geschichte spricht dafür, dass diese Gleichung eine unumgängliche Notwendigkeit und nicht lediglich eine Möglichkeit beschreibt, die sich nur unter sehr spezifischen Voraussetzungen auch aktualisieren lässt. Die andere fragwürdige Grundannahme verbirgt sich in Huntingtons von Carl Schmitt geprägtem Politikbegriff. Überall setzt er Politik mit Kampf und Verfeindung gleich, als ob Politik sich nicht auch in der Tradition von Aristoteles und Hannah Arendt als Verständigungspraxis zwischen Menschen verstehen lässt, die sich gegenseitig als Gleiche anerkennen.

14. Abschottung durch Globalisierung

Der amerikanische Titel von Benjamin Barbers Buch setzt schrille Signale: *Jihad vs. McWorld*. Die moderne Welt wird zunehmend von einer heiklen und gewaltträchtigen Dialektik beherrscht. Dem immer hemmungsloseren Vordringen des *american way of life*, verkörpert in seinen kulturellen Schlüsselsymbolen MTV, McDonald's, Nike und Coca-Cola, widersetzen sich in allen Kulturen der Welt die aggressiven Gegenmächte des Fundamentalismus, die allerdings ihre Energien erst aus dem amerikanisch dominierten Weltmarkt beziehen, so wie sie ihm dann wieder, durch ihre eigenen trüben Erfolge, die Legitimation für sein weiteres Voranschreiten verschaffen.

Barber sieht eine symbiotische innere Verbindung zwischen den beiden globalen Trends der Gegenwart, die häufig als beziehungslose Gegenentwicklungen beschrieben werden. Es gibt den starken Trend der kulturellen Globalisierung: Die amerikanische Einheitskultur kann sich immer rascher über den ganzen Globus ausbreiten, seit der Weltmarkt selbst universell geworden ist und auch noch die letzten Barrieren für die Verbreitung von Gütern und Dienstleistungen niedergerissen hat. Kommunikation, Information, Unterhaltung und Handel überschreiten die letzten Grenzen und dringen in die äußersten Winkel lokaler Kulturreservate vor.

Und es gibt einen ebenso machtvollen und weltweiten Trend zur Selbstverhärtung lokaler kultureller Identität, die sich aggressiv gegen die Globalisierung und die Importe fremder Kulturen aus allen Teilen der Welt wendet, deren Ausbreitung auf die Vernichtung der lokalen Kulturen zielt. Universelle Märkte bringen lokalen Stammeshass hervor, die weltweite Kirche der globalen Ökonomie produziert in

ironischer Verkehrung die Stammespolitik der partikularistischen Identitäten, die »blutlose Ökonomie des Profits« ge-
biert – ohne es zu ahnen – die »blutige Identitäts-Politik«
(Barber 1995, S. 8). *Jihad* ist in Barbers Szenario der Name
für die Suche nach lokaler kultureller Identität gegen den
Weltmarkt, *McWorld* in einer Lesart das Symbol für den
Weltmarkt selbst und die kulturellen Produkte, die er in
grenzenlosem Eifer in alle Winkel des Globus verteilt.

Eine verdeckt bleibende Doppeldeutigkeit in beiden
Schlüsselbegriffen, das Widerspiel einer zweiten unaufge-
klärten Deutungsweise, schwächt allerdings dieses pfiffige
Modell, das in wichtigen Grundzügen entscheidende globale Wechselwirkungen sichtbar macht. Jihad ist für Barber
nämlich beides, die bloße kulturelle Selbstbehauptung einer
Region gegen den Triumph der McDonald's-Kultur und deren fundamentalistische Extremform. Und McWorld bedeutet einerseits nur die Globalisierung der Weltmärkte und
andererseits die weltweite Hegemonie der amerikanischen
Trivialkultur, die durch sie möglich wird. Diese von Barber
unreflektierte Doppelbödigkeit im Gebrauch der Grundbegriffe macht das Nachzeichnen der Wechselwirkungen im
Einzelnen oft schwierig.

Zunächst scheinen die Hauptfaktoren dieses Szenarios
deutlich markiert. Der Weltmarkt untergräbt durch die
Wahlmöglichkeiten, die er schafft, und die Mobilität, die er
erzwingt, die Grundlagen eng gefasster Stammeskultur und
regionaler Identitäten. Gemeinsame Märkte begünstigen
gemeinsame Handlungsorientierungen. Die Güter, die der
Weltmarkt in alle Winkel des Globus trägt, sind aber keine
neutralen Handelsartikel, die das eine Mal aus dem einen
Land in das andere und das nächste Mal in der Gegenrich-
tung zirkulieren. Es sind vielmehr in der Hauptsache die
Produkte der amerikanischen Ökonomie, die immer auch
symbolische Schablonen des amerikanischen Lebensstils

sind. Nike und McDonald's, MTV und Coca-Cola sind als materielle Güter zugleich immaterielle Symbole, in denen sich eine Lebensweise verdichtet. Der Import von Coca-Cola in die Philippinen bedeutet unweigerlich auch einen Angriff auf die Teekultur der lokalen Tradition, mit den besonderen sozialen Situationen und Zeitabläufen, der Ortsgebundenheit und der Gültigkeit alter Überlieferungen, die sie voraussetzt. Die Schlüsselprodukte des Weltmarkts sind symbolische Güter, die in sich selbst die Tendenz zur Relativierung und Verdrängung lokaler Kulturen bergen, sie sind »Vehikel von Ideologien«, »Ikonen des Lebensstils« und letzten Endes als bloße Güter zugleich hegemoniale kulturelle Strategien (Barber 1995, S. 17).

Musik, Videoclips, Bücher, Theater, Themenparks bringen als Imageexporte aus einer einzigen Kultur die weltweite Angleichung des Geschmacks und der Lebensstile hervor. Der Weltmarkt macht dies möglich und lebt davon. An die Stelle der alten Großideologien mit ihren diskursiven Weltdeutungen und utopischen Versprechungen tritt die »Videology« mit ihren Bildern und Sofortgenüssen. Während ehedem Konsum und Werbung nur auf die Körper zielten, ist der symbolische Kosmos von McWorld auf die Seelen der Menschen gerichtet.

Die weltweite Verbreitung dieser ikonischen Einheitskultur ist der größte Feind der lokalen Kulturen in allen Teilen der Welt, aber zugleich profitieren die Mächte, die an der Selbstbehauptung der lokalen Kultur gegen McWorld arbeiten, von den globalen Kommunikationsnetzen, die sie zur Steigerung der Wirksamkeit ihrer eigenen Propaganda nutzen. Zudem erzeugen die ungerechten Verteilungsmechanismen des Weltmarktes eine immer größere Kluft zwischen Reich und Arm. Die Empörung der Betrogenen steigert ihr Misstrauen gegen die Weltökonomie und ihre Empfänglichkeit für die Botschaften von Jihad gleichermaßen.

Der demokratischen Selbstbestimmung der Nationen sind beide, Jihad und McWorld, gleichermaßen, wenn auch aus verschiedener Stoßrichtung und aus unterschiedlichen Gründen, entgegengesetzt. Der Weltmarkt entzieht den nationalen Regierungen die Entscheidungsmacht über grundlegende Wirtschaftsfragen, und Jihad macht gegen die Ideen von Demokratie und Selbstbestimmung mobil. McWorld befreit die Nationen aus ihrer Isolierung, aber nur, um sie in neue Abhängigkeiten zu stürzen, die sie bitter empfinden. Es macht alle Grenzen durchlässig, aber so, dass auch Jihad von der Erweiterung der Aktionsräume profitiert, durch Kommunikation und Kooperation mit Gleichgesinnten anderswo oder durch erweiterte Mobilität in den eigenen Handlungsräumen.

McWorld, weil es mit seinen Produkten auf die Seelen der Menschen zielt, verleibt sich nicht nur Versatzstücke der Religionen aus aller Welt ein, es kann sogar noch die Botschaften und Einstellungen, die Symbole und Sehnsüchte der Fundamentalisten zur Ware machen und damit in sein eigenes System des globalen Symbolhandels einbeziehen. Letztlich hat in Barbers Szenario die universelle amerikanische Kultur die Macht, sich die Bestrebungen und Sinnversprechen des Fundamentalismus einzuverleiben und damit über ihn zu triumphieren.

Jihad steht genau betrachtet nicht in Opposition zu McWorld, sondern erweist sich als ein Kontrapunkt seiner Entwicklung, eine dialektische Antwort auf die Modernisierung, die ebendeshalb zur Modernisierung selbst noch hinzugehört; Jihad durch statt gegen McWorld. »Jihad ist der nervöse Kommentar der Moderne zu sich selbst« (ebd.).

Barber rechnet damit, dass die hartnäckigste Form des politischen Fundamentalismus sich in der islamischen Kultur festsetzen wird, da diese dessen Geburtsstätte sei. Fundamentalismus sei einer der Wesenszüge des Islam, dieser daher mit Demokratie nicht verträglich. Gleichwohl sei denkbar, dass aus Widerstandsenergien, die Jihad jeweils vor Ort, in den von der Zerstörung bedrohten Lebenswelten und Kulturen der Übermacht von McWorld entgegensetzt, das ja mit den nationalen Demokratien und den gesellschaftlichen Lebenszusammenhängen auch die Selbstbestimmungsfähigkeit der Menschen bedroht, ein »demokratischer Jihad« werden könnte, der dazu beiträgt, den wilden Kapitalismus zu zähmen (ebd., S. 232).

Das Zentrum und der Weg des Widerstands gegen beide Mächte, die in der gegenwärtigen Welt gleichermaßen Demokratie und Selbstbestimmung bedrohen, Jihad und McWorld, kann für Barber nur der Aufbau einer weltweiten Zivilgesellschaft sein, die außerhalb der Institutionen des Nationalstaats und ohne Bindung an seine zu eng gewordenen Grenzen die kulturelle, soziale und politische Selbstbehauptung der Menschen auch in der gegenwärtig erreichten Epoche der Modernisierung wieder möglich macht.

Barber führt in seinem Szenario vor Augen, in welchem Maße die ökonomische und kulturelle Globalisierung den Fundamentalismus nährt und dieser die weitere Globalisierung forciert. Er verdeutlicht die Wirkungsweise einiger Kräfte, die das neue Wechselverhältnis von Kultur und Politik dominieren. Im Mittelpunkt dieser Dynamik steht für ihn die Auswirkungen von »Kulturimperialismus« und wirtschaftlicher Ungleichheit auf die Wahrnehmung der westlichen Kultur in vielen Teilen der Welt und das durch sie erzeugte Verlangen, sich im Widerstand gegen sie radikal auf die eigenen kulturellen Kräfte zu besinnen. Für das Verständnis des Wechselspiels zwischen globalisierter Kultur und Fundamentalismus ist zudem die Beobachtung aufschlussreich, dass die Fundamentalismen auf der ganzen Welt von genau den globalisierten Kommunikationsstrukturen für ihre eigene Kampagnenfähigkeit profitieren, die doch für den Transport der kulturellen Fracht geschaffen wurden, gegen die sie sich zur Wehr setzen.

Eine tief greifende Unklarheit des Szenarios im Ganzen und eine Reihe von Ungereimtheiten im Detail bleiben. Da Barber sich auf nur zwei Grundbegriffe beschränkt, während er immerzu vier klar unterschiedene Sachverhalte und ihre Wechselwirkungen beschreibt, ergeben sich zwangsläufig Unklarheiten des Gesamtszenarios, und infolgedessen erklärt dieses Szenario auf mitunter verwirrende Weise immer zu viel und zu wenig zugleich.

Es gibt ja zum einen den globalisierten Weltmarkt, der je nach Machtverteilung, dem Gewicht transnationaler Konzerne und der Fähigkeit der Weltgesellschaft, soziale, ökologische und politische Grenzen zu setzen, sehr unterschiedliche Wirkungen entfalten kann. Und es gibt zum anderen die amerikanische Trivialkultur, das eigentliche McWorld, die sich keineswegs ohne entgegenkommende Neigungen in den jeweiligen Gastgesellschaften in den vom Weltmarkt vorbereiteten Bahnen in die Poren aller Kulturen ergießt. Doch beides ist nicht das Gleiche. Es gibt außerdem einen Willen zur kulturellen Selbstbehauptung gegen den eindringenden amerikanischen Lebensstil, der keineswegs fundamentalistisch sein muss, und es gibt den militanten Fundamentalismus, der das durchaus legitime Interesse an kultureller Selbstbehauptung für seine eigene Identitätspolitik instrumentalisiert.

Barbers Szenario kann aufgrund seiner überstrapazierten Grundbegriffe nicht erklären, ja noch nicht einmal angemessen beschreiben, worin der Unterschied zwischen offenen Formen kultureller Selbstbehauptung und fundamentalistischer Identitätspolitik besteht und wann und unter welchen Umständen die erste in die zweite umschlägt. Er kann infolge der Gleichsetzung von Weltmarkt und McWorld auch keine Perspektive der sozialen, politischen und ökologischen Domestizierung des Weltmarktes ins Auge fassen, wie sie von der Linken in allen Teilen der Welt konzipiert und politisch betrieben wird. Sein antiinstitutionalistisches Gegenrezept einer weltweiten Zivilgesellschaft erscheint gleichermaßen sympathisch und hilflos angesichts der organisierten und weltweit mobilen Kräfte von Wirtschaft und Politik. Ihm bleibt aber kein anderer Ausweg, weil seine Begriffsverengungen ein allzu reduziertes Bild von der Welt schaffen, welches die großen Spielräume verdeckt, die der realistisch beschriebene Haupttrend im Wechselverhältnis von Kultur und Politik ja trotz allem lässt. Die aufschlussreiche und in wichtigen Teilen zutreffende Beschreibung des Wechselverhältnisses von Wirkfaktoren und Tendenzen gerät damit am Ende zu einem hermetischen Modell ohne ausreichende innere Unterscheidungen.

15. Öffnung durch Identität

Nach der Beobachtung von *Joel Kotkin* sprengt die Globalisierung wie durch eine List der Vernunft die Enge geschlossener ethnisch-kultureller Gruppen und weckt zuerst in den Metropolen der Welt und dann überall ein Verlangen nach Liberalität und Offenheit (Kotkin 1993). Nach dem Fall von Kommunismus und Nationalstaat sind weltweit mobile Stämme die wichtigsten Handlungseinheiten im Prozess der ökonomischen und informationellen Globalisierung geworden. Diese ethnisch-kulturell einheitlichen Gruppen mit einem ausgeprägten Gefühl der unangefochtenen eigenen Identität organisieren an den wichtigsten Schauplätzen der Welt den Prozess der fortschreitenden Globalisierung.

Das Zusammenspiel von kosmopolitischer Offenheit und ethnisch-kultureller Geschlossenheit, das Selbstverständnis und Handlungsweise dieser »Weltstämme« ausmacht, resultiert aus den beiden komplementären Voraussetzungen ihres wirtschaftlichen Erfolgs. Sie müssen ethnisch-kulturell weitgehend geschlossen bleiben, damit ihr Zusammenhalt und das unbedingte wechselseitige Vertrauen, auf dem ihr Erfolg beruht, trotz ihrer Zerstreuung über den Globus intakt bleiben können. Und sie brauchen dennoch zugleich eine kosmopolitische Orientierung, weil sie auf der ganzen Welt in kulturell fremden Umwelten leben, auf deren Toleranz und Offenheit sie angewiesen sind.

Die Globalisierung der Wirtschaft mit all ihren rechtlichen, verkehrstechnischen und informationellen Voraussetzungen, ohne die sie gar nicht möglich wäre, muss organisiert werden. Kotkin sieht fünf Weltstämme, die sich seit dem Mittelalter auf ihre jeweils eigene Weise dieser Mission gewidmet haben. Die Juden seit dem Mittelalter, die Engländer seit dem 18. Jahrhundert, die Japaner seit den 1960er- und 1970er-Jahren und nun als neue Sterne am Himmel der Globalisierung Chinesen und Inder. Es kommt für das Verständnis der Logik dieses Weltszenarios des Wechselspiels kultureller und politischer Kräfte nicht darauf an, wie vollständig die gebotene Liste der vergangenen und künftigen »Weltstämme« ist, wichtig ist zu verstehen, welches Geheimnis bewirkt, dass in ihrem Falle Kosmopolitismus und Tribalismus, Offenheit und Geschlossenheit, feste Identität und Toleranz so nachhaltig zusammenschließen.

Die Rolle von Katalysatoren und aktiven Vorposten der ökonomischen Globalisierung können die Stämme nur spielen, weil sie im Inneren durch eine Reihe besonderer Werte und Einstellungen eng zusammengehalten werden, die ihre je verschiedene, aber in wichtiger Hinsicht eben doch gemeinsame kulturelle Besonderheit ausmachen. All diese Stämme teilen im Rahmen ihrer je eigenen Traditionen einen starken Sinn für ihre gemeinsame Abstammung. Sie sind fest durch gemeinsame Werte, kulturelle Praktiken und Gewohnheiten verbunden. Ihre Mitglieder sind über weite Flächen des Globus verstreut und in allen größeren Kulturen zu Hause. Sie glauben unerschütterlich an den wissenschaftlich-technischen Fortschritt und seine Segnungen. Sie haben unter ihresgleichen, oft im Rahmen von Großfamilien und Verwandtschaftsverbänden, weltweite Netzwerke geschäftlicher Beziehungen geknüpft und sind an allen wichtigen Finanz- und Handelsplätzen präsent, an sich neu herausbildenden nehmen sie regelmäßig die ersten Plätze ein. Überall, wo sie sich niederlassen, umgeben sie sich mit einer dichten Infrastruktur ihrer eigenen kulturellen Symbole, Einrichtungen und Praktiken, von der Schule über Restaurants, Kulturklubs, Geschäften bis hin zu den religiösen Kultstätten ihrer Tradition, so dass sie in dieser Hinsicht zugleich in der Fremde und bei sich selbst zu Hause sind, mögen sie nun in London, Singapur, New York oder Paris leben. Sie alle verkörpern infolgedessen eine Generationen umspannende kosmopolitische Erfahrung.

Es sind mithin gerade die engen Stammesbande, die ihre globale Mission ermöglichen, und es sind dann wieder die Umstände, unter denen sie diese allein erfüllen können, aus denen eine tolerant kosmopolitische Einstellung immer neue Nahrung bezieht. Ihr politisches Interesse ist auf offene, tolerante Verhältnisse in allen Ländern gerichtet, obgleich ihre internen Stammesstrukturen weit eher vom engen Geist des kulturellen Traditionalismus beseelt sind.

Die Stämme sind durch das, was sie zusammenhält, besonders gut darauf vorbereitet, sich mit Erfolg in einem weltweiten ökonomischen System zu bewegen, in dem Ideologien nichts mehr zählen, sondern nur noch kulturelle und religiöse Faktoren ins Gewicht fallen.

Ihre primär ökonomisch geprägte Rolle in einer weltweiten Ökonomie bewirkt die eigentümliche Verknüpfung von traditionalistischer Rigidität und Bereitschaft zu Innovation, Lernen und Anpassung an wechselnde äußere Umwelten. Die wechselseitige Fundierung von Stammesdenken und Weltbürgergesinnung, die diese Stämme auszeichnet, sticht v. a. vor dem Hintergrund der Erosion maßgeblicher Grundwerte in der angloamerikanischen und europäischen Kultur hervor. Ebenjene Werte nämlich, die das Handeln der Weltstämme vorantreiben, wie Wettbewerbsgeist, Sparsamkeit, Technik- und Wissenschaftsbegeisterung und die Wertschätzung harter Arbeit, schwinden aus der Motivationsbasis der europäischen und amerikanischen Eliten, die sich eher der Korruption und Lethargie ergeben.

Der Archipel der weltweiten Stammesniederlassungen und die Verbreitung der von ihnen mitgeprägten kosmopolitischen Städte schaffen ein neues Muster kultureller Koexistenz. Es zeigt sich mit der Zeit, dass diejenigen Gesellschaften in der Weltwirtschaft Erfolg haben, die bereit sind, die Weltstämme willkommen zu heißen, und diejenigen zurückfallen, die sich ihnen verschließen. Die Politik der Ausschließung fordert rasch den hohen Preis des wirtschaftlichen Misserfolgs. Der Erfolg entspringt einer fruchtbaren Konkurrenz zwischen den Mehrheitsgesellschaften selbst mit ihren wirtschaftlichen Akteuren und den hinzukommenden neuen Gruppen mit ihren anders gearteten Fähigkeiten und Gewohnheiten.

Die so entstehende multikulturelle Welt bewegt sich auf den Gleisen, die unter dem Einfluss der angloamerikanischen Pioniere einst gelegt wurden: Marktkapitalismus, kulturelle Diversität und politischer Pluralismus.

Kotkin sieht in diesem fast idyllischen Modell einer zugleich kulturell diversen, ökonomisch globalisierten und politisch geeinten Welt nur ein größeres Risiko. Der Rechtspopulismus kann überall zum Erfolg kommen, wo die ökonomische Situation großer Massen aussichtslos ist und Sündenböcke für die Erklärung der Lage und als Zielscheibe für die Patentrezepte rechter Agitatoren gebraucht werden. Dann werden die auch nach außen klar zum Ausdruck gebrachten kulturellen Besonderheiten der Weltstämme, die nach innen ihre weltverbindende Kraft schaffen, zu willkommenen Ansatzpunkten für die Hasskampagnen des Rechtspopulismus. Eine solche Gefahr ergibt sich aber nicht aus der Verschiedenheit der zusammenlebenden Kulturen selbst, sondern erst aus dem, was skrupellose politische Akteure in der Krise aus ihr machen.

Kotkins Modell basiert auf Erfahrungen und Beobachtungen, wenn auch nicht im wissenschaftlich-statistischen Sinne quantitativer Messungen. Er zeichnet exemplarisch die Geschichte und die Wirkungsweise der Netzwerke einer Reihe von Großfamilien aus den Kulturen nach, die er untersucht, und schildert mit vielen Details, wie das unbedingte Vertrauen, das sie verbindet, ihre Kompetenz in der jeweils neuesten Technik und ihre schnellen, weit verzweigten und zuverlässigen Kommunikationswege wirkungsvoll ineinander greifen. Dieses Modell lässt eine Möglichkeit im Wechselverhältnis von Kultur und Politik auf überraschende Weise sichtbar werden. Die Ökonomie kann ein recht auskömmliches Verhältnis sogar zwischen den traditionalistischen Zivilisationsstilen unterschiedlicher Kulturen und einer Politik, die an Verständigung orientiert ist, vermitteln, wenn wohl auch nur auf diejenigen Milieus bezogen, die Nutzen aus ihr ziehen können. Die Politisierung kultureller Differenz geht in diesem Szenario deshalb nicht schon aus dem kulturellen Unterschied selbst hervor, sondern erst aus dessen Missbrauch in Zeiten der sozialen und ökonomischen Krise.

16. Widerstandsidentität und Projektidentität

Für *Manuel Castells* ist fundamentalistische Identitätspolitik in der globalisierten Netzwerkgesellschaft der einzige soziokulturelle Ort, von dem aus eine zielstrebige Umgestaltung der gegebenen Verhältnisse nicht notwendigerweise erfolgen muss, aber doch immerhin noch möglich ist (Castells 2001). Die Globalisierung der gegenwärtigen Epoche ist durch die soziale Struktur der Netzwerkgesellschaft geprägt (Castells 2000, S. 76ff.), die die gesellschaftlichen Wirkungsstrukturen, Einflussverhältnisse und Handlungschancen wesentlich verändert. Die Logik der Netzwerke führt zu Formen gesellschaftlicher Determination, die sich auf einer höheren Ebene vollzieht als die spezifischen sozialen Interessen, die in den Netzwerken zum Ausdruck kommen. »The power of flows takes precedence over the flows of power« (ebd., S. 76). Die Form des Netzes wird für alle sozialen Prozesse der Produktion, der Erfahrung, der Macht, der Kultur dominant.

Eine Netzwerkstruktur ist eine soziale Struktur von hoher Dynamik, als System offen und empfänglich für fortwährende Innovation, ohne dass die Balance des Gesamtzusammenhangs dadurch gefährdet würde. Gerade dadurch entspricht sie den Funktionserfordernissen des globalen Kapitalismus: Sie verbindet Innovation, Globalität, Dezentralisierung, die Flexibilisierung und Anpassung von Arbeit, Arbeitern und Firmen, die endlose Konstruktion und Dekonstruktion im Bereich der kulturellen Produktion, die rasche Veränderung der Werte und Stimmungen im Bereich der politischen Gemeinschaft und einer sozialen Organisation, die den Raum verdrängt und die Zeit auslöscht. Die Schaltstellen, an dem sich Netzwerke verbinden, werden zu den privilegierten Einfallstoren der Macht. Die Schaltstellen werden zu Machtzentralen, an denen die Codes der verschiedenartigen Netze miteinander in Verbindung gebracht werden und damit ganze Gesellschaften geleitet, gestaltet und deformiert werden können.

Die globale Netzwerkgesellschaft, wie Castells sie analysiert, ist eine historisch neuartige Erscheinung, aber doch weiterhin durch und durch kapitalistisch strukturiert. Es sind zwei Charakteristika, die sie von früheren Epochen unterscheidet: ihre Globalität und die Zentralität der Finanzströme für das Funktionieren aller Netzwerke. Das Kapital wirkt weltweit als eine Einheit in Echtzeit, vermittelt durch die globalen Informationsnetzwerke im zeitlosen Raum der globalisierten Welt. Das Finanzkapital der globalen Netzwerkgesellschaft folgt aber im Unterschied zu den früheren, von Autoren wie Rudolf Hilferding und Joseph Schumpeter beschriebenen Phasen des weltweiten Kapitalismus infolge der modernen Informationsvernetzung nicht mehr den Kommandos der Kapitaleigner und auch nicht denen der Manager, sondern den in den Netzwerken generierten Informationsflüssen selbst. Das globale Finanznetzwerk als Netz aller Netze strukturiert seinerseits das Verhalten aller Kapitalisten, die dem globalen Netzwerk und seiner Logik folgen müssen.

Herrschaft wird nun ausgeübt durch den »gesichtslosen kollektiven Kapitalisten«, der aus den elektronischen Netzen und den durch sie dirigierten Kapitalflüssen hervorgeht. Während der wirkungsvoller denn je fortwirkende Kapitalismus global wird und sich der Einflussnahme und der Zurechnung von Verantwortung als gesellschaftliche »Meta-Unordnung« entzieht, ist menschliche Arbeit immer ortsgebunden, vereinzelt in ihrer realen Durchführung, fragmentiert in ihrer Organisation, in ihren Existenzformen diversifiziert und in ihrem Kollektivcharakter zersplittert und zerteilt. Arbeit verliert ihren identitätsstiftenden Charakter, sie wird hinsichtlich der Arbeitsbedingungen, ihrer Handlungspotenziale, ihrer Interessen und ihrer Projekte in zunehmendem Maße individualisiert. Die im Prozess des globalen Kapitalismus bewirkte Differenzierung der Arbeit führt zur Segmentierung der Arbeiter und zum Zerfall ihrer Einheit als Akteure im globalen ökonomischen Prozess.

Kapital und Arbeit tendieren zunehmend dazu, in unterschiedlichen Räumen und Zeiten zu existieren. Während das Kapital im *space of flows* und in der Jetztzeit der computerisierten Netzwerke frei flotiert, bleibt die Arbeit an den Raum der konkreten Orte und an die natürliche Uhrzeit des alltäglichen Lebens gebunden. Während das Metanetz der Kapitalflüsse Lebenswelten, Lebensorte, soziale Beziehungen, kulturelle Lebensformen und Identitäten bedroht und als anonymes Netz dabei nicht einmal zur Verantwortung gezogen und zur Änderung seiner Handlungsweise veranlasst werden kann, fällt Arbeit als aussichtsreiche Gegenmacht, aus der ein anderer Gesellschaftsentwurf hervorgehen könnte, aus. Sie hat als fortschreitende individualisierte, gegen das global organisierte Kapital keine reale Handlungsmacht mehr. Sie entfällt mithin in der globalisierten Ökonomie als soziales und politisches Subjekt. An ihre Stelle treten nun kulturell verfasste Subjekte des Widerstands und der Umgestaltung. Der alte Klassenkonflikt wird transformiert in »the more fundamental opposition between the bare logic of capital and the cultural values of human experience« (ebd., S. 80).

Eine der ersten und wesentlichen Auffangpositionen gegen die globale Netzwerkgesellschaft ist die kulturelle Widerstandsidentität des politischen Fundamentalismus: the Power of Identity (Castells 2001, S. 9). Unter Identität versteht Castells den Prozess der sozialen Konstruktion von Sinn, bei dem den kulturellen Merkmalen ein Vorrang vor anderen Merkmalen der betreffenden Gruppen eingeräumt wird. Dieser Sinn stiftet die Einheit in der Vielfalt der sozialen Rollen eines Individuums und definiert die Zwecke seiner Handlungen. In der Netzwerkgesellschaft spielen drei Formen soziokultureller Identität die Schlüsselrolle:

1. *Legitimierende Identität*: Diese Form geht von den dominanten gesellschaftlichen Institutionen, v. a. der Nation, einschließlich aber auch der Zivilgesellschaft aus und stützt sie.

2. *Widerstandsidentität*: Sie wird von solchen Gruppen ausgebildet, deren soziokulturelle Integrität durch den Prozess der im globalen Netzwerk angelegten Unterwerfung entwertet oder verletzt wird. Sie bilden daraufhin identitätspolitische Bastionen ihres Überlebens und des Widerstandes gegen die Bedrohung aus. Das ist die Variante fundamentalistischer Identitätspolitik.

3. *Projektidentität*, bei der die betreffenden Kollektive ihre Identität auf kultureller Grundlage neu definieren und zum Ausgangspunkt für die Umgestaltung der ganzen Gesellschaft nehmen. Frauenbewegung, Schwulen- und Lesbenbewegung, Ökologiebewegung sind die herausragenden Beispiele.

Fundamentalistische Widerstandsidentität ist demzufolge primär »the exclusion of the excluders by the excluded« (Castells 1999, S. 9). Nachdem die Arbeiterbewegung infolge der lokalen Zersplitterung der Arbeit als Akteur gesellschaftlicher Transformation entfällt und das bürgerschaftliche Engagement in der Zivilgesellschaft nicht in der Lage ist, über die den Status quo legitimierende Identität hinauszuweisen, gewinnt die fundamentalistische Widerstandsidentität eine Schlüsselbedeutung. Sie allein ist noch in der Lage, die Energien, kulturellen Orientierungen und Subjekte zu erzeugen, aus denen Projekte der kulturellen Transformation der Netzwerkgesellschaft hervorgehen können. Nicht aus den Initiativen der Zivilgesellschaft, sondern aus den Zentren des kommunalistischen Widerstands allein können die politischen Bewegungen entstehen, die zu einer Rückgewinnung der sozialen und kulturellen Kontrolle über die anonymen Prozesse der Netzwerkgesellschaft noch in der Lage sind. Fundamentalistische Identitätspolitik ist Castells zufolge in der globalen Netzwerkgesellschaft zwar noch nicht selbst die Quelle der kulturellen Transformation, aber doch deren allein Erfolg versprechender Ausgangspunkt, sofern es ihr gelingt, sich zur produktiven Form der Projektidentität, wie etwa der Frauenbewegung, weiterzuentwickeln.

Castells Beschreibung erscheint teilweise plausibel, insbesondere im Hinblick auf die offenbar unüberwindlichen Schwierigkeiten der Repräsentanten der Arbeit, sich als globales Subjekt zu konstituieren, das den globalen Netzwerken des Kapitalismus als ebenbürtiger Kontrahent mit eigenen Gestaltungsansprüchen entgegentreten könnte. Das gilt auch für seine Beobachtung, dass fundamentalistische Identitätspolitik gegenwärtig eines der mächtigsten Widerstandspotenziale gegen die Verletzung soziokultureller Identität als Folge des ungeregelten Globalisierungsprozesses ist. Es gelingt ihm aber nicht, plausibel zu beschreiben, unter welchen Bedingungen sich fundamentalistische Kollektive in ihren Zielsetzungen, Bündnisfähigkeiten und in ihrem Selbstverständnis zu Kernen für die Organisation einer Projektidentität weiterentwickeln könnten, die ihrerseits als globaler Akteur der kulturellen Umgestaltung auftreten könnte.

Wahrscheinlicher ist es, auch unter den Bedingungen von Castells eigenem Modell, dass solche Kollektive allenfalls wider Willen reflexive Prozesse der sozialen, politischen und kulturellen Re-Regulierung der Globalisierung, also ihres allmählichen Übergangs in eine Phase der positiven Globalisierung begünstigen, sofern die Akteure der »legitimierenden Identität« (Initiativen der Zivilgesellschaften) und der Projektidentität (kulturelle Bewegungen) die Herausforderungen des Fundamentalismus und sein beträchtliches Widerstandspotenzial zur Verstärkung ihrer eigenen Forderungen und Energien nutzen können. Castells vermag im Fundamentalismus selbst nichts zu identifizieren, was auf einen immanenten Übergang zu eher offenen Projektidentitäten hindeuten könnte. Er stellt auch nicht systematisch in Rechnung, dass ein beträchtlicher Teil der Attraktionskraft des Fundamentalismus nicht nur aus seiner Widerstandshaltung, sondern aus den Gewissheiten seiner geschlossenen Denk- und Sozialformen entsteht. Der »Widerstand« in offeneren Denk- und Sozialformen, oft verbunden mit positiven Re-Regulierungsprojekten, ist aber gerade das Kennzeichen eines gewichtigen Teils der sich ebenfalls globalisierenden Zivilgesellschaft. Die größeren und unbedingteren Widerstandsenergien des Fundamentalismus allein machen ihn zwar in mancher Hinsicht zum wirksameren politischen Akteur, bieten aber für sich genommen weder eine Grundlage noch die Gewähr für seine von Castells erhoffte Transformation.

17. Der Kampf in den Kulturen

Die breit angelegte, alle Kulturkreise der Welt einschließende Vergleichsstudie über Ursachen und Formen des Fundamentalismus, die von der American Society of Arts and Sciences jüngst durchgeführt worden ist, hat in ihrem von den Verfassern selbst nur vorsichtig resümierten Hauptergebnis viele Beobachter überrascht (Marty/Appleby 1991, 1993, 1995, 1997). Es kann nach dieser Studie als erwiesen gelten, dass religiös-politische Fundamentalismen in einander sehr weitgehend übereinstimmenden Strukturen in allen

Kulturen der Welt in den letzten Jahrzehnten emporgekommen sind. Damit ist eine Reihe von Annahmen widerlegt, die im überwiegenden Teil der Fundamentalismustheorie und der Publizistik bis dahin vorgeherrscht hatten.

Fundamentalismus als Extremform der Politisierung kultureller Differenz ist eben weder auf die Kultur des Westens begrenzt, die einst den Begriff hervorgebracht hat, noch bestimmten Kulturen, wie etwa einer besonders verbreiteten Auffassung zufolge dem Islam, wesensverwandt oder gar vorbehalten. Er ist ebenso wenig ein bloß westliches Analyseinstrument, für das sich in anderen Kulturen wohl Beispiele finden lassen mögen, das aber den fremden Kulturen durch westliche Sichtweisen bloß aufgenötigt wurde. Der kulturübergreifende Vergleich zeigt stattdessen, dass alle Kulturen unter beschreibbaren Bedingungen neben der modernisierenden und der traditionalistischen auch eine fundamentalistische Strömung der Selbstaktualisierung hervorbringen, die in ihren Strukturmerkmalen und ihren Funktionen trotz der großen Unterschiede der kulturellen Umwelten überall dieselben Eigenschaften zeigt und überall vergleichbare politische und psychologische Bedürfnisse bedient.

Dieser Befund schließt ein eigenes Szenario des globalen Wechselspiels von Politik und Kultur ein, in dem die Frontlinien des Kampfes der politisierten Kulturen nicht zwischen den großen Kulturen verlaufen, sondern in ihrem Inneren selbst. Die modernisierenden Strömungen, die in unserer Zeit längst schon in allen Kulturen Fuß gefasst haben, ähneln einander in der Struktur ihres Programms, das der Durchsetzung von Individualisierung, Rationalisierung, Universalismus, Pluralismus und der Trennung von Religion und Staat gewidmet ist. Die soziokulturellen Milieus, die sich innerhalb der verschiedenen Kulturen unter dem Einfluss der Modernisierungsdynamik ausbilden, haben

über die Grenzen der Nationen und Kulturen hinweg mehr
Gemeinsamkeiten untereinander als mit traditionalistischen
oder gar fundamentalistischen Milieus in ihrer eigenen Ursprungskultur. Auch die vom Traditionalismus geprägten
sozialen Milieus ähneln einander in elementaren Einstellungen wie der Verteidigung von Patriarchat, Hierarchie, Groß-
familie, dem Vorrang der Tradition und der Zentralstellung
der Religion im Leben der Gemeinschaft und des Einzelnen
sowie ihrem organischen Gesellschaftsverständnis über die
Differenzen ihres kulturellen Sinnverständnisses hinweg in
beträchtlichem Maße.

Der Fundamentalismus sagt den beiden konkurrierenden
Strömungen – Modernismus und Traditionalismus – in jeder der Kulturen den Kampf an und verficht kompromisslos das Ziel, durch seine eigene unbedingte Vorherrschaft
mit der Übernahme der politischen Macht wieder die wahre
Identität der überlieferten Kultur aus aller Verunreinigung
neu auferstehen zu lassen und damit die Gesellschaft von
den quälenden Problemen der Modernisierung ein für allemal zu heilen. Zwar gehen fundamentalistische Strömungen
in einzelnen Fällen über Kulturgrenzen hinaus erstaunliche
Bündnisse für begrenzte Zwecke ein – Teile des protestantischen Fundamentalismus der USA unterhalten enge Beziehungen zu Teilen des jüdischen Siedlerfundamentalismus in
Israel, und jüngst war zu erfahren, dass Scientology beste
Kontakte zum islamischen Fundamentalismus in der Türkei unterhält. Solche Solidarität entsteht freilich nicht zum
anderen Fundamentalismus als Nachbarn, wenn er im eigenen Nahbereich um die kulturelle Vormacht konkurriert,
sondern zum fernen Fundamentalismus, der in seiner eigenen Gesellschaft für dieselbe Sache kämpft und einsteht wie
man selbst am eigenen Ort. Das entspricht der besten Tradition des *cuius regio, eius religio*, nach der sich die Welt
fürs Erste einmal trefflich aufteilen lässt, wenn denn Ver-

ständigung und Zusammenleben ausgeschlossen werden sollen.

Weiter verbreitet bei den Fundamentalisten in aller Welt ist hingegen eine Haltung, die nicht nur die Konkurrenten innerhalb der eigenen gesellschaftlichen Lebenswelt unversöhnlich bekämpft, sondern ebenso die Repräsentanten des Fundamentalismus der anderen Kultur, die global gesehen v. a. Konkurrenten sind, die den eigenen Gewissheitsanspruch in Frage stellen.

Wenn die Dialektik der drei grundlegenden Zivilisationsstile in der Moderne eine universelle Charakteristik aller Kulturen ist und wenn der Fundamentalismus überall in gleicher Weise, wenn auch in unterschiedlichem Maße, die vormachtorientierte Politisierung der kulturellen Differenz ist, dann ist ein weltweiter Kampf inmitten der Kulturen vorprogrammiert. Der Konflikt zwischen fundamentalistischem Zivilisationsstil und kultureller Modernisierung erscheint frontal und unversöhnlich. Eine globale kulturelle Bruchlinie existiert, aber sie verläuft nicht zwischen den Kulturen, sondern in ihnen, nämlich zwischen jenen, die nach der politischen Vormacht für ihr eigenes Verständnis der kulturellen Überlieferung streben, und jenen, die einen politisch-rechtlichen Rahmen für das Zusammenleben der verschiedenen Kulturen und Zivilisationsstile verlangen. Der Ausgang dieses Kampfes ist offen.

V. Empirische Befunde und Fakten

18. Dimensionen und Ebenen kultureller Differenz

Die Grundeigenschaft von Kulturen als dynamische soziale Diskursräume zeigt sich in der Moderne im Prozess und in den Strukturen ihrer Differenzierung. Universell differenzieren sich die Kulturen der Gegenwart in die basalen Zivilisationsstile des Traditionalismus, der Modernisierung und des Fundamentalismus mit ihren unterschiedlichen Schattierungen und Überschneidungsmöglichkeiten. Im Zuge dieser Differenzierung wird die zweite basale Unterscheidung zunehmend sichtbar und wirksam, die der Ebenen kultureller Orientierung. Aus den Wechselwirkungen beider Differenzierungsprozesse speist sich die Ausbildung der soziokulturellen Milieus als lebensweltliche Grundeinheiten kultureller Identität.

Kulturen enthalten zählebige, aber stets auch im Wandel befindliche Festlegungen, Normen, Überzeugungen, Gewohnheiten auf drei deutlich zu unterscheidenden Ebenen, die zwar miteinander in Wechselwirkung stehen, aber dennoch ein erhebliches Maß an Unabhängigkeit bis hin zur vollständigen Verselbständigung gegeneinander entwickeln können:

1. *Ebene der persönlichen Glaubenswahrheiten (Soteriologie) oder Ebene der metaphysischen Sinngebungen und Heilserwartungen (ways of believing)*: Bei diesen Orientierungen handelt es sich um das, was im Kern aller Weltanschauungen und Religionen steht, nämlich ein Angebot an Wegen für individuelle und kollektive Lebens- und Heilsgewissheiten, verbunden mit entsprechenden Symbolen,

Praktiken und Ritualen. Auf dieser Ebene gehören Individuen explizit oder implizit Weltanschauungs- und Glaubensgemeinschaften an.

2. *Ebene der individuellen und kollektiven Lebensführung, also der Lebensweisen und der Alltagskultur (ways of life)*: Dabei handelt es sich insbesondere um die Ethik der Lebensführung im Alltag, ihrer Gewohnheiten, Praktiken, Rituale, Umgangsformen, ihrer Alltagsästhetik, Essgewohnheiten, Kleidung und vieles andere, den Alltag in allen Bereichen, z. B. Wohnen, Arbeitsethik, Partnerbeziehung, Freizeit, Gesellungsformen, Prägende und dessen expressive Symbole, also all das, was in aller Regel zuerst an einer anderen Kultur ins Auge sticht und häufig besonders nachhaltig die Gewohnheit der Menschen prägt, die mit den entsprechenden Praktiken und Routinen aufgewachsen sind. Auf dieser Ebene gruppieren sich Individuen in soziokulturellen Milieus.

3. *Ebene der soziopolitischen Gemeinschaftswerte (ways of living together)*: Die Ebene der sozialen und politischen Grundwerte des Zusammenlebens mit Anderen definiert die Bedingungen sozialer und politischer Ordnung, also des Zusammenlebens Verschiedener. Hierbei handelt es sich zunächst um Grundwerte für das Zusammenleben verschiedenartiger Menschen in derselben Gesellschaft und demselben politischen Gemeinwesen, also um die sozialen politischen Grundwerte im engeren Sinne, v. a. das Verständnis von individueller Freiheit, Gleichheit und Gerechtigkeit, Solidarität und Toleranz. Hierzu gehören insbesondere die in der multinationalen Vergleichsstudie des niederländischen Sozialwissenschaftlers *Geert Hofstede* erhobenen Werte Gleichheit/Ungleichheit, Individualismus/Kollektivismus und Unsicherheitsvermeidung/Unsicherheitstoleranz (Hofstede 1994), während die dort ebenfalls erhobenen Werte der Langzeitorientierung und der weib-

lich/männlichen Sozialformen der Ebene der Lebensweisen zugehören.

Es zeigt sich nun in der empirischen Betrachtung aller zeitgenössischen Kulturen, dass Individuen und Kollektive, die die kulturellen Orientierungen der Ebene 1 miteinander teilen, also Hindus, Juden, Buddhisten, Muslime, Freidenker, Katholiken, Konfuzianer oder Protestanten, äußerst unterschiedlicher, ja vollständig entgegengesetzter Einstellung auf den Ebenen 2 und 3 sein können. Zehn Hindus – sei es in Kanada, Großbritannien, Indien oder Malaysia – oder zehn Protestanten – wo auch immer – können zehn höchst verschiedenartigen soziokulturellen Milieus angehören, die auf der Ebene der alltäglichen Lebensweisen wenig oder gar nichts miteinander verbindet. Sie können auch auf der Ebene der soziopolitischen Grundwerte durch Gemeinsamkeiten, Ähnlichkeiten oder Gegensätze geprägt sein, von der Neigung zu Gleichheit und sozialer Demokratie über Freiheit und Ungleichheit verbunden mit toleranter, liberaler Demokratie bis hin zu unterschiedlichen Varianten autoritärer, intoleranter Ordnung. Ebenso wie Menschen aus sehr verschiedenartiger tief liegender Überzeugung die Normen der Ebene 3 teilen können, also z. B. für eine an Freiheit, Gleichheit und Toleranz orientierte liberal-demokratische Ordnung eintreten mögen, ohne auf den anderen beiden Ebenen irgendwelche Gemeinsamkeiten miteinander zu haben.

Es liegt auf der Hand und wird v. a. von der neueren Alltagskultur -und Milieuforschung immer aufs Neue bestätigt, dass etwa zwei gläubige protestantische Christen (Ebene 1) in unserer eigenen Gesellschaft extrem unterschiedliche alltagskulturelle Lebensweisen wählen können, der eine etwa eine »kleinbürgerliche«, der andere eine »alternative«, in ihren sozialen und politischen Grundwerten dann aber wieder übereinstimmen könnten, z. B. in einer egalitär-liberalen

Position, oder auch entgegengesetzte Positionen vertreten können, der eine z. B. egalitär-liberal, der andere antiegalitär-illiberal (Flaig/Meyer/Ueltzhöffer 1993).

Als dynamische soziale Diskursräume differenzieren sich die Kulturen je nach sozialer Lage, Interessen, sozialem Habitus, Generationen- und Gruppenerfahrungen, sozialen und politischen Konflikten oder Außeneinflüssen, die für die beteiligten Akteursgruppen und Interpretationsgemeinschaften von Bedeutung sind, intern hochgradig aus, so dass unterschiedliche Kollektive bzw. Milieus dieselben Traditionen jeweils in unterschiedlicher, mitunter sogar entgegengesetzter Weise weiterführen. Da sie dennoch, und sei es in Formen der negativen Identifikation, auf diese Traditionen bezogen bleiben und in der Regel auch selbst noch in der Negation in bestimmtem Maße von ihren Ursprungstraditionen beeinflusst bleiben, ist es mit den genannten Einschränkungen sinnvoll, all diese Hervorbringungen kultureller Differenzierung dennoch bestimmten Traditionen zuzurechnen. In diesem Sinne gilt die Beobachtung Eagletons: »Das Paradox der Identitätspolitik besteht, kurz gesagt, darin, dass man eine Identität benötigt, um sich berechtigt zu fühlen, sie ablegen zu wollen« (Eagleton 2000, S. 94). Die Traditionen kultureller Identität bleiben als Kontext das Anschlussfeld für neuartige Synthesen kultureller Identität. Und auch das dünnste und flüchtigste Gewebe kultureller Identität kann, wie Will Kymlicka gezeigt hat, dennoch zum Bezugspunkt starker Identitätsbindung werden (Kymlicka 1999, S. 41). Die Folge des Prozesses der zunehmenden Differenzierung, Diversifizierung und Hybridisierung kultureller Identitätsbildung ist daher nicht die automatische Abschwächung des Identitätsverlangens selbst, sondern die Art seiner zunehmend reflexiven Ausbildung und die voranschreitende Pluralisierung ihrer Formen.

Aus diesem Grund wird es daher zu einer notwendigen Bedingung für die Entfaltungsmöglichkeiten der unterschiedlichen Identitätsprojekte sowohl innerhalb derselben kulturellen Überlieferungen wie zwischen ihnen, dass sie alle auf der Ebene der soziopolitischen Grundwerte zu einem Identitätsverständnis gelangen, das mit der Toleranz und Anerkennung verschiedenartigster Identitäten auf den Ebenen der Glaubensüberzeugungen und Lebensweisen verträglich bleibt. Diese Bedingung institutionell zu sichern ist im Übrigen auch der normative Funktionssinn der rechtsstaatlichen Demokratie. Sie trifft dasjenige Minimum sanktionierter Festlegungen auf der Ebene der soziopolitischen Grundwerte, das einen möglichst großen Spielraum der Entscheidungsfreiheit auf den Ebenen des Glaubens und der Lebensweise ermöglicht.

Das Kernargument in Huntingtons Kulturkampftheorem, das die ganze Konstruktion trägt, besteht in der empirisch überprüfbaren Behauptung, das generative Zentrum einer jeden der großen Kulturen der Welt bestehe in einem Satz v. a. soziopolitischer Grundwerte, die prinzipiell miteinander unverträglich seien, durch *faultlines* der Verständigungsunfähigkeit auf immer voneinander geschieden. Bei diesen Grundwerten handelt es sich gerade um diejenigen Vorstellungen sozialer und politischer Verfassung, die ein Gemeinwesen konstituieren, also die Grundwerte der Freiheit, der Gleichheit, der Toleranz, der Liberalität und der Legitimation von Herrschaft. Er nennt ausdrücklich unverträgliche Wertüberzeugungen über die Beziehungen zwischen Bürger und Staat, Mann und Frau, Rechte und Pflichten, Individuum und Kollektiv, Freiheit und Autorität, Gleichheit und Ungleichheit, Eltern und Kinder sowie Gott und Mensch. Bis auf die zuletzt genannten beiden Dimensionen handelt es sich demzufolge ausschließlich um soziopolitische Grundwerte des öffentlichen Zusammenlebens.

Insoweit ist Huntingtons Argument konsequent, denn eine
prinzipielle Unverträglichkeit zwischen den Kulturen
schon auf der Ebene der bloßen Koexistenz ließe sich in der
Tat nur durch den doppelten Nachweis begründen, dass
erstens die soziopolitischen Grundwerte der unveränder-
lich generative Kern der Kulturen sind und dass sie zweitens
einander tatsächlich entgegengesetzt sind. Diese Behaup-
tungen müssen auf drei Ebenen überprüft werden: auf der
Ebene der historischen Entwicklung der jeweiligen Kultur,
auf der Ebene der tatsächlichen Orientierungen der ihr angehörigen Menschen und auf der Ebene ihrer Entwicklungspotenziale.

Im Folgenden werden drei empirische Datengruppen zur
Überprüfung der Beziehungen der soziopolitischen Grundwerte in den verschiedenen Kulturen dieser Thesen herangezogen: *erstens* Daten über die Verteilung der relevanten
Grundwerte in den unterschiedlichen Kulturen (Kap. 19),
zweitens Daten über die aktuelle Entwicklungsdynamik
zentraler Werte im Grenzbereich zwischen Werten der Lebensweise und soziopolitischen Grundwerten (Kap. 20) und
drittens tatsächliche Verständigungsversuche zentraler Repräsentanten der unterschiedlichen Kulturen über einige
wichtige soziopolitische Grundwerte (Kap. 22).

19. Soziopolitische Grundwerte in den Kulturen

Mit seiner Orientierung an der zentralen Rolle von Grundwerten für die Beurteilung der Identität und der Differenz
von Kulturen steht Huntington in einer respektablen Tradition. Seit Parsons' paradigmatischen Studien hat sich in der
sozialwissenschaftlichen Forschung ein Verständnis eingebürgert, wonach soziale Grundwerte Kulturen auf je unterschiedliche Weise strukturieren, mit Sinn erfüllen und

Prägekraft für die Gesellschaften, in denen sie gelten, im Ganzen gewinnen (Erez/Early 1994, Kap. 3). Werte strukturieren die Ausrichtung von Zielsetzungen und Verhaltensweisen in den sozialen Verhältnissen von Individuen zueinander und zum Ganzen ihrer Gesellschaft. Insofern bilden sie die zentralen Bezugsgrößen für die äußere Organisation sozialer Verhältnisse und politischer Ordnung. Als die zumindest mitbedingenden Faktoren der Ebene 2 (*ways of life*) wirken sie auf kollektive Lebensweisen ein, und als konstitutive kulturelle Grundelemente der Ebene 3 (*ways of living together*) regulieren sie maßgeblich Organisation und Legitimität des Zusammenlebens der Individuen und Kollektive in den von der betreffenden kulturellen Tradition geprägten Gesellschaften.

Obgleich sie in ihrer Entstehung und ihrem Sinnbezug eine interpretative Rückbindung an die religiösen Quellen der Überlieferung aufweisen, unterliegen sie offensichtlich nach Maßgabe neuer sozialer und politischer Erfahrungen mit beträchtlichen Spielräumen dem historischen Wandel. In modernen Kulturen löst sich ihre Begründung weitgehend von ihrer kulturellen Vorgeschichte ab und wird autonom. Die Grundwerte des kollektiven Zusammenlebens und der individuellen Lebensführung haben ihre ältesten und häufig auch tiefsten Wurzeln in den Mythen und Religionen der Völker. Bedeutung und Rang von Religion für das soziale Zusammenleben und die politische Ordnung einer Gesellschaft gehen aber niemals aus der Überlieferung ihrer Texte, Doktrinen und Verheißungen allein hervor. Sie hängen, wie Max Weber überzeugend gezeigt hat, ebenso sehr von den sozialen Interessen der Gruppen ab, die sie in einer Epoche für ihre Gesellschaft verbindlich auslegen, und vom Stand der Entwicklung und den besonderen Erfahrungen, die den aktuellen gesellschaftlichen Zustand prägen (Weber 1978).

Bei allem Wandel müssen sie sich als fähig erweisen, die

unterschiedlichen religiösen Glaubensüberzeugungen, Lebensweisen und Praktiken zu beherbergen, wie sie sich jeweils aus der sozialen Fortschreibung der kulturellen Überlieferungen ergeben. Im Lichte veränderter sozialer und politischer Grundwerte kann sich dann, wie beispielhaft die Geschichte der modernen christlichen Kultur unter dem Einfluss der Aufklärung, aber ebenso großer Teile der hinduistischen Kultur Indiens oder der buddhistischen Traditionen Asiens unter dem Einfluss etablierter Demokratien (Sri Lanka, Japan) gezeigt hat, auch die Interpretation der sozialen Dimension der religiösen Überlieferung selbst erheblich verändern.

Da es aber diese soziopolitisch fungierenden Grundwerte sind, die die Formen des sozialen und politischen Zusammenlebens normieren und damit auch über die Möglichkeiten und Chancen des Zusammenlebens von Kollektiven unterschiedlicher Kultur entscheiden, sind sie es, die in erster Linie Auskunft darüber geben können, ob die einzelnen Kulturen durch *faultlines* (Huntington) auf Dauer voneinander geschieden sind oder vielmehr über eine genuine Kapazität zur kulturellen Vielfalt im gesellschaftlichen Zusammenleben verfügen. In unterschiedlichen Abschnitten dieses Buches ist zur Beantwortung dieser Frage darauf verwiesen worden, dass es in allen Kulturen *auch* Interpretationstraditionen gibt, die eine an Toleranz und Gleichheit orientierte Aktualisierung der überlieferten Werte des Zusammenlebens vornehmen. In einem späteren Kapitel (Kap. 22) soll dieser Frage anhand aktueller Verständigungsversuche zwischen Repräsentanten der unterschiedlichen Kulturen über gemeinsame soziopolitische Grundwerte nachgegangen werden. Im diesem und im folgenden Kapitel soll anhand aktueller empirischer Untersuchungen die Frage beantwortet werden, ob die verschiedenen Kulturen in den tatsächlich nachweisbaren Überzeugungen der Menschen, die sie repräsentieren, tatsächlich durch miteinander unverträgliche soziopolitische Grundwerte gekennzeichnet sind oder ob, der zentralen These dieses Buches entsprechend, auch in dieser Hinsicht die Divergenzen eher innerhalb der Kulturen verlaufen als zwischen ihnen.

Soziopolitische Grundwerte, obgleich dem Wandel keineswegs entzogen, setzen längerfristig gültige Maßstäbe für das individuelle und kollektive Selbst und dessen Vorstellungen über erwünschte und als legitim empfundene soziale Verhältnisse, individuelle Verhaltensweisen sowie gesellschaftliche und politische Strukturen. Sie binden in dieser Hinsicht die Gefühle der Menschen und leiten ihr moralisches Urteil. Weil Werte im Verlaufe der Sozialisation vom Einzelnen erworben und im Zentrum seiner Person verankert werden, spielen sie ihre sinngebende und identitätsstiftende Rolle zumeist ein ganzes Leben lang und sind durch spätere Erfahrungen nur noch mit Mühe zu korrigieren.

Die Einstellungen, die Einzelne und Kollektive für die verschiedenen Bereiche ihres Lebens ausbilden, beispielsweise eine eher liberale oder rigide, eine eher kritische oder loyale, eine eher auf Gleichheit oder Hierarchie setzende, werden zu langfristig festgelegten Gewohnheiten ihres Denkens, Fühlens und Wertens und entscheiden darüber, wo der Einzelne sich angenommen und zu Hause fühlen kann und wo nicht, was er als legitim anzuerkennen vermag und was er ablehnen muss. Die Einstellungen und Praktiken der Alltagskultur, wie Meinungen und Ansichten, Gewohnheiten und Umgangsformen, lassen sich aus diesen Grundwerten zwar nicht deduzieren, sie umfassen sie aber und finden in ihnen auch eine Grenze.

Der niederländische Sozialwissenschaftler Geert Hofstede hat zur empirischen Klärung der Frage nach dem wirklichen Unterschied der Kulturen eine groß angelegte Untersuchung in 65 Ländern durchgeführt (Hofstede 1980,

1994).[1] Er hat IBM-Mitarbeiter in vergleichbaren Positionen, die möglichst alle sozialen Schichten der Bezugsgesellschaften umfassten, intensiv befragt und ihre Antworten zu vier Grundwertemustern gebündelt, zu denen aus einer weiteren, stärker an Asien orientierten Studie noch ein fünftes hinzugenommen wurde. Die Einstellungen der Befragten zu diesen Grundwerten wurden länderweise erhoben. Die Grundwerte, um die es dabei der Sache nach geht, können gerade im Hinblick auf Gesellschaft, Wirtschaft und Politik den Anspruch erheben, von ausschlaggebender Bedeutung sowohl für die Eigenart der jeweiligen Kultur wie für ihre Vorstellungen vom sozialen Zusammenleben der Menschen zu sein. Sie beziehen sich auf wesentliche Dimensionen sozialer und politischer Ordnung, die insbesondere auch für die Frage nach der Kapazität der Kulturen für das Zusammenleben mit Anderen, im jedem Falle aber für die empirische Beurteilung der Huntington'schen Kulturkampfthese aufschlussreich sind.

Die Grundwerte *Gleichheit/Ungleichheit* beschreiben das Maß, in dem die Menschen in jeder Gesellschaft akzeptieren oder sogar wünschen, dass Macht und der Zugang zu den alle betreffenden Entscheidungen gleich oder ungleich verteilt sind. Das Ausmaß der Zustimmung zu *Ungleichheit* misst der Machtdistanz-Index PDI (Power Distance Index). Je höher dieser Index ist, desto größer die Bereitschaft zur Hinnahme von Ungleichheit.

Die Grundwerte *Individualismus/Kollektivismus* beziehen sich auf das Maß, in dem Menschen darauf eingestellt sind, ihr Leben in individueller Verantwortung zu meistern oder sich in erster Linie als Mitglieder von Kollektiven zu verstehen, denen sie Loyalität schulden. Den Grad der An-

---

1 Vgl. zur genaueren Erläuterung dieser Untersuchungen sowie der hier abgedruckten Tabellen S. 231 ff. dieses Buches.

erkennung dieses Grundwerts misst der Individualitäts-Index (IDV). Je höher er ist, desto mehr wird Individualismus geschätzt.

Die Grundwerte *Maskulinität/Femininität* beschreiben erstrebenswerte Sozialrollen, die einerseits auf bestimmendes, hartes, konkurrenzorientiertes Auftreten und vorrangiges Streben nach Geld und Status gerichtet sind (»maskulin«) und andererseits auf mitmenschliches, sanftes Auftreten und die Wertschätzung von Sozialbeziehungen und den Umgang mit Kindern (»feminin«). Auch wenn die Wortwahl Hofstedes für die Bezeichnung dieses Grundwerts irreführen kann, die bezeichneten Eigenschaften sind sinnvoll und wohl definiert. Sie können jeweils sowohl von Männern wie von Frauen geschätzt werden, da sie ja nur bevorzugte Sozialrollen beschreiben. In einer eher »weiblichen« Gesellschaft teilen besonders viele Männer die »weiblichen« Werte. Je höher der Maskulinitäts-Index (MAS), desto dominanter die »männlichen« Werte.

Das Lebensziel größtmöglicher *Unsicherheitsvermeidung* (Uncertainty Avoidance) entspricht der Wertschätzung unflexibler, eindeutig festgelegter sozialer und politischer Verhältnisse, in denen möglichst wenig offen und gestaltbar erscheint. Ungewisse und unbekannte Situationen werden als Bedrohung erfahren, umfassende Regelungen und Festlegungen gelten als erstrebenswert. Das Maß der Schätzung dieses Wertes kommt im Unsicherheitsvermeidungs-Index (UAI) zum Ausdruck. Offenkundig entspricht ein hoher Wert hier der Anfälligkeit für Fundamentalismus.

Der Grundwert der *Langfrist-/Kurzfristorientierung* unterscheidet zwischen der Wertschätzung eines Verhaltens, das auf die Zukunft gerichtet ist und darum vorrangig Beharrlichkeit, Sparsamkeit und die Sicherung des eigenen Sozialstatus (nach Status geordnete Beziehungen, Schambewusstsein) betont im Gegensatz zu einer auf die Befriedigung gegenwärtiger Bedürfnisse ausgerichteten Einstellung. Langfristorientierung (Longterm-Orientation LTO) gilt als ein Wert, der v. a. einer Traditionslinie im Konfuzianismus entspricht (*confucian dynamism*) und in herausragendem Maße in jenen asiatischen Gesellschaften verbreitet ist, die die weltweit höchsten Raten wirtschaftlichen Wachstums verzeichnen. In Anspielung auf Max Webers These von der auslösenden Rolle der protestantischen Ethik als »Geist des Kapitalismus« für dessen historisch beispiellose Entfaltung in den calvinistisch geprägten Gesellschaften hat sich in der Debatte über »asiatische« Werte für diese Einstellung das Schlagwort »protestantische Ethik des 21. Jahrhunderts« eingebürgert. Diesen Wert misst der LTO-Index.

Die Vergleichsstudie Hofstedes hat die Akzeptanz dieser Grundwerte in über 65 Ländern untersucht, die allen großen Kulturkreisen angehören. Die beiden Sachverhalte, dass die verglichenen Grundwerte in der Tat im Herzen der jeweiligen Kulturen angesiedelt sind und dass der Vergleich alle Kulturkreise umfasst, lässt die Ergebnisse dieser Forschungsarbeit als bestmögliche empirische Beurteilungsinstanz für die Frage nach dem Realgehalt der Kulturkampfthese und der anderen globalen Szenarien erscheinen. Freilich gilt dies mit der Einschränkung, dass die Kulturkreise ungleichgewichtig berücksichtigt sind, einige mit nur einem einzigen Land.[2] Die Hauptergebnisse sind dennoch eindeutig.

Während Hofstede selbst, der die Daten erarbeitet hat, gerade am Aufweisen der Unterschiede im Profil der nationalen Kulturen interessiert war, um unterschiedliche Managementstrategien nach ihnen auszurichten, haben wir seine Daten auf Kulturkreise bezogen und nach eigenen Metho-

---

2 Für die Liste der insgesamt berücksichtigten Länder siehe S. 229 f. dieses Buches.

den neu ausgewertet, um sie als empirische Beurteilungsinstanz für unsere eigene Schlüsselfrage nach innerkulturellen Differenzen und zwischenkulturellen Übereinstimmungen und Überlappungen nutzen zu können.

Die empirischen Befunde lassen sich folgendermaßen zusammenfassen: In allen Kulturkreisen lässt sich eine sehr hohe Abweichung der einzelnen Länder von den errechneten Durchschnittswerten feststellen.

Bei einer Punkteskala, auf der jedes Land je nach den in den Umfragen erreichten Prozentzahlen für die einzelnen Grundwerte einen Rangplatz zwischen 1 und 100 einnimmt, ist im *christlich-westlichen Kulturkreis*

– die Spannweite beim Grundwert *Ungleichheit* sehr hoch: 57 Punkte (je höher die Rangzahl, desto höher die Akzeptanz von Ungleichheit: Die Spannweite der 21 eingeschlossenen Länder reicht von Frankreich 68, Großbritannien 35, Australien 36 bis zu Österreich 11);

– beim Grundwert *Individualismus* ist die Spannweite zwischen den Extrempositionen 64 Punkte (je höher der Wert, desto größer die Wertschätzung von Individualismus: USA 91, Frankreich 71, Schweden 71, Portugal 27);

– Grundwert *Maskulinität* (hohe Punktzahlen entsprechen hoher Wertschätzung: Spannweite 74 Punkte: Österreich 79, Belgien 54, Norwegen 8, Schweden 5);

– Grundwert *Unsicherheitsvermeidung* (hohe Zahlen drücken hohe Wertschätzung aus: Spannweite 89: Griechenland 112, Portugal 104, Niederlande 53, Schweiz 58, Schweden 29, Dänemark 23);

– Grundwert *Langzeitorientierung* (Spannweite 21: Niederlande 44, Deutschland 31, Kanada 23).

Die Spannweiten im Werteprofil zwischen den Extrempositionen sind so erheblich, dass man nur von einer hochgradigen Heterogenität im Grundwerteprofil der Länder des westlichen Kulturkreises sprechen kann. Offensichtlich haben bei der Ausprägung des tatsächlich festzustellenden Grundwerteprofils dieser Länder andere Faktoren einen maßgeblicheren Einfluss gehabt als deren Zugehörigkeit zur selben kulturellen Tradition.

Für den *islamischen Kulturkreis* gilt ähnliches:
- *Ungleichheit* (Spannweite 49: Malaysia 104, Indonesien 78, Türkei 66, Pakistan 55);
- *Individualismus* (Spannweite 27: Iran 41, Türkei 37, Malaysia 26, Indonesien 14, Pakistan 14);
- *Maskulinität* (Spannweite 10: hier liegen die Länder also vergleichsweise dicht beieinander: arabische Staaten 53, Malaysia und Pakistan 50, Türkei 45, Iran 43);
- *Unsicherheitsvermeidung* (Spannweite 49: Türkei 85, arabische Staaten 68, Malaysia 36);
- für *Langzeitorientierung* liegen nur zwei, allerdings weit abweichende Werte vor: Bangladesh 40, Pakistan 0).

Im islamischen Kulturkreis lässt sich zwar beim Grundwert Maskulinität eine hohe Übereinstimmung feststellen und beim Grundwert Individualismus ein insgesamt niedriger Durchschnittswert, im Übrigen sind aber auch hier die Abweichungen sehr groß. Es zeigt sich kein einheitliches Profil.

Der *konfuzianische Kulturkreis* hat folgende Werte:
- *Ungleichheit* (Spannweite 16: Singapur 74, Hongkong 68, Taiwan 58);
- *Individualismus* (Spannweite 8: Hongkong 25, Taiwan 17);
- *Maskulinität* (Spannweite 18: Hongkong 57, Singapur 48, Südkorea 39);
- *Unsicherheitsvermeidung* (Spannweite 77: Südkorea 85, Taiwan 69, Hongkong 29, Singapur 8);

– *Langzeitorientierung* (Spannweite 70: China 118, Südkorea 75, Singapur 48).

Auch innerhalb dieses Kulturkreises sind die Spannweiten teilweise beträchtlich, eine Konvergenz lässt sich lediglich, den Traditionen entsprechend, bei den sehr niedrigen Werten und Abweichungen beim Individualismus feststellen.

Für den *lateinamerikanischen Kulturkreis* ergibt sich:
– *Ungleichheit* (Spannweite 60: Panama 95, Kolumbien 67, Costa Rica 35);
– *Individualismus* (Spannweite 40: Argentinien 46, Costa Rica 15, Peru 16, Ecuador 8, Guatemala 6);
– *Maskulinität* (Spannweite 52: Venezuela 73, Panama 44, Costa Rica 21);
– *Unsicherheitsvermeidung* (Spannweite 34: Guatemala 101, Uruguay 100, Chile und Costa Rica 86, Ecuador 67);
– *Langzeitorientierung* (nur für Brasilien liegt ein Wert vor: 65).

Auch hier sind die Spannweiten sehr groß, erhebliche Unterschiede in den Grundwerteprofilen beherrschen das Bild, auch wenn Charakteristika hervorstechen, so die hohen Durchschnittswerte für Unsicherheitsvermeidung und Ungleichheit und die niedrigen für Individualismus.

Zum Vergleich ein Blick auf vier Länder, die jeweils als einzige aus ihrem Kulturkreis vertreten sind:
Israel (jüdisch): *Ungleichheit* 13, *Individualismus* 54, *Maskulinität* 47, *Unsicherheitsvermeidung* 81;
Indien (weit überwiegend *hinduistisch*): *Ungleichheit* 77, *Individualismus* 48, *Maskulinität* 56, *Unsicherheitsvermeidung* 40, *Langzeitorientierung* 61;
Japan: *Ungleichheit* 54, *Individualismus* 46, *Maskulinität* 95, *Unsicherheitsvermeidung* 92, *Langzeitorientierung* 80;

Thailand (buddhistisch): *Ungleichheit 64, Individualismus 20, Maskulinität 34, Unsicherheitsvermeidung 64, Langzeitorientierung 56.*

Besonders informativ werden die Ergebnisse dieser empirischen Untersuchung dann, wenn zunächst die Länderpaare mit der größtmöglichen Ähnlichkeit der Werteprofile verglichen werden und dann diejenigen mit dem größtmöglichen Kontrast der Werteprofile. Transkulturell sind sich 48 Länderpaare im Werteprofil ähnlich, intrakulturell hingegen nur 43. Über alle fünf Grundwerte berechnet, soweit auch für die Langzeitorientierung Daten vorliegen, sind sich in ihrem Grundwerteprofil die folgenden Länderpaare am ähnlichsten:

Malaysia/Philippinen; Indonesien/Westafrika; Ost-Afrika/Thailand; Ost-Afrika/Taiwan; arabische Staaten/Mexiko; Pakistan/Peru; Brasilien/Türkei; Südkorea/Peru/El Salvador/Chile/Jugoslawien; Portugal/Uruguay; Argentinien/Spanien; Portugal/Türkei; Portugal/Südkorea.

Das Ergebnis ist unzweideutig: *Es gibt genauso viele übereinstimmende Werteprofile zwischen Ländern unterschiedlicher wie übereinstimmender Kulturzugehörigkeit. Einige Länder, deren Grundwerteprofil einander am meisten ähnelt, gehören sogar gänzlich unterschiedlichen Kulturkreisen an, befinden sich aber überwiegend auf einem vergleichbaren sozialökonomischen Entwicklungsniveau.*

Innerhalb der jeweiligen Kulturkreise lassen sich aufgrund der Daten Länderpaare mit weit auseinander laufendem Grundwerteprofil bilden, die in mehreren Grundwertebereichen kaum noch Ähnlichkeiten und eine sehr hohe Differenz in der Summe aller Grundwerte aufweisen: Im Westen: Griechenland/Dänemark; Portugal/Dänemark; Portugal/Irland; Portugal/Großbritannien; im Konfuzianismus: Südkorea/Singapur; im Islam: Malaysia/Türkei; in

Lateinamerika: Guatemala/Argentinien; Costa Rica/Ecuador u. a.

Es gibt also einige für die verschiedenen Kulturkreise charakteristische Durchschnittswerte bei den ermittelten Grundwerten, aber die Heterogenität innerhalb der Kulturen einerseits und weitgehende Übereinstimmungen im Werteprofil von Ländern, die völlig unterschiedlichen Kulturkreisen zugehören, fallen stärker ins Gewicht. Diese Daten legen eine Reihe vorsichtiger, aber klarer und gut belegter Schlussfolgerungen nahe:

– Die Kulturen der Welt sind keineswegs durch scharfe oder überhaupt eindeutige Differenzen in der Geltung der zentralen Grundwerte voneinander unterschieden.

– Die Kulturen sind zwar tatsächlich durch eine besondere Wertschätzung von ein oder zwei der Grundwerte charakterisiert, überlappen sich aber in anderen Grundwerten weitgehend.

– Auch da, wo charakteristische Differenzen bei einigen Grundwerten zwischen den Kulturen festzustellen sind, handelt es sich um vergleichsweise begrenzte Unterschiede.

– Auch da, wo in den Durchschnittsergebnissen bei einigen Grundwerten kulturspezifische Akzentuierungen zu beobachten sind, handelt es sich um vergleichsweise begrenzte Unterschiede.

– Einige der Länder mit den größten Werteprofildifferenzen entstammen denselben Kulturkreisen, einige der Länder mit den größten Übereinstimmungen gehören gänzlich unterschiedlichen Kulturen an.

– Offensichtlich spielen nationale Erfahrungen und der Stand der sozioökonomischen Entwicklung der Länder für ihr jeweiliges Werteprofil eine größere Rolle als die religiöskulturellen Ursprünge.

– Kulturelle Unterschiede sind keine Sperre für Ähnlichkeiten und Überlappungen im soziopolitischen Werteprofil.

– Kulturelle Gemeinsamkeiten sind keine Gewähr für Ähnlichkeiten oder Überlappungen im Werteprofil.

Die Ideologie vom Kampf der Kulturen aufgrund unversöhnlicher Differenzen ihrer sozialen Grundwerte findet in den empirischen Daten keine Bestätigung, im Gegenteil: Kulturübergreifende Ähnlichkeiten und Überlappungen lassen sich zwischen allen Kulturen erkennen. Die Konfliktlinien, die in der Sache begründet sind, verlaufen vielmehr in den Kulturen.

20. Postmaterialismus in den Kulturen

Die Befunde aus der Hofstede-Untersuchung erfahren in der Gesamttendenz der Ergebnisse eine noch deutlichere Akzentuierung durch die empirischen Befunde einer Vergleichsstudie zu 40 Ländern in fünf Kontinenten, die 70 % der Weltbevölkerung umfassen. *Ronald Inglehart* und *Paul A. Abramson* haben diesen Vergleich im Hinblick auf die Verbreitung von materialistischen und postmaterialistischen Werten in den entsprechenden Ländern und Kulturen erarbeitet (Inglehart/Abramson 1995). Eine materialistische Wertorientierung wird nach diesem Konzept Menschen zugeschrieben, die die folgende Gruppe von Lebenszielen am höchsten schätzt: Kampf gegen steigende Preise, starke Landesverteidigung, wirtschaftliches Wachstum, stabile Wirtschaft, Kampf gegen Verbrechen, Gesetz und Ordnung. Eine postmaterialistische Einstellung hingegen kommt denen zu, die diese Gruppe von Zielen am höchsten schätzen: mehr Mitbestimmung im Arbeitsleben, eine weniger unpersönliche Gesellschaft, Ideen sollen einen höheren Wert besitzen als Geld, mehr Partizipation in der Politik, Redefreiheit, schönere Städte. Die postmaterialistischen Werte zielen auf der politischen Ebene auf Toleranz, Gleichheit, Libera-

lität, Partizipation, verantwortliche Politik und Autoritäts-
abbau.

Es hat sich gezeigt, dass diese Werteskalen sinnvoll in allen Kulturen angewendet werden können, weil das Verständnis der genannten Ziele in der Sache übereinstimmt.
Inglehart hat schon im Verlaufe der letzten zweieinhalb
Jahrzehnte durch wiederholte Umfragen festgestellt, dass in
Europa die Verbreitung der postmaterialistischen Werte
ständig voranschreitet. Seine Erklärung lautet zusammengefasst, dass die Wertprägung von Menschen in den Jugendjah-
ren erfolgt und dass jene Werte dabei die größte Bedeutung
erlangen, die in dieser Zeit am meisten vermisst werden.

Die skizzierte Skala zur Messung von Materialismus/
Postmaterialismus ist komplexer und informativer als der
Anschein, den sie erweckt, weil die stärkere Hinwendung zu
postmaterialistischen Orientierungen eine Reihe anderer
Schlüsselwerte einschließt, so etwa Individualismus, soziale
Verantwortung, ökologisches Bewusstsein und politischen
Teilhabewillen. Bezogen auf die Frage des Verhältnisses von
kulturellen Unterschieden und Grundwertedifferenzen
sind die Ergebnisse dieser Studie interessant und klar (An-
hang, S. 238).

Das Maß der Verbreitung postmaterialistischer Wertorientierung ist eindeutig und ausschließlich von der Höhe des
erreichten Wohlstandsniveaus abhängig und von den kulturell-religiösen Unterschieden so gut wie unbeeinflusst. Das
Maß der Unterschiede in der materialistischen und postmaterialistischen Wertorientierung zwischen den Generationen einer Gesellschaft ist durch die Raten des wirtschaftlichen Wachstums der einzelnen Gesellschaften bedingt und
ebenfalls völlig unabhängig von kulturellen Faktoren.

Postmaterialismus ist eine bedeutsame soziale Wertedimension, da er entscheidenden Einfluss auf die persönliche Lebensweise und die individuelle Arbeitsethik sowie

auf die Inhalte und den Stil der Politik ausübt, die der Einzelne bevorzugt. Die Tatsache der Konvergenz in dieser Wertedimension unter großen Teilen der besser situierten Angehörigen der jüngeren Generation in allen Gesellschaften über alle kulturellen Unterschiede hinweg ist daher für die Beurteilung der wirtschaftlichen und politischen Folgen kultureller Zugehörigkeit von größtem Gewicht.

Postmaterialistische Werte setzen sich in der jüngeren Generation in dem Maße durch, wie sie in ihrer Prägephase die Erfahrung eines gewissen Maßes an Wohlstand, Sicherheit und wirtschaftlichem Fortschritt gemacht haben, und zwar unabhängig von den kulturellen Traditionen ihrer Herkunft. Sie behalten dann, wie die empirischen Längsschnittuntersuchungen von Inglehart gezeigt haben, diese Orientierungen ein Leben lang bei und verändern auf diese Weise die Kultur ihrer Gesellschaft nachhaltig.

21. Soziokulturelle Milieus in den Kulturen

Die unterscheidende Wirkung der konkurrierenden Zivilisationsstile, die stille, aber nachhaltige Revolution durch Verbreitung postmaterialistischer Werte, die Logik der kulturellen Modernisierung und die unterschiedlichen sozialen und wirtschaftlichen Erfahrungswelten haben zu einer weit aufgefächerten Binnendifferenzierung der Wertorientierungen in den zeitgenössischen Gesellschaften geführt. Im Anschluss an die Arbeiten des französischen Soziologen Pierre Bourdieu (Bourdieu 1987) ist dies in den Milieustudien des Sinus-Instituts, Heidelberg, und des Sigma-Instituts, Mannheim, eindrucksvoll und mit vielen lebensweltlichen Details zunächst für die Bundesrepublik Deutschland und mittlerweile für eine größere Anzahl europäischer Gesellschaften, für die USA, Kanada, Japan und Thailand gezeigt worden.[3] Die konkrete Alltagskultur der unterschiedlichen gesellschaftlichen Milieus driftet innerhalb aller untersuchten Gesellschaften weit auseinander. Milieus sind soziale Netzwerke von Menschen, die in ihren zentralen ethischen und alltagsästhetischen Orientierungen miteinander übereinstimmen, sich aber von den Angehörigen der anderen Milieus tatsächlich und ihrem eigenen Empfinden nach deutlich unterscheiden. Sie teilen Werte, Lebensgüter und Lebensphilosophien und haben zu den grundlegenden Fragen ihres Verhältnisses zu Arbeit und Beruf, materieller Sicherheit und Lebensstrategie, aber auch zu Politik, Gesellschaft, Familie, Partnerschaft, in ihren Vorstellungen von Glück und Liebe, Gerechtigkeit, Individualität und Gleichheit, Freizeitgestaltung, den bevorzugten Formen ihrer Kommunikationsgewohnheiten und des sozialen Lebens übereinstimmende Vorstellungen. Ihre alltagsästhetischen Grundbedürfnisse gleichen einander weitgehend, dies betrifft die Zeitungen, die sie lesen, die Filme, die sie bevorzugen, die Wohnwelten, in denen sie sich zu Hause fühlen, die Cafés und Restaurants, die sie aufsuchen, die Kleidung, in der sie sich wohl fühlen und gesehen werden wollen.

Zwischen den Angehörigen desselben Milieus ist die Kommunikation intensiv und sympathisierend, mit den Repräsentanten der anderen Milieus werden viel weniger Beziehungen unterhalten; sie werden einander umso fremder, je mehr sie sich in ihrer Lebensethik und Alltagsästhetik voneinander unterscheiden. Für die Zugehörigkeit zu einem Milieu spielen Einkommen und Bildung zwar weiterhin eine begrenzende, aber keine eindeutig bestimmende Rolle mehr. Dem Einzelnen steht es, mit bedingt durch Beruf und soziale Erfahrung, in zunehmendem Maße frei, seine eigene

---

3 Zur Arbeit des Sinus- und des Sigma-Instituts vgl. Flaig/Meyer/Ueltzhöfer 1993. Darüber hinaus hat mir das Sigma-Institut, Mannheim, Einblick in unveröffentlichtes Material über Japan und Thailand gewährt.

Lebensethik und Alltagsästhetik zu wählen und damit einem der höchst verschiedenartigen Wertemilieus zuzugehören. Je nachdem, ob ihn eine mehr traditionelle, materielle oder modernisierte Wertorientierung überzeugt, und je nachdem, welche der verschiedenartigen Ästhetiken des Alltagslebens er als Ausdruck seines eigenen Lebensstils empfindet, findet er sich in seiner Erfahrungswelt inmitten eines je besonderen Milieus, mit seinesgleichen eng verbunden, von den Anderen distanziert oder gar entfremdet (Flaig/Meyer/Ueltzhöffer 1993).

In der Bundesrepublik Deutschland lassen sich nach diesen Maßstäben neun soziokulturelle Milieus unterscheiden. Im Bereich der Oberschicht und der oberen Mittelschicht das *Konservativ-Gehobene*, das *Technokratisch-Liberale* und das *Alternative*. Sie gehören annähernd denselben Einkommensgruppen an, haben dasselbe Bildungsniveau, sind aber mit steigender Tendenz in der genannten Reihenfolge in ganz unterschiedlichem Maße von modernisierten Wertmustern geprägt. Dasselbe gilt im Bereich der mittleren Einkommen und Bildungsniveaus für das *Kleinbürgerliche*, das *Aufstiegsorientierte* und das Neue Arbeitnehmermilieu, und im Bereich der Unterschichten für das Traditionelle und das *Traditionslose Arbeitermilieu*. Das *Hedonistische Milieu* mit seiner Orientierung am Genuss als Lebensstil liegt mehr als alle anderen Milieus quer zu den sozialen Schichtunterschieden und umfasst Menschen aus allen Einkommens- und Bildungsschichten (Flaig/Meyer/Ueltzhöffer 1993; vgl. Anhang, S. 239).

Angehörige des Kleinbürgerlichen und des Alternativen Milieus, des Traditionellen Arbeitermilieus und des Technokratisch-liberalen Milieus, des Konservativen und des Hedonistischen Milieus, um beispielhafte Kontrastpaare zu nennen, besitzen völlig unterschiedliche Wertewelten. Sie unterscheiden sich weitgehend in ihrer Auffassung von Individualität und Gemeinschaft, Gleichheit und Ungleichheit, sozialer Regelung und Liberalität, Familie, Umwelt und Beruf – eben in dem Maße, in dem sie von den Werten des Traditionalismus, der Modernisierung oder des Postmaterialismus geprägt sind. Diese Differenzen schließen auch weit gespannte Unterschiede in der Einstellung zu Minderheiten, zu anderen Kulturen, zu gesellschaftlicher Solidarität und zum politischen Handeln ein.

Die bisher vorliegenden Forschungsergebnisse über die soziokulturellen Milieus begründen die Annahme, dass die Übereinstimmungen in den wichtigen Wertorientierungen zwischen den modernisierten und postmaterialistisch geprägten Milieus in den Gesellschaften der unterschiedlichen Kulturkreise größer sind als mit den traditionalistischen Milieus der eigenen Gesellschaft. Gewiss, viele der Symbole, der religiösen und kulturellen Rituale, der alltagsästhetischen Lebensgewohnheiten und Praktiken überwölben zahlreiche Milieus, wenn auch nicht alle, mit einer gemeinsamen kulturellen Oberfläche – etwa Hochzeitszeremonien, Einweihungsfeste, Begräbnisfeiern. Aber in den Wertorientierungen, die das wirtschaftliche Handeln, die sozialen Erwartungen, die gesellschaftlichen Leitbilder, die politischen Ordnungsvorstellungen sowie das Maß der Offenheit für das Andere bestimmen, ist die kulturelle Differenzierung innerhalb der Gesellschaften der Gegenwart weit vorangeschritten, so weit, dass die transkulturellen Gemeinsamkeiten in den modernisierten Milieus nach allem, was wir wissen, überwiegen (Ueltzhöffer 1997).

Daher ist die Aussagekraft bloßer nationaler Durchschnittsbefunde über die Werteprofile von Gesellschaften und Kulturen letztlich begrenzt. Sie enthalten zwar Hinweise über die Nachwirkungen von Traditionen, vernachlässigen und pauschalisieren aber das relative Gewicht der unterschiedlichen Milieus innerhalb der betrachteten Gesellschaft. Auch bedeutende Differenzen, soweit sie bei einzelnen Grundwerten tatsächlich festgestellt werden, haben einen eingeschränkten Informationswert, weil sie über die eigentlich interessante Verteilung dieser Werte auf die unterschiedlichen Milieus und deren jeweils andersgeartete Rolle in Wirtschaft, Staat und Gesellschaft nichts mitteilen. Die Befunde aus den Untersuchungen von Hofstede und Inglehart sind gerade deshalb bedeutsam, weil sie keine scharfen Kontraste zwischen den Kulturen ergeben haben, sondern Überlappungen und innere Differenzierungen. Dieses Ergebnis widerlegt die Annahme, ein Kampf der Kulturen sei wegen der unversöhnlichen Differenz ihrer Grundwerte in ihrer inneren Verfassung angelegt. Ein empirisch angemessenes Bild vom Ausmaß der inneren Differenzierung und von den sozialen Trägergruppen der Überlappung im Verständnis der Grundwerte werden wir indes erst gewinnen, wenn wir mehr über die soziokulturellen Milieus in den einzelnen Gesellschaften wissen. Die Kenntnisse, über die wir in dieser Hinsicht schon heute verfügen, sind gleichwohl ein weiterer Beleg dafür, dass die politische Polarisierung ganzer Kulturen kein Fundament in der Wirklichkeit hat. Die interessantesten und von sich aus politisch folgenreichsten Unterschiede entwickeln sich vielmehr innerhalb einer jeden Kultur und Gesellschaft. Diese Unterschiede vertragen sich gleichwohl, wie die Befunde und die Erfahrung zeigen, mit der gemeinsamen Akzeptanz derjenigen elementaren Grundwerte, die das Zusammenleben der soziokulturellen Milieus in derselben Gesellschaft und im selben politischen Gemeinwesen möglich machen (Ueltzhöffer 1997).

22. Verständigung zwischen den Kulturen

Es kann nach diesen empirischen Befunden nicht überraschen, was unvoreingenommene Erfahrung immer aufs Neue bestätigt hat. Verständigung zwischen den Kulturen ist in den wichtigen Fragen des Zusammenlebens möglich, wo sie wirklich erstrebt wird. *Willi Eichler*, der Vater des Godesberger Programms der SPD von 1959, hat am Ende der 1960er-Jahre in Ostasien in mehreren großen Gesprächsrunden den Versuch gemacht, zwischen den großen Kulturen das zu erproben, was er im Verhältnis zwischen den ideologischen Strömungen in der sozialistischen Arbeiterbewegung auf dem Weg nach Godesberg erfahren und eine »ethische Revolution« genannt hatte. Gemeint war die am Anfang verblüffende Einsicht, dass ethische, marxistische und religiöse Sozialisten im Dialog herausfanden, dass ihre Grundwerte, die sich auf die Gestaltung von Staat und Gesellschaft bezogen, bei genauer Prüfung übereinstimmten, obgleich sie in gänzlich unterschiedliche Weltanschauungen eingebettet waren. Während zwischen den divergenten Weltanschauungen des demokratischen Marxismus, der christlichen Lehre und der praktischen Philosophie anscheinend unüberbrückbare Gräben klafften, stimmten die sozialen Grundwerte, die sie je auf ihre eigene Weise begründeten, in ihrem praktischen Gehalt so gut wie gänzlich überein. Das also, was für die Praxis wirklich zählte, nämlich die Grundwerte als praktischer Maßstab für den Entwurf einer neuen Beziehung der Menschen untereinander, konnte ohne Verlust und Willkür von den letzten Fragen der Glaubensüberzeugung abgelöst und in einem verständigungsorientierten Dialog zusammengeführt werden. Die Möglichkeit solcher Übereinstimmung zwischen Menschen, deren Weltbilder divergieren, hat Eichler mit dem großen Wort einer

»ethischen Revolution« gekennzeichnet, da dies in seiner Zeit eine überraschende und umwälzende Erfahrung schien (Eichler 1962).

Eichler organisierte, durch diese Erfahrung in der weltanschaulich schroff zerklüfteten Arbeiterbewegung ermutigt, in Ostasien, wo so gut wie alle Religionen dieser Welt seit Jahrhunderten in enger Nachbarschaft miteinander leben, zwischen 1967 und 1971 eine Dialogreihe unter dem Titel »One World Only«. Repräsentanten nahezu aller Länder der Region und all ihrer Religionen haben an diesen Gesprächen teilgenommen. Sie gelangten zu einer eindrucksvollen Reihe von praktischen Übereinstimmungen für ein soziales und politisches Reformprogramm für die Region, das gemeinsames Handeln in allen praktischen Fragen ermöglichte, für die Differenzen in den religiösen Glaubensfragen aber Spielräume der Toleranz offen hielt, so wie es ohnedies der Tradition der meisten Länder der Region seit Jahrhunderten entsprochen hatte (Friedrich-Ebert-Stiftung 1970).

Die Unterscheidung zwischen den letzten Fragen der religiösen Heilsgewissheit und den vorletzten Fragen der moralischen Grundlagen der Gemeinschaftsordnung erwies ihren praktischen Wert auch für die Verständigung zwischen den Kulturen. In die überwölbenden kulturellen Deutungsmuster, auch wenn sie selbst wenig Gemeinsamkeiten erkennen ließen, sind soziopolitische Grundwerte eingebettet, die viele Gemeinsamkeiten aufweisen. Das kann kaum überraschen, denn sie alle orientieren sich unterhalb der Schwelle ihrer verschiedenartigen Weltsicht doch an ähnlichen Ideen von Menschenwürde, menschlicher Gleichheit und gesellschaftlicher Gerechtigkeit, die sich aus ähnlichen Grundbedürfnissen und Grunderfahrungen der Menschen in ihren Gesellschaften ergeben. Eine Erkenntnis, die nahe liegt, sobald einmal bedacht wird, dass die menschliche Grundsituation überall Erfahrung von Leid und Entwürdigung, Anerkennung und Erniedrigung schafft, wenn sie auch in den unterschiedlichen Kulturen verschiedenartigen symbolischen Ausdruck und Trost finden.

Am 4. September 1993 hat das Parlament der Weltreligionen in Chikago nach gründlichen Beratungen zwischen Vertretern fast aller ins Gewicht fallenden Religionen und Konfessionen eine »Erklärung zum Weltethos« verabschiedet, die diese Erfahrung überzeugend bestätigt hat. Keine der Weltreligionen fehlt in der Liste der Gesprächsteilnehmer, und einige von ihnen waren mit mehreren ihrer Denominationen vertreten. Bemerkenswert an diesem handlungsorientierten Gespräch ist zunächst die Tatsache der gelungenen Verständigung selbst. Sie hat die Einigung auf einige zentrale Grundwerte und Grundforderungen für das Verhältnis von Individuum und Gesellschaft möglich gemacht, die nicht forciert war, sondern den Unterschieden weiten Raum ließ. Es gab in diesen Gesprächen, anders als die Kulturkampftheorie erwarten ließ, eben keine babylonische Sprachverwirrung, auch wurde nicht aneinander vorbeigeredet, weil Verständigung über die tiefen Gräben des ganz Anderen hinweg ein hoffnungsloses Bemühen wäre. Die Repräsentanten der Religionen sind zurückhaltend vorgegangen, so dass sich auch traditionalistischere Geister im Ergebnis noch erkennen können. Das war kein Agreement der »Davos-Fraktion« aus aller Herren Länder, doch kamen bei den Teilnehmern des Gesprächs keine Zweifel auf, ob sie über dasselbe sprachen, auch wenn sie von Fall zu Fall unterschiedlicher Meinung waren. Verständigung war, mit etwas Zeit, immer möglich, obgleich nicht in allen Fragen Übereinstimmung zu erreichen war. Das ist im Übrigen eine Erfahrung, die jeder machen kann.

Die Grundforderungen, die in der »Erklärung zum Weltethos« von allen Beteiligten gemeinsam erhoben und ausführlich dargelegt werden, umfassen alle wichtigen sozialen und politischen Grundwerte in kulturneutraler Formulierung (Küng/Kuschel 1993). Die festgefahrene Diplomatensprache wird ganz vermieden: das Recht auf menschenwürdige Behandlung für jedes Individuum, das Prinzip der Gewaltfreiheit und des Respekts vor dem Leben, weltweite Solidarität zwischen allen Menschen und das Eintreten für eine gerechte Weltwirtschaftsordnung, Toleranz für andere Religionen, Meinungen, Kulturen, gleiche Rechte für alle Menschen und gleichberechtigte Partnerschaft zwischen Mann und Frau.

Der in Teilen gescheiterte Verständigungsversuch der Vertreter von 171 Regierungen aus allen Kulturkreisen der Welt auf der Weltkonferenz über die Menschenrechte in Wien, ebenfalls im Jahr 1993, widerlegt die Erfahrung der Verständigungsfähigkeit der Religionen und Kulturen nicht. Auf dieser Regierungskonferenz der Vereinten Nationen stand erstmals in der Geschichte das ursprünglich im Westen artikulierte Menschenrechtsverständnis tatsächlich global, nämlich vor dem Forum der Vertreter aller Religionen und Kulturen zur Debatte (Messner/Nuscheler 1996, S. 186 ff.). Auf der Ebene der offiziellen Repräsentanten der politischen Macht hat dieser Verständigungstest nur ein höchst ambivalentes Resultat ergeben. Eine Gruppe von Regierungsvertretern aus Ostasien, Südostasien, Afrika und Lateinamerika, die sich auf konfuzianische, islamische, hinduistische, aber auch christliche Traditionen beriefen, stimmte zwar dem Grundsatz der Universalität der Menschenrechte zu, verwässerte diese Entscheidung aber durch die einschneidende Einschränkung, dass bei Interpretation und Anwendung von Menschenrechten »die jeweiligen historischen und kulturellen Gegebenheiten jeder Nation sowie die unterschiedlichen Traditionen, Normen und Werte der Völker nicht außer Betracht gelassen werden dürfen« und sich darum »kein vorgefertigtes Modell auf universeller Ebene vorschreiben« lasse (ebd., S. 188). Diese Klausel sollte nicht nur einen vermuteten westlichen Dominanzanspruch symbolisch in seine Grenzen weisen. Sie sollte darüber hinaus sehr konkrete Praktiken von Menschenrechtsverletzungen bis hin zur Diskriminierung von Frauen und sogar zur Folter mit einem Schein übergeordneter kultureller Legitimation versehen. Diese Inanspruchnahme kultureller Unterschiede für politische Zwecke ging ausschließlich von den Sachwaltern zumeist demokratisch nicht legitimierter politischer Macht aus. Er wurde auf der parallel tagenden Konferenz der Nichtregierungsorganisationen von Demokraten und Menschenrechtlern, die sich auf dieselben kulturellen Traditionen berufen konnten, als reine Strategie der Machtsicherung zurückgewiesen. Die Repräsentanten der jeweiligen kulturellen Traditionen einigten sich in einer gemeinsamen Erklärung auf die universelle Geltung der Menschenrechte. Sie konnten das Verständnis von Menschenrechten in verschiedenen Kulturen überzeugend zum Ausdruck bringen und die Inanspruchnahme kultureller Unterschiede für die Rechtfertigung politischer Macht glaubwürdig kritisieren, weil sie nicht unter einem fremdgeleiteten Rechtfertigungszwang standen.

VI. Aussichten für die Weltgesellschaft

23. Theorien über den Fundamentalismus

Prinzipiell können sich alle Kulturen über die Grundwerte des sozialen Zusammenlebens und der politischen Kooperation verständigen. Warum haben Versuche der politischen Instrumentalisierung kultureller Unterschiede dennoch so häufig und so durchschlagend Erfolg? Antworten darauf bieten die Theorien über den Fundamentalismus, die ihn nicht nur beschreiben, sondern auch erklären wollen.

Die kurze Geschichte der systematischen Fundamentalismusforschung hat eine breite Palette von Theorien, Erklärungen und Deutungsmustern hervorgebracht. Sie präsentieren sich nach Erkenntnisabsicht und Ergebnis im groben Überblick in drei Varianten, deren beide ersten den Fundamentalismus durch ihre Erklärung als Phänomen leugnen möchten.

Zur *ersten* Gruppe gehören Theorien, die im Fundamentalismus nichts anderes sehen als die unvermeidliche Selbstimmunisierung jeder kulturellen oder metaphysischen Grundposition. In diesem Sinne wären das Offenheitspostulat, der Pluralismus und das Menschenrechtsverständnis der modernen Kultur auch nur eine Variante des Fundamentalismus und zudem noch eine, die sich nicht selbst durchschaut, weil sie den Fundamentalismus immer nur bei den Anderen sucht (Jäggi/Krieger 1991). Dieser Theorie liegt offenkundig eine Verwechslung der Argumentationsebenen zugrunde. Fundamentalistisch ist es ja gerade nicht, wenn Einzelne oder Gruppen in offenen Gesprächssituationen, die sie als solche anerkennen, ihre eigene Vorstellung von Wahrheit mit Argumenten gegen Andere zu verteidigen suchen, sei es nun innerhalb einer Kultur oder zwischen unterschiedlichen Kulturen. Fundamentalistisch ist erst die Weigerung, entweder solche offenen Gesprächsstrukturen überhaupt zuzulassen oder sich in ihrem Rahmen an Gesprächen zur Klärung strittiger Wahrheitsansprüche zu beteiligen.

Das Argument, zwischen verschiedenen Kulturen, Weltanschauungen oder Religionen sei letztlich immer nur ein fundamentalistisches Abgrenzungsverhalten möglich, widerspricht aller Erfahrung. Die Kultur der Moderne und der Fundamentalismus liegen in Wahrheit nicht auf der gleichen Ebene. Während die Kultur der Moderne lediglich diejenigen prozeduralen Normen verbindlich macht, die eine Offenheit für Alternativen und Geltungsansprüche sowie die zwanglose Verständigung über beide sichern, also einen Rahmen für konkurrierende Orientierungen und Ethiken setzt, macht der Fundamentalismus eine einzige Orientierung und Ethik für alle verbindlich und schließt die zwanglose Verständigung über Alternativen aus.

Es hat wenig Sinn, die Verbindlichkeit eines Rahmens für Offenheit und zwanglose Verständigung und die Verhinderung von Offenheit durch die erzwungene Verbindlichkeit einer einzigen Orientierung durch Macht als Grundentscheidungen auf derselben Ebene zu verstehen. Wird die Festlegung auf Prozeduren der Offenheit und die Verbindlichkeit eines einzigen geschlossenen Systems – weil Festlegungen überhaupt ins Spiel kommen – gleichermaßen mit dem Wort »Fundamentalismus« bezeichnet, dann bezieht sich dieser Begriff in beiden Fällen auf gänzlich verschiedenartige Sachverhalte (Habermas 1997). Eine solche Fundamentalismustheorie leistet keinen Beitrag zur Klärung.

Der *zweiten* Gruppe von Theorien gehören jene an, die im Fundamentalismuskonzept lediglich eine neue Ideologie zur Sicherung der westlichen Vormachtsansprüche über den Rest der Welt erblicken. Das kommt nach dieser Sicht v. a. in der Abstempelung des Islam als unüberwindlich fundamentalistischer Kultur zum Ausdruck, gegen die der Westen nur mit Rüstung, Eindämmung und Überlegenheitsstreben agieren könne. Fundamentalismus erfülle insofern die Rolle, das abhanden gekommene Feindbild der kommunistischen Gefahr zu ersetzen. Diese Theorien treffen einen zentralen Punkt im politischen Kulturverständnis zahlreicher Autoren, Politikberater und Politiker. Sie verwechseln jedoch eine besondere Verwendungsabsicht des Konzepts fundamentalistischer Kultur mit dem Konzept selbst. Das erweist sich als ein Bärendienst an ihrer eigenen Erkenntnisabsicht. Die Zurückweisung jener Ideologien, die in anderen Kulturen nichts als Formen des Fundamentalismus erkennen können, wäre ja viel wirkungsvoller, wenn der unleugbare Fundamentalismus in ihnen als das ausgewiesen würde, was er tatsächlich ist, nämlich nur eine besondere Lesart dieser Kultur und nicht ihr eigentliches Wesen. Diese negative Fundamentalismustheorie ist unrealistisch, denn sie leugnet ein offenkundiges Phänomen in der Hoffnung, damit einer riskanten Ideologie den Boden zu entziehen. Sie schüttet das Kind mit dem Bade aus und beraubt sich ungewollt der Chance zu der aufklärenden Wirkung, um die es ihr eigentlich zu tun ist.

Ein spezieller Fall, der Merkmale der ersten und der zweiten Gruppe von Fundamentalismustheorien miteinander verbindet, liegt in der Position des Kulturanthropologen *Werner Schiffauer* vor (Schiffauer 2000, S. 315 ff.). Schiffauer erklärt den Begriff des Fundamentalismus als solchen für sinnlos, da er den in der Ethnologie bekannten Fehler des »Alterierungsdiskurses« begehe, nämlich das Andere auf der Folie des Eigenen abbilde. Man entwirft demzufolge zuerst ein Bild von der eigenen Gesellschaft, normiert dieses dann positiv als zivilisiert, fortgeschritten, modern, aufgeklärt, rational und bildet dann das Andere auf dieser Projektionsfläche als ihm gegenüber prinzipiell defizitär ab. Stattdessen solle man andere Kulturen nicht als homogene Symbolsysteme, sondern als dynamische und in sich widerspruchsvolle Diskurssysteme verstehen, dann lösten sich Begriff und Phänomen des vermeintlichen Fundamentalismus zwanglos auf. Für den daraus resultierenden »radikalen Relativismus« gäbe es überhaupt nur noch prinzipiell gleichrangige Konstruktionen der Wirklichkeit; der vermeintliche »Fundamentalismus« wird zu einer Realitätsdeutung, die mit jedem wissenschaftlichen Konkurrenten gleichwertig ist.

Schiffauers Position basiert auf der Kombination mehrerer wissenschaftstheoretischer und empirischer Fehleinschätzungen, ergänzt durch unzulässige Schlussfolgerungen aus seinen eigenen Grundannahmen. *Erstens*, gerade wenn Kulturen Diskursfelder sind und nicht homogene Symbolsysteme, liegt die Annahme nahe, dass sie u. a. auch zur Ausbildung solcher Varianten in der Lage sind, die in der sozialwissenschaftlichen Theorie Fundamentalismus genannt werden. Das ist dann zum einen eine Frage der transkulturellen Anwendbarkeit universalistischer Grundbegriffe und zum anderen der empirischen Forschung. *Zweitens*, schon rein grundbegrifflich ausschließen zu wollen, dass es ein kulturübergreifendes Phänomen wie den Fundamentalismus geben könne, ist eine reine Petitio principii, die unter Ethnologen gelegentlich anzutreffen, aber wissenschaftstheoretisch und empirisch durch nichts zu rechtfertigen ist. Wenn Schiffauer dann, *drittens*, die Fundamentalismustheorie mit dem Argument zu entwerten versucht, das von ihr in anderen Kulturen untersuchte Phänomen habe ja schließlich in der eigenen Kultur, etwa in Gestalt des linken Sektierertums der 1970er-Jahre, eine Parallele von verblüffender

Ähnlichkeit gefunden, widerspricht er den eigenen Annahmen, da damit das fragliche Phänomen eben doch transkulturelle Realität wäre. Unerfindlich bleibt, *viertens*, warum es nicht möglich sein soll, dass ein soziales Phänomen wie der Fundamentalismus nicht einerseits gemeinsame Grundstrukturen in allen Gesellschaften und Kulturen, in denen er vorkommt, aufweisen soll und andererseits überall nur in jeweils besonderer, kulturabhängiger Weise existiert. Dasselbe gilt für eine ganze Reihe sozialer Phänomene, etwa die Demokratie, Parteien, die Familie oder die Religion selbst. Schiffauer übersieht, *fünftens*, auf eine schwer nachzuvollziehende Weise zwei in der Fundamentalismustheorie wohl etablierte Sachverhalte. Der eine besteht in der Tatsache, dass europäische Fundamentalismusforscher durchaus nicht blind zu sein pflegen für Fundamentalismus in der eigenen Kultur; der andere besteht darin, dass wichtige Beiträge zur Fundamentalismustheorie gerade auch von Sozialwissenschaftlern aus den einzelnen untersuchten Kulturen selbst stammen, insbesondere in dem von ihm angegriffenen Fundamentalismusprojekt der Amercian Society of Arts and Sciences. Schließlich bräche, *sechstens*, zwar die ganze Fundamentalismuskritik Schiffauers in sich zusammen, aber nicht die Fundamentalismustheorie, würde sein Argument als gültig angenommen, der auch von Fundamentalismusforschern zugrunde gelegte Diskursbegriff von Kultur führe zu einem solchen Offenwerden aller Grenzen, dass von abgrenzbaren kulturellen Einheiten gar nicht mehr die Rede sein könne.

Schiffauer übersieht, dass in der Fundamentalismusforschung Fundamentalismus in erster Linie ein empirisch deskriptiver Strukturbegriff ist, der von einer ihrerseits transkulturellen Forschergemeinschaft angewendet wird. Es gibt ja auch Fundamentalisten, die das akzeptieren und sich sodann zum Fundamentalismus als die bessere Lösung zur

Überwindung von Modernisierungskrisen bekennen. Gewiss wird der Begriff von der Politik, den Medien und Teilen der wissenschaftlichen Diskursgemeinschaft häufig in verantwortungsloser Weise als Schlagstock missbraucht. Und zweifellos gibt es in der Politik Versuche, ganze Kulturen als fundamentalistisch abzustempeln, um nützliche Feindbilder zu gewinnen. Dieser Missbrauch des Fundamentalismusbegriffs kann sowenig durch seine Abschaffung verhindert werden wie der Missbrauch des Demokratiebegriffs. Diesem sympathischen Motiv entspringen die vielfachen Konfusionen in Schiffauers prinzipieller Begriffskritik, sie ist aber zur Erreichung dieses Zwecks weder ein geeignetes noch ein wissenschaftstheoretisch legitimierbares Mittel. Worauf es allerdings ankommt, ist eine wissenschaftlich genaue Begriffsbestimmung in Verbindung mit empirisch überprüfbaren Modellen und Theorien. Wir könnten, wenn sie stichhaltig wäre, auch den gewaltbereiten Rechtsextremismus in unserer eigenen Kultur nicht kritisieren, sondern müssten ihn als eine mit seiner wissenschaftlichen Beschreibung, Erklärung und Kritik gleichberechtigte Konstruktion eines Anderen anerkennen. Schiffauers Position indessen läuft auf eine wissenschaftstheoretisch und forschungslogisch unhaltbare mehrfache Selbstimmunisierung seiner normativ befrachteten Ablehnungshaltung hinaus.

Die *dritte* Gruppe von Fundamentalismustheorien umfasst deren weit aufgefächerten Hauptteil. Sie beschreiben die Wirklichkeit des Fundamentalismus in verschiedenen Kulturen und wollen sie erklären. Sie alle stimmen überein, dass der Fundamentalismus eine zentrale politisch-ideologische Macht in den politischen Arenen am Ende des 20. Jahrhunderts verkörpert und dass er in allen Kulturen nur eine der konkurrierenden Lesarten der Überlieferung darstellt. Auch wenn sie die Akzente bei der Untersuchung der Entstehungsbedingungen und Erfolgsvoraussetzungen des

Fundamentalismus unterschiedlich setzen, tragen sie alle zu deren Erklärung bei.

Ins Detail gehende soziologische Untersuchungen über den islamischen Fundamentalismus im Iran und den protestantischen Fundamentalismus in den USA haben verdeutlicht, dass v. a. traditionalistisch geprägte Milieus auf die Gefahr der eigenen Auflösung durch die Folgen der städtischen Modernisierung mit fundamentalistischer Abschottung reagieren. Die Gefahr, dass die eigene vormoderne Lebensweise beträchtlich an gesellschaftlicher Anerkennung einbüßt, die erworbene Identität sozial entwertet und überdies durch die Hinwendung der eigenen Kinder zu modernen, offeneren Lebensweisen existenziell bedroht ist, wird als Kränkung erfahren, die nur durch die Zuflucht zum Fundamentalismus geheilt werden kann (Riesebrodt 1990).

Der fundamentalistische Impuls kann zumal dann erstarken, wenn sich die plötzliche soziokulturelle Kränkung mit der Erfahrung oder der Drohung sozialen Abstiegs und ökonomischer Unsicherheit verbindet. Solche kulturell-ökonomischen Doppelkrisen sind der fruchtbarste Nährboden für ein rasches Wachstum fundamentalistischer Bewegungen. Der deutsche Nationalsozialismus mit seiner ungeheuren Massenfaszination im Zeichen des kulturellen Traditionsbruchs und der wirtschaftlichen Krise sowie der islamische Fundamentalismus im Iran als Folge einer forcierten Modernisierung von oben mit Hohn und Spott für traditionelle soziokulturelle Identitäten sind prominente Beispiele dafür. Algerien demonstriert in der Gegenwart, dass die Empfindung der Perspektivlosigkeit dramatisch gesteigert wird, wenn sich die politischen Führungseliten als korrupt und reformunfähig erweisen.

Ein breitenwirksamer Fundamentalismus wird aktiviert durch schlagkräftige Organisationen, charismatische Führer, wirksame Kommunikationstechniken und populistische Parolen, die eine an der Oberfläche durchaus treffende Beschreibung der Lage mit ihrer politischen Heilsverheißung verbinden. In vielen Fällen wird die Glaubwürdigkeit des Angebots dadurch erheblich gesteigert, dass fundamentalistische Organisationen in den Lebenswelten der umworbenen Gruppen praktische Hilfen anbieten.

All diese Beispiele zeigen zudem, dass die fundamentalistischen Führer und ihre Organisationen oft lange ohne breiten Widerhall abwarten, bis in der Krise ihre Stunde schlägt. Es ist kein Zufall, dass nach der Beobachtung von Gilles Kepel der Fundamentalismus seit Mitte der 1970er-Jahre weltweit Einfluss und Zulauf gewinnt (Kapel 1991). Dieser Zeitraum markiert das Zusammentreffen der Krise des kulturellen Modells der Moderne, besonders in ihrer marxistischen Alternative, mit einer offenkundigen sozialökonomischen Stagnation und der Erfahrung wachsender Ungleichheit durch die Auswirkungen der Globalisierung. Reale Krisenerfahrungen, enttäuschte Fortschrittsverheißungen und nahezu apokalyptische Bedrohungsängste wirken sich in den einzelnen Ländern unterschiedlich aus, haben aber in aller Welt gleichermaßen den Fundamentalismus erstarken lassen.

Im Zusammenwirken kultureller, sozialer und wirtschaftlicher Krisenerfahrung in der Moderne mit politischer Entfremdung als Nährboden des Fundamentalismus können je nach den betroffenen Gruppen und je nach der Situation, die den fundamentalistischen Impuls auslöst, entweder die kulturellen Kränkungserfahrungen als Leitmotiv wirken oder die sozialökonomischen Ängste. Auch in dieser Hinsicht hat der Fundamentalismus viele Facetten. Während für die Erfahrung der Modernisierungskrisen in den hoch entwickelten Industrie- und Dienstleistungsdemokratien des »Westens« bislang eher die sozialkulturelle Dimension strukturbildend war, sind die Krisenerfahrungen für viele

Milieus der armen Welt in erster Linie sozialökonomisch strukturiert, wenn auch nicht ohne eine kräftige Beimischung soziokultureller Identitätsbedrohung und Kränkung.

Eine brisante Zwischenstellung nehmen jene jungen Intellektuellen ein, die wie die Attentäter vom 11. September 2001 einerseits hoch gebildet sind und durchaus zu den eher sozialökonomisch Privilegierten sowohl in ihrer Herkunftsgesellschaft wie in den jeweiligen Aufnahmegesellschaften zählen, dort aber andererseits als Repräsentanten ihrer Herkunftskultur in besonders direkter und massiver Weise der Erfahrung kultureller »Unterlegenheit«, Zurückweisung und Kränkung ausgesetzt sind. Sie können in dieser heiklen Zwischenlage, wie ehedem die linksextremistischen Kampfgruppen in einigen westeuropäischen Ländern, den Sinn ihres Lebens in der selbstzerstörerischen Aufopferung in einem Kampf um Anerkennung durch Demütigung der Anerkennungsverweigerer suchen.

Ähnlich wie bei den fremdenfeindlichen Gewalttaten rechtsextremistischer Kleinstgruppen hierzulande erfährt ihr Handeln, wenn sie zur physischen Vernichtungsgewalt greifen, seinen Sinn, seine Rechtfertigung und seinen emotionalen Antrieb aus der Gewissheit, dass große Milieus prinzipiell Gleichgesinnter bestehen, die ihrem Tun leidenschaftlich zustimmen, auch wenn sie selber zum Handeln nicht willens oder in der Lage sind (Meyer 2002b). Auch das führt uns vor Augen, dass eine rein kulturelle Gegenstrategie gegen fundamentalistische Identitätspolitik kaum Erfolge haben wird, wenn sie nicht zugleich die handfesten sozialen, politischen und ökonomischen Ursachen mit glaubwürdigem Handeln wirkungsvoll bekämpft, die Menschen massenhaft dem Fundamentalismus in die Arme treiben.

VII. Transkulturalität.
Ein zeitgemäßer Kulturbegriff

24. Das Beispiel Islam

Gerade am Beispiel des Islam, dem Kulturkreis, dem selbst von kritischen Geistern wie Benjamin Barber bescheinigt wird, schon in seinen Grundstrukturen und deshalb unüberwindlich fundamentalistisch imprägniert zu sein, lässt sich zeigen, dass kategorische Zurechnungen dieser Art so gut wie immer erst durch einen unhaltbar substanzialistischen Kulturbegriff möglich werden. Ein solcher Kulturbegriff projiziert einzelne Tendenzen und Elemente, die sich tatsächlich beobachten lassen, auf die Kultur im Ganzen, erklärt sie zu deren unwandelbarem Wesen und grenzt aus, was nicht zu ihnen passt. Das zeigen die Analysen von Islamkennern (Tibi 1995, Heine/Johansen/Steppat 2002). Obgleich Tibis politische Schlussfolgerungen mit denen Huntingtons teilweise übereinstimmen, liegt seinen Darstellungen und Prognosen ein weit differenzierteres Modell der Kulturen und der Bestimmungsgründe für ihre Entwicklungsmöglichkeiten zugrunde, so dass die These vom Kampf politisierter Kulturen in einem gänzlich anderen Licht erscheint und alle Chancen des Wandels und der Verständigung weit gespannte Handlungsoptionen offen lässt (Tibi 1995).

Da die Kulturkampfideologie immer erneut mit triumphierender Gebärde gerade den Islam als eine Kultur glaubt vorführen zu können, deren Geschichte und Substanz nun wirklich alle Zweifel am Realitätsgehalt ihrer Botschaft ausräumt, lohnt ein genauerer Blick auf ihn in besonderer

Weise. Während Huntington in derselben Art wie die Ideologen der Neuen Rechten stets sein naturalistisch reduziertes Verständnis von Kultur und kulturellen Differenzen – eine Art ontologisches Substanzmodell der Kultur – zur Geltung bringt, basieren die Untersuchungen und Schlussfolgerungen Tibis auf einem politischen Diskursmodell der Kultur, das deren geschichtliche Dynamik aufnimmt. Durch diese Differenz wird sichtbar, dass die Dominanz des Fundamentalismus im Islam ein zeitbedingtes Resultat erklärbarer sozialer Entwicklungen ist.

Tibi gelangt in seinen detailreichen Analysen zu dem Urteil, dass die islamische Hauptstromkultur einem Verständnis von Menschenrechten und Demokratie im modernen Sinne aufgrund interner Sperren gegenwärtig nicht entsprechen kann. Dennoch enthält die islamische Kultur wie die anderen Kulturen auch das Potenzial, auf dem Wege kultureller Reformen an das moderne Verständnis von Menschenrechten und Demokratie anzuschließen. Es macht sich empirisch in dem unbestreitbaren Sachverhalt geltend, dass gewichtige Teilströmungen des Islam einen solchen Übergang seit dem 19. Jahrhundert betreiben, ohne aus dem Sinnzusammenhang der islamischen Kultur auszutreten.

Die eigentliche Frage, wie sich der politisch ausschlaggebende Hauptstrom der islamischen Kultur in den einzelnen Ländern präsentiert, wird durch den Stand des Diskurses der konkurrierenden Strömungen innerhalb dieser Kultur selbst entschieden. Dessen Verlauf wird natürlich nicht durch Argumente allein, also die Plausibilität der konkurrierenden Deutungsvarianten für große Gruppen gesteuert, sondern durch handfeste soziale, kulturelle und ökonomische Faktoren und die sozialen Erfahrungen, die sie schaffen.

»In der Perspektive des zeitgenössischen politischen Islam soll auf die Etablierung des *Nizam al-Islami* [islamisches System] auf nationaler Ebene seine Globalisierung folgen. Daraus sollte man nicht die falsche Schlussfolgerung ziehen, dass alle Muslime so denken. Es gibt Muslime, für die der Islam eine politische Ethik und eine Lebensweise ist, nicht aber ein spezifisches Regierungssystem. Diese Muslime sind in die Tradition des liberalen Islam einzuordnen. Dass es diese Kategorie von gläubigen Muslimen gibt, ändert aber nichts an der harten Realität, dass die Hauptströmung des zeitgenössischen Islam dem fundamentalistischen ideologischen Konzept des Nizam al-Islami verhaftet ist« (Tibi 1993, S. 82 f.).

Auch die Dominanz des islamischen Fundamentalismus ist erst das Produkt einer aktuellen Entwicklung. Denn die Gewichte zwischen den am innerislamischen politischen Diskurs beteiligten Grundströmungen haben sich seit den 1970er-Jahren in fast allen betroffenen Ländern massiv verschoben, in einigen von ihnen bis hin zur völligen Umkehrung der kulturellen Dominanzverhältnisse. Der fundamentalistische Zivilisationsstil war noch vor kurzem gerade nicht die vorherrschende politische Selbstauslegung des Islam. Es hat zwar in Ägypten mit der Gründung der Bewegung der Muslim-Brüder (1928) und 1932 mit der Entstehung des vom Wahabismus geprägten Saudi-Arabien beachtliche Manifestationen des fundamentalistischen Impulses gegeben. »Diesen historischen Verweisen zum Trotz kann man sich jedoch der Beobachtung nicht entziehen, dass vorwiegend säkularistische Ideologien, allen voran der panarabische Nationalismus, in der Periode nach dem Ersten Weltkrieg den politischen Diskurs dominierten; der Islam als eine politische Ideologie (nicht als religiöser Glaube) trat seit dieser Zeit und zumindest bis zu den frühen 1970er-Jahren in den Hintergrund« (Tibi 1995, S. 76).

Das Zusammenwirken spezifisch politischer Ereignisse und Erfahrungen mit kulturell-politischen Angeboten ihrer Verarbeitung führt also zur Verschiebung der Kräfteverhält-

nisse zwischen den am politisch-kulturellen Diskurs beteiligten Strömungen und nicht die Selbstentfaltung eines logi-
schen Zwangs, der sich aus den Axiomen der Kultur selbst
ergibt. Es sind die Leidenserfahrungen mit dem deprimie-
renden Versagen unterschiedlicher nichtfundamentalisti-
scher politischer Regime, die am Ende den Fundamentalismus auch dort, wo er sich in einer Minderheitenposition und
zudem in der Illegalität befindet, »dennoch zunehmend die
primäre Quelle für die politischen Optionen der Bevölkerungsmehrheit in den meisten islamischen Ländern« werden
lassen (ebd., S. 97). Der Erfolg dieser Option in der politischen Konkurrenz mit prinzipiellen Alternativen hängt von
der gleichzeitigen Wirksamkeit mehrerer Faktoren ab, neben ökonomischen, sozialen und kulturellen Krisenerfahrungen fallen dabei auch die Spielräume ins Gewicht, die das
jeweilige politische System und die Glaubwürdigkeit der offiziellen politischen Eliten und Gegeneliten lässt.

Für den islamischen Raum beschreiben Tibi und Heine/
Johansen/Steppat die prinzipiellen Optionen der kulturellen Selbstauslegung und die wechselnden Bedingungen ihres
politischen Erfolgs auf eine Weise, die über das Verhältnis
von Kulturen und Zivilisationsstilen exemplarischen Auf-
schluss gibt, denn sie entspricht im Kern den Befunden aus
den anderen Kulturen. Im innerislamischen Diskurs der Gegenwart spielen drei Grundströmungen eine Hauptrolle. Jeder von ihnen kann jeweils ein führender Staat zugeordnet
werden, in dem sie über die anderen politisch und kulturell
dominiert: der *Traditionalismus* in Saudi-Arabien, der *Säkularismus* in der Türkei und der *Fundamentalismus* im Iran.
Im islamischen Diskurs im Ganzen ist jede dieser drei
Grundströmungen der politischen Selbstauslegung einer
Kultur als dominante politische Macht vertreten, jedoch in
den einzelnen Gesellschaften, die vom Islam geprägt sind,
auf höchst unterschiedliche Weise. Die Verteilung der Ge-

wichte und Einflusschancen kann darum nicht der Prägekraft eines unwandelbaren kulturellen Erbes zugeschrieben
werden.

Die Chancen und das politische Gewicht der drei formativen Zivilisationsstile ergeben sich erst aus der unterschiedlichen Art und Weise, in der elementare historische Erfahrungen gesellschaftlich verarbeitet, kulturell zum Ausdruck
gebracht und politisch verwendet werden. Das unterscheidet, wie die Geschichte Europas im 20. Jahrhundert eindrucksvoll gezeigt hat, den islamischen Kulturkreis gerade
nicht vom »westlichen«, denn auch hier haben in jüngster
Zeit traditionalistische, modern-säkulare oder eben auch
fundamentalistische Strömungen das politische Geschehen
gedeutet und bestimmt. Der Triumph des Faschismus in den
1920er- und 1930er-Jahren, die anschließende demokratische Modernisierung in Westeuropa, die marxistisch-leni-
nistische Herrschaft in Osteuropa und die unerwartete Vi-
rulenz eines durchaus vom fundamentalistischen Impuls
getriebenen Ethnonationalismus belegen das ebenso wie die
zwar wechselhafte, aber im Prinzip andauernde Präsenz solcher Strömungen in den Gesellschaften und politischen Arenen wohl aller europäischen Länder.

25. Kulturelle Verflechtungen

Das allgemeine Grundmodell der Moderne beschreibt die
Selbstauslegung aller Kulturen in konkurrierenden Zivilisationsstilen. Im Lichte des von Richard Münch eingeführten
Begriffspaares *Modernisierungsdynamik* und *Modernisierungslogik* ist das plausibel zu deuten (Münch 1986). Modernisierungs*logik* meint die Wirkungsrichtung von Modernisierungsprozessen. Sie ist im Modell von Münch durch
vier Prinzipien markiert: *Aktivismus, Individualismus, Ra-*

tionalismus und *Universalismus*. Modernisierungs*dynamik*
bezeichnet die von Gesellschaft zu Gesellschaft höchst unterschiedlichen empirischen Verhältnisse, zu denen die Entfaltung der Modernisierungslogik infolge der verschiedenartigen kulturellen Ausgangsbedingungen sowie ihres je
unterschiedlichen Tempos von Fall zu Fall führt.

Wie ähnlich sich ursprünglich ganz unterschiedliche Kulturen auf längere Sicht unter dem Einfluss der Modernisierungslogik werden und wie groß ihre Unterschiede trotz der
universellen Reichweite der kulturellen Moderne dennoch
bleiben, in welchen Lebensbereichen der Gesellschaften sich
die Ähnlichkeiten am nachdrücklichsten zeigen und wo sich
Differenzen am eigensinnigsten behaupten können, das alles
sind einzig und allein Erfahrungsfragen. A priori lässt sich
darüber nur spekulieren. Bisherige Erfahrungen geben aufschlussreiche Fingerzeige, nicht mehr. Denn der Prozess der
Entfaltung der Modernisierungslogik verläuft durch die Fähigkeit der kulturellen Normen der Moderne zum reflexiven Rückbezug auf sich selbst und zur Selbstkorrektur nicht
linear. Die sozialen und politischen Debatten der Gegenwart
und die Dialektik von kultureller Globalisierung und regionaler Selbstbehauptung lassen erwarten, dass Erfahrungen
der Entfremdung zur Errichtung von Schutzzonen um
wichtige Lebensbereiche führen, damit die Modernisierungsdynamik ganz ferngehalten werden oder lediglich in
verlangsamter oder verminderter Form Einzug halten kann.

Der substanzialistische Kulturbegriff, der in letzter Instanz nichts anderes bedeutet als die Reduktion von Kultur
auf Natur, geht in seiner modernen Verwendung auf Herders »Kugelaxiom« zurück (Welsch 1994, S. 6). Er bedarf,
wenn wir uns den Zugang zum Verständnis von Kultur in
der Moderne nicht von vornherein total verbauen wollen,
einer Revision. Wolfgang Welsch hat mit überzeugenden
Gründen dafür plädiert, das Kugelaxiom gegeneinander ver-

schlossener Kulturen, das die Debatten der Gegenwart fort-
wirkend narrt, durch etwas ganz Neues zu ersetzen: ein Verständnis von »Transkulturalität«. Ein solches Konzept stellt
von vornherein in Rechnung, dass sich in der Gegenwart die
überlieferten Kulturen als Ergebnis ihrer vielfältigen Interaktionen immer schon intern in bestimmendem Maße
durchdringen. Was wir wirklich beobachten können, ist
eben nicht der Zusammenstoß von Kugeln, sondern das
»Weben transkultureller Netze«, die an unterschiedlichen
Orten auf je eigene Weise dann zu Verdichtungen und Struk-
turbildungen führen, die nirgends mehr den ehrwürdigen
Homogenitätsfiktionen der Überlieferung entsprechen, es
sei denn als Ergebnis einer bloß inszenierten kulturellen Ei-
gentlichkeit.

Das Herder'sche Kugelaxiom der Kultur hat bis heute
seine paradigmatische Macht nicht verloren, obgleich seine
Prämissen sämtlich längst hinfällig geworden sind. Wolfgang Welsch hat die drei maßgeblichen Kategorien auf ihren
Begriff gebracht, die Herders Kulturverständnis ausmachen.
Die Prämisse der sozialen Homogenisierung setzt voraus,
dass Kultur stets das Leben des betreffenden Volkes im Ganzen wie im Einzelnen prägt und jedes Objekt und jede
Handlung gerade zum Bestandteil dieser Kultur macht. Die
Behauptung ethnischer Fundierung impliziert, dass Kultur
immer genau die Kultur eines Volkes sei. Und die strikte interkulturelle Abgrenzung postuliert, dass die Kultur eines
jeden Volkes von den Kulturen aller anderen Völker gänzlich verschieden und separiert sei. Aus diesem Kulturverständnis ergibt sich Herders Annahme dann wie von selbst,
dass die Wahrnehmung der anderen Kultur, der Kultur der
Anderen beim Einzelnen »Fühllosigkeit«, »Kälte«, »Blind-
heit«, ja sogar »Verachtung und Ekel« hervorrufe. Welsch
erkennt in dieser Kulturtheorie darum zutreffend nichts anderes als einen »Kulturfundamentalismus« (ebd., S. 8).

Die Herder'schen Prämissen sind, wie die empirische Betrachtung der Kulturen unzweideutig zeigt, heute alle hinfällig. An die Stelle der sozialen Homogenität ist eine weit ausgreifende Differenzierung soziokultureller Milieus getreten, mit der Wirkung, dass korrespondierende Milieus in unterschiedlichen Kulturen in vielen Fällen mehr miteinander verbindet als entfernte Milieus innerhalb der eigenen Kultur. Alle großen Kulturen sind ethnisch vielfältig gemischt, und die Ethnien ihrerseits haben sich zumeist als politische Konstruktionen erwiesen und eben nicht als unauflösliche natürliche Einheiten. Der Separatismus der wechselseitigen kulturellen Ausschließung ist mannigfachen Überlappungen, internen Durchdringungen und Einflussnahmen gewichen. Sie ergeben sich aus dem Zusammenwirken mehrerer gleichzeitiger Entwicklungen, die in derselben Richtung wirken: dem grenzüberschreitenden Einfluss der elektronischen Kommunikationsmedien, der Steigerung des Wohlstandes in vielen Kulturkreisen und Gesellschaften, dem Einfluss der Modernisierungslogik, der wirtschaftlichen Globalisierung und der weltweiten Migrationsströme.

Offenkundig geben eher soziale Erfahrungen und Lebenslagen und die durch sie bedingte Nähe zur kulturellen Modernisierung als die Zugehörigkeit zu einer großen religiös-kulturellen Überlieferung den Ausschlag für die kulturelle Lebensform der Gruppen. Wie der Fall des Fundamentalismus zeigt, gehören zu diesen formativen Erfahrungen die der Krisen, Brüche und Beraubungen. Neue Formen reaktiver kultureller Identitätsbildung fügen dem bunten und weit gestreckten kulturellen Flickenteppich der Gesellschaften der Gegenwart neue Flecken hinzu, die oft grell und nicht selten von beträchtlicher Größe und bizarrer Form sind.

Immer seltener decken sich die ohnedies recht durchlässigen Außengrenzen der soziokulturellen Milieus mit geogra-

phischen Räumen. Ihre Netzwerke sind in den gesellschaftlichen Lebensräumen verwoben. So wie sich in Colombo
augenfällig in derselben kurzen und engen Straße jeweils auf
Sichtweite der Hindutempel und die Moschee, die Kirche
und das buddhistische Andachtshaus abwechseln, mit all
dem zugehörigen vielfältigen Treiben um sich herum, so mischen sich auf nicht immer sichtbare Weise in nahezu allen
anderen Gesellschaften Milieus im selben Raum, die in ihrem Weltverständnis und in ihrer Lebensweise doch um
Welten getrennt sein können.

Überall auf der Welt ist darum die Einheit von kultureller
Übereinstimmung und Staatsbürgerschaft, von soziokultureller Lebensform und räumlicher Abschließung unwahr-
scheinlich geworden oder in Auflösung begriffen. Auch wo
die Gewaltpolitik der ethnischen »Säuberung« künstlich
und mit blutigen Opfern »Kultur« und Lebensraum in
Übereinstimmung bringt, wird sich, sobald die heißeste
Phase des Bürgerkriegs vorüber ist, die wenige Unterscheidungen zulässt, rasch wieder zeigen, dass jede der mit
Zwangsgewalt homogenisierten »Ethnien« in sich selbst
kulturell viel mannigfaltiger ist, als es die offizielle Ideologie
zulassen kann. Darauf haben die Massendemonstrationen
des Jahres 1997 auf den Straßen von Belgrad ein erstes helles
Licht geworfen. Die Opfer der ethnischen »Säuberungen«
in Bosnien wie in Ruanda oder Zaire erweisen sich darum
selbst im Hinblick auf die bösen Zwecke als sinnlos, die von
den Betreibern der Gewaltkampagnen öffentlich deklariert
worden sind.

Das Bedürfnis nach Identität bleibt freilich lebendig und
machtvoll, und es ist so gut wie sicher, dass am Ende allein
die rigidesten Formen fundamentalistischer Identitätsver-
sprechen profitierten, wenn sich alle kulturellen Orientierungen in unbestimmten Gemengelagen auflösten. Indessen
wird es infolge der grenzenlosen Kommunikation, der so-

zialen Differenzierung und der nachbarschaftlichen Überlappung der sozialen Gruppen fast unvermeidlich, dass »die
Züge der Pluralität und Transkulturalität [...] bis in den
Kern der partikularistischen Identitäten« hineinreichen
(ebd., S. 27). Der Identitätswahn bleibt in der Moderne daher immer ein kurzer Traum, aber er hinterlässt nicht selten
eine lange blutige Spur.

26. Zuflucht und Verführung

Der Identitätswahn des Fundamentalismus ist eine Zuflucht
für die, deren soziale, wirtschaftliche oder politische Lage
ihn als letzte Hoffnung oder als Kompensation nahe legt,
und ebenso für jene, die in unerträglichen Lebenskrisen oder
aus dem Verlangen nach unbedingter Orientierung den Weg
zu ihm finden. Wie das Beispiel von Scientology eindeutig
zeigt, kann solches Verlangen nach Zuflucht ganz frei sein
von politischen Interessen. Es kann aber auch, wie im Falle
des Hindu-Fundamentalismus in Indien, gerade durch das
jahrzehntelang kultivierte politische Motiv genährt sein, im
eigenen Staat zum »Fremden« gemacht worden zu sein. Da-
zwischen sind bei den »Suchenden« alle Übergänge von bloß
psychosozialen Motiven zum dezidiert politischen Interesse
zu finden. Auch dort, wo wie in Algerien, Indien oder Israel
die Anhängerschaft fundamentalistischer Bewegungen hoch
politisiert ist, geben sich die soziokulturellen Motive einer
gesicherten Identität und die sozioökonomischen Motive eines anerkannten und auskömmlichen sozialen Status als die
eigentlichen Gründe für die Aufnahmebereitschaft fundamentalistischer Orientierungen zu erkennen. Eine machtpolitische Ausrichtung bekommt die Bewegung erst durch
die Steuerung der jeweiligen Führung.

Fundamentalistische Führung erweist sich als Verführung

spätestens in dem Augenblick, wo es an die Einlösung der gemachten Heilsversprechen geht. Keiner der bekannten Fundamentalismen dieser Welt verfügt nämlich über ein schlüssiges und umsetzungsfähiges politisches oder sozioökonomisches Programm, das auch nur die Überwindung jener Krisen wahrscheinlich machen würde, durch deren Geißelung er groß geworden ist, geschweige denn die darüber hinausreichenden Heilsversprechen, die ihm erst seinen metaphysischen Charme verleihen. Fundamentalismus kann angesichts von Krise, Demütigung und Korruption zur unüberwindlichen Energiequelle im Protest werden, aber nirgends zum verlässlichen Wegweiser für nachhaltige Gesellschaftsreformen, weil ihm das Konzept einer komplexen, wandlungsfähigen Gesellschaft fehlt und damit die Voraussetzung der Erfolg versprechenden Lösung ihrer Probleme. Insofern ist der Fundamentalismus als politisches Handlungsprogramm objektiv immer eine Verführung, auch wenn viele seiner Gefolgsleute im Kampf selbst und im symbolisch-rituellen Teil seiner Politik die Erfüllung ihres unbedingten Identitätsbedürfnisses erfahren, wenigstens eine Zeit lang.

Nicht selten ist fundamentalistische Führung aber auch in dem strikten Sinne Verführung, dass die Interessen und Motive von Führern und Gefolgschaft sich äußerlich decken, aber keine innere Übereinstimmung zeigen. Manche der fundamentalistischen Führer in Algerien gehörten bereits zur Führung der Oppositionsbewegung, als diese noch marxistisch inspiriert war. Und die Äußerungen einiger Führer des politischen Hindu-Fundamentalismus lassen kaum einen anderen Schluss zu als den, dass sie die machtpolitischen Ressourcen schätzen, die aus der fundamentalistischen Mobilisierung erwächst, aber selber nicht an den Wahrheitsgehalt all der Parolen glauben, die sie zu diesem Zwecke verbreiten. Ob Milošević sich verstellte, als er ein kommu-

nistischer Führer war, der sich im Zweifelsfalle mit inter-
nationalistischer und gesamtjugoslawischer Rhetorik legitimierte, oder als er nichts anderes mehr sein wollte als ein
serbischer Nationalist ethnofundamentalistischer Stoßrichtung, ist schwer zu ermitteln.

Eine politische Instrumentalisierung kultureller Unterschiede ist der fundamentalistische Identitätswahn, wenn
auch oftmals in verschiedener Absicht und mit verschiedener Akzentsetzung, auf beiden Seiten. Auf Seiten der Anhänger, denn sie gewinnen ihre Identität im Vormachtsan-
spruch gegen Andere, der so gut wie immer auch gegen
Widerstand durchgesetzt wird, wenn es nötig erscheint. Die
protestantischen Fundamentalisten in den USA leben zwar
in »normalen« Zeiten in ihrer eigenen Parallelgesellschaft,
intervenieren aber nachdrücklich in die öffentliche Sphäre,
wann immer ihre Interessen berührt sind. Fundamentalistische Führung ist fast ausnahmslos von dem Willen beseelt,
die Energien der mobilisierten Gläubigen zum Zwecke der
Gewinnung oder Sicherung politischer Macht zu nutzen, ob
sie nun selber die Ideologien teilen, die sie in ihren Dienst
nehmen, oder nicht. Beides, die Suche unbedingter Identität
und das auf sie gestützte Streben nach Macht, leben von der
Umwandlung des kulturellen Unterschieds in Feindschaft.
Da weder die sozialen Grundwerte noch die Botschaft der
Religionen solche Verfeindung nahe legen, sie wie im Falle
von Hinduismus und Buddhismus geradezu ausschließen,
sind Fundamentalisten im Zweifelsfalle nicht wählerisch,
wenn es darum geht, Differenzen zu markieren, die die Verfeindung rechtfertigen. Die Grundwerte selbst, die die Bedingungen des sozialen Zusammenlebens regeln, geben ja,
wie der empirische Vergleich gezeigt hat, den Stoff für die
Verfeindung zwischen den Kulturen nicht her. Darum sind
es häufig kulturelle Praktiken und religiöse Rituale, die im
öffentlichen Leben keine Rolle spielen müssten, aber als He-

bel für die Verfeindung ihren Dienst leisten. Notfalls werden Differenzen auch eigens konstruiert, denn es geht den Polarisierern nicht um die sozialen Grundwerte des Zusammenlebens, sondern um die symbolische Aufwertung von Unterschieden, die sich für ihre Zwecke instrumentalisieren lassen. Dazu bieten häufig Praktiken und Symbole, geheiligte Orte und Ereignisse, Geschichte und Geschichten, die für das Zusammenleben der Menschen ohne Bedeutung bleiben könnten, die willkommene Handhabe. Geteilte Grundwerte schaffen indessen einen Raum für das Zusammenleben der Verschiedenen, die ihre je eigene Identität entfalten können, ohne die des Anderen angreifen zu müssen.

VIII. Kultureller Pluralismus und Demokratie

27. Universelle Demokratie?

Der Politikwissenschaftler Michael Th. Greven hat in der Diskussion um die Universalität demokratischer Normen daran erinnert, dass diese Frage von vornherein unzulässig verkürzt würde, wenn sie lediglich auf die Ebene der formalen Institutionen bezogen wird (Greven 1998, S. 22). Die politische Kulturforschung hat seit den 1960er-Jahren überzeugend gezeigt, dass formaldemokratische Institutionen, die nicht tief in eine entgegenkommende politische Kultur der Demokratie eingebettet sind, weder angemessen funktionieren noch dauerhaft sind (Almond/Verba 1963). In diesem Sinne ist Demokratie nicht kulturell neutral. Die Identifikation von westlicher Kultur und Demokratie, die sowohl von einigen ihrer überschwänglichen »westlichen« Befürworter wie auch von ihren »antiwestlichen« Gegnern vorgenommen wird, ist in der Sache dennoch nicht begründet. Bei der Kultur, derer die liberale Demokratie zum Funktionieren und zur Stabilität bedarf, handelt es sich nämlich weder um eine der spezifisch religiös geprägten kulturellen Traditionen noch um eine spezifische kulturelle Lebensweise, sondern um die soziale Verankerung einer Reihe von Grundnormen der modernen Kultur, die sich auf die faire Regelung des Umgangs mit Differenzen in allen Handlungsbereichen beziehen, auf der Ebene politisch orientierten Handelns.

Auch in diesem Zusammenhang ist daher der historische Hinweis angebracht, dass die westliche Tradition selbst, wie sie sich in Europa seit dem 9. Jahrhundert herausgebildet

hatte, keine Demokratie hervorgebracht hat, sondern erst
der scharfe Bruch mit ihr im Übergang zur Kultur der Moderne, wie er sich in der Aufklärung und den demokratisierenden Revolutionen des 18. Jahrhunderts in Frankreich
und den USA vollzog, die kulturellen Grundlagen der Demokratie und erste Formen ihrer praktischen Realisierung
schuf. *Jürgen Habermas* hat gezeigt, dass Menschenrechte
und Demokratie, also die Prinzipien der liberalen Demokratie, gleichursprünglich aus dem in der Aufklärung wurzeln-
den Autonomiepostulat hervorgehen (Habermas 1992). Sobald also die substanzielle Sittlichkeit einer vormodernen
Kultur zerfällt, ganz gleich um welche der großen kulturell-
religiösen Ursprungstraditionen es sich handelt, kann die
Beilegung der nun entstehenden Differenzen über Lebensweisen, religiöse Wahrheitsansprüche, sozialpolitische Ordnungsvorstellungen oder soziale Interessen nicht länger
durch den autoritären Verweis eines der konkurrierenden
Ansprüche auf seinen privilegierten und absolut gewissen
Zugang zu den Quellen der Wahrheit mit einem allgemein
akzeptierten Anspruch auf Legitimität erfolgen. Die Entscheidung über die Differenz fällt unweigerlich in die pri-
vate und öffentliche Autonomie der von ihr betroffenen
Menschen zurück; Menschenrechte und Demokratie allein
bleiben als kulturelle Normen und Techniken der Bewältigung der Unterschiede in einer gemeinsamen Ordnung noch
übrig.

Die liberale Demokratie ist als normativer Anspruch der
Gleichheit der Rechte privater und öffentlicher Autonomie
daher genau im demselben Sinne und aus denselben Grün-
den universell wie der Prozess der pluralistischen Ausdiffe-
renzierung ehedem einheitlicher und homogener kultureller
Traditionen in eine Vielfalt divergenter Lebensweisen und
Wertinterpretationen. Es kann nicht überraschen, dass die
Fundamentalisten schon die Grundlagen von Demokratie

und Menschenrechte als Ganze ablehnen oder substanziell verkürzen, denn in dieser prinzipiellen Gegnerschaft besteht ja gerade ihr konstitutives Prinzip. Dass es sich bei dieser politischen Grundfrage der Stellung zur liberalen Demokratie aber gerade nicht um einen bloßen Ausdruck des Unterschieds zwischen der »westlichen« Kultur und dem Rest der Welt handelt, zeigt sich zunächst schon darin, dass die Gegnerschaft zu Menschenrechten und Demokratie stets auch von den Fundamentalismen im Westen geteilt wird, sei es umfassend wie von den europäischen Ethnofundamentalisten oder Scientology, sei es selektiv im Hinblick auf ausgewählte Schlüsselfragen der eigenen religiösen Identität wie im Falle der sehr einflussreichen christlichen Fundamentalisten in den USA.

In einer Reihe von Studien der letzten beiden Jahrzehnte ist deutlich geworden, dass Prinzipien der Reziprozität der Rechte und Pflichten zwischen allen Menschen und damit ihres gleichen Wertes sowie ihnen entsprechende moralische Normen in das Wertezentrum aller Kulturen eingelassen sind, wenngleich erwartungsgemäß in je verschiedenen Symbolwelten und Begrifflichkeiten eingebettet (Kohlberg, Küng). Es ist daher allein eine Frage des Prozesses der Selbstentfaltung kultureller Entwicklungspotenziale in der Wechselwirkung mit der sozialen Entwicklung der einzelnen Gesellschaften, ihren politischen Erfahrungen und ihrem Verkehr mit den anderen Kulturen der Welt, in welcher Weise und in welchem Zeitmaß sie sich entfalten. In jeder der Kulturen gibt es spätestens seit dem 20. Jahrhundert aktive Gruppen in der Zivilgesellschaft, in der Politik und im intellektuellen Diskurs, die die uneingeschränkte praktische Aktualisierung der demokratischen Entfaltungspotenziale ihrer eigenen Kultur, in deren Namen sie ausdrücklich sprechen, gegen deren Verächter, die die gemeinsam geteilte kulturelle Herkunft auf antidemokratische Auslegungen fixieren möchten, geltend machen. Die Entgegenstellung zwischen den jeweiligen Regierungsvertretern und den Repräsentanten der demokratisierenden Zivilgesellschaft etwa bei den Menschenrechtskonferenzen oder anderen Zusammenkünften der Vereinten Nationen stellt diese Konstellation überzeugend unter Beweis. Sie hat sich aber in der realen Geschichte einzelner Gesellschaften der großen Kulturen der Welt auch in der politischen Handlungspraxis schon gezeigt.

Gandhi und Nehru haben 1947/48 in ihrem zu Dreivierteln von Hindus bewohnten und mit immerhin 140 Millionen Muslimen die weltweit zweitgrößte islamische Bevölkerungsgruppe überhaupt beherbergenden Land eine liberale Demokratie eingeführt, die im Sinne der Typologie von Wolfgang Merkel eine Reihe von Defekten aufweist, aber seit mehr als einem halben Jahrhundert im Großen und Ganzen funktioniert und mit der Ausnahme einer kurzen Unterbrechung ein beträchtliches Maß an Stabilität bewiesen hat (Merkel 1999, Kulke/Rothermund 1998). Indien ist auch ein Musterbeispiel für das empirische Studium der jeweiligen Bedingungen gelingender Anerkennung und Kooperation zwischen kulturell-religiösen Gruppen und ihrer Verweigerung unter dem Einfluss fundamentalistischer Agitation. Von Zeit zu Zeit waren in deren Gefolge zwar Einzelheiten des Rechtsstatus der Muslime des Landes sowie der symbolischen Bedeutung des Hinduismus für dessen nationale Identität zwischen radikalen Teilen beider Gruppierungen umstritten, zu keinem Zeitpunkt aber die liberale Demokratie selbst (Ashraf 1995). Indien zeigt – wenn auch durchaus mit handfesten Defiziten im Einzelnen –, dass nicht nur Hinduismus und Islam die Demokratie als politische Lebensform hervorbringen und tragen, sondern auch miteinander in einer gemeinsam geteilten Demokratie im Großen und Ganzen verträglich zusammenleben können.

In der innerislamischen Diskussion der arabischen Welt gibt es nicht nur seit anderthalb Jahrhunderten und verstärkt in der Gegenwart Versuche, Demokratie und Menschenrechte gegen die vorherrschenden traditionalistischen und fundamentalistischen Strömungen auf breiterer Front zur Geltung zu bringen und damit eine Welle der Aufklärung auszulösen (Adonis 1998, Arkoun 1998). Mohammed Arkoun, der algerische Islamgelehrte, besteht auch auf der Beweiskraft des türkischen Beispiels. Zwar war die schon in den 1920er-Jahren von Mustafa Kemal (Atatürk) erfolgreiche vollzogene säkularisierende republikanische Revolution des traditionsreichen Islamstaates der Türkei zunächst eine Art voluntaristischer Vorgriff, dem keine Transformation der kulturellen Grundlagen des Landes mit Breitenwirkung vorausgegangen war (Arkoun 1998, S. 145 ff.). Jedoch hat sich unterdessen die Säkularisierung der öffentlichen Sphäre mit Erfolg behauptet und ist mittlerweile zu einem Bestandteil der Mehrheitskultur des Landes geworden. Die Demokratie, obgleich mit deutlichen Defekten im Menschenrechtsbereich und als Institution mehrfach außer Kraft gesetzt, scheint sich gleichwohl als die von der Mehrheit allein legitimierte Staatsform zu behaupten. Das Land hat den Beweis erbracht, dass der säkulare Staat und die liberale Demokratie in einer islamisch geprägten Gesellschaft unter geeigneten Bedingungen zur Mehrheitskultur werden können.

In jüngster Zeit ist der Anspruch universeller Demokratie und Menschenrechte v. a. von südostasiatischen Staatsmännern mit dem Argument angegriffen worden, er widerspreche den genuinen »asiatischen Werten« und sei nur eine kaschierte Form erneuerten westlichen Dominanzstrebens. Insbesondere die autoritären Regierungschefs von Malaysia und Singapur, Mohamad Mahathir und Lee Kuan Yew, haben in den 1990er-Jahren das Argument vertreten und in ihre Regierungspraxis auch mit eiserner Hand realisiert, die genuinen asiatischen Wertetraditionen mit ihrem Vorrang der Gemeinschaftswerte vor den individuellen und ihrer Hochschätzung von Autorität stünden zur westlichen Demokratie im Widerspruch und erlaubten allein spezifisch eingeschränkte Menschenrechte und eine autoritär gelenkte Variante kulturell angepasster Demokratie (Mahathir 1998, S. 33 ff.). Ihnen ist in allererster Linie von politischen, zivilgesellschaftlichen, intellektuellen und wissenschaftlichen Repräsentanten ihrer eigenen Kultur heftig widersprochen worden (Kim Dae Jung 1994, Anwar 1997, Sivaraska/Muzaffar 1999, Bello 1999). Diese demokratisch und menschenrechtlich orientierte innerasiatische Alternative, die von Stimmen aus allen Ländern Südasiens, Ostasiens und Südostasiens unterstützt wird, führt v. a. vier zentrale Argumente an. *Erstens* gibt es innerhalb aller religiös-kulturellen Traditionen Asiens auch, teilweise weit in die Tradition zurück reichende, Ansätze demokratischer Selbstbestimmung, besonders auf der lokalen Ebene, die sich immer schon auf die kulturell-religiösen Grundwerte stützen konnten. *Zweitens* kann von einer homogenen asiatischen Kultur keine Rede sein. Zum einen, weil so gut wie alle Kulturreligionen in dieser Region in bedeutender Größenordnung präsent sind und sich länder- und gesellschaftsspezifisch entfalten, zum anderen, weil all diese Traditionen historisch und gesellschaftlich vieldeutig sind und in ihrer historischen Entwicklung höchst unterschiedlichen Interpretationen unterworfen waren. *Drittens* folgt die politische Indienstnahme der »asiatischen Werte« zugunsten der Beschränkung von Menschenrechten und Demokratie gerade nicht aus einer gesellschaftlichen Beratung über ihre gegenwärtige Bedeutung, sondern allein aus dem Interesse der autoritär herrschenden Gruppen, oppositionelle Bestrebungen im eigenen Lande abzuwehren. Und viertens dürften asiatische Werte der Spiritualität, des Vorrangs der Gemeinschaftsinteressen und des Respekts vor den öffentlichen Autoritäten, sofern sie in den einzelnen Gesellschaften tatsächlich als kulturelle Hauptströmungen lebendig sind, nicht die Einschränkung liberaler Demokratie, sondern allein ihre Ergänzung durch eine sie bereichernde politische und zivilgesellschaftliche Kultur begründen. Soweit demnach verbindlichere Gemeinschaftswerte in den asiatischen Gesellschaftskulturen anzutreffen sind als in den westlichen Demokratien der Gegenwart, könne und dürfe sich das allein darin erweisen, wie die liberaldemokratischen Institutionen kulturell eingebettet und damit ergänzt, erweitert und bereichert werden.

Der einflussreiche philippinische Sozialwissenschaftler und zivilgesellschaftliche Aktivist *Walden Bello* hat das Verhältnis von »westlicher« Demokratie und Demokratisierung in anderen Kulturen auf überzeugende Weise pointiert. Er spricht ohne Zweifel im Namen vieler Repräsentanten auch der anderen Kulturen und Gesellschaften Asiens, wenn er fordert, Asien brauche künftig nicht die westliche Idee einer bloßen elitepolitischen Variante der liberalen Demokratie, sondern »substantive or social democracy, where citizens are genuinly equal because there are no sharp disparities in the access to wealth and income that allow the rich to purchase political decisions at the expense of the poor, whether this is done through illegal bribery in Thailand and the Phillipines, or, as in the United States, through legal bribery via massive corporate campaign contributions« (Bello 1999, S. 7).

Der Aufbau und die Erweiterung menschenrechtlich fundierter sozialer Demokratie durch die Überwindung der autoritären Eliteherrschaft, die Stützung des Ethos der Amtsträger gemäß asiatischen Traditionen, die Stärkung der Zivilgesellschaft, die Demokratisierung der politischen Parteien und die Wiederbelebung des traditionellen Gemeinwohlethos im öffentlichen Leben sind Forderungen erstarkenden asiatischen Demokratiebewegung. Der Ostasienwissenschaftler *Thomas Heberer* hat darauf hingewiesen, dass die Besinnung auf das Verhältnis zwischen asiatischen Werten und Demokratie in der Phase nach der ökonomischen Krise von 1997 immer mehr die Form einer Akzentverlagerung auf Demokratisierung im Rückgriff auf asiatische Traditionen anzunehmen beginnt (Heberer 2000).

Die Demokratie ist keine lokal-kulturelle Spezialität des Westens, gerade auch nicht in dem Sinne, dass ihre im Westen realisierte Form überall auf der Welt als Vorbild dienen könnte. In ihren Kerninstitutionen und ihren Grundwerten aber ist sie, wie die Demokratiebewegungen auf der ganzen Welt demonstrieren, eine universelle politische Kultur. In ihrem Rahmen können sich die genuinen kulturellen Traditionen am ehesten ungehindert entfalten.

28. Staatsbürgerschaft und kultureller Pluralismus

Theoretische Ausführungen zum Thema Staatsbürgerschaft beschränken sich häufig auf die Feststellung, dass die Staatsbürger der rechtsstaatlichen Demokratie in einem gewissen Maße in der Lage sein müssen, von ihren privategoistischen und Gruppeninteressen zu abstrahieren und am öffentlichen Diskurs in einer Perspektive der Orientierung am Gemeinwohl teilzunehmen. Für kulturell pluralistische Gesellschaften hat *Will Kymlicka* auf dieser Ebene daraus die überzeugende Schlussfolgerung gezogen, dass die Angehörigen der unterschiedlichen Kollektive fähig sein müssen, in ihrer Staatbürgerrolle den Horizont ihrer kulturellen Identitäten zu transzendieren (Kymlicka 2000, S. 35). Die eigentlichen Probleme, die damit für die Praxis aufgeworfen sind, zeigen sich aber erst, sobald diese hohe Abstraktionsebene verlassen wird und nach den genaueren Bestimmungsgründen und der konkreten normativen Ausstattung der Rolle des Staatsbürgers in rechtsstaatlichen Demokratien gefragt wird.

Der amerikanische Politikwissenschaftler *William Galston* hat den Stand der Theorie der Staatsbürgerrolle in der Demokratie für die konkrete Handlungsebene auf anspruchsvolle Weise systematisch zusammengefasst (Galston 1991, S. 221 ff.). Demnach verlangt diese die folgenden Arten von Bürgertugenden: allgemeine Tugenden wie Mut, Gesetzestreue, Loyalität; soziale Tugenden wie Unabhängigkeit und Offenheit; wirtschaftliche Tugenden der Arbeitsethik und der Anpassungsfähigkeit an den wirtschaftlichen und technischen Wandel; schließlich politische Tugenden: die Rechte Anderer zu erkennen und zu respektieren, politischen Realismus (Forderungen auf das zu begrenzen, was bezahlt werden kann), Fähigkeit zur Beurteilung der Leistungen von Amtsinhabern und Mandatsträgern und Bereitschaft zum Engagement im öffentlichen Diskurs.

Diese weitgehenden Forderungen beschreiben freilich das Ideal einer republikanischen Staatsbürgerrolle, der auch in stabilen Demokratien mit langer Tradition, wie die politische Kulturforschung immer wieder nachweist, nur eine Minderheit der Bürger wirklich nahe kommt. Sie beschreiben eher kontrafaktische Erwartungen an die Staatbürger im Lichte des republikanischen Ideals und geben eher demokratietheoretisch begründete Orientierungen für den öffentlichen Diskurs und die Lernziele des Bildungssystems, als dass sie realistische Erwartungen für eine flächendeckende soziale Kultur zum Ausdruck bringen könnten. Auch in dieser kontrafaktischen Funktion wirken sie jedoch über das Bildungssystem, die öffentliche Kommunikation und das Selbstverständnis zivilgesellschaftlicher Initiativen je nach den realen Erfahrungen der wirklichen Staatsbürger als Einflussfaktoren an der Entwicklung der politischen Soziokultur mit.

Die Minima der staatsbürgerlichen Orientierung, deren die Demokratie als sozialer Realität unbedingt bedarf, wenn ihr institutioneller Bestand gesichert werden soll und ihre funktionellen und normativen Ansprüche erfüllt werden sollen, zeigen sich eher in den Ergebnissen der politischen Kulturforschung, die nach den real fungierenden Orientierungen in stabilen Demokratien und den empirisch beobachtbaren Defiziten in labilen Demokratien fragt. Seit den ersten Studien von *Gabriel Almond* und *Sidney Verba* weisen die empirischen Forschungsergebnisse immer wieder aus, dass in einer stabilen Demokratie die große Mehrheit aller Bürger zumindest die folgenden Orientierungen in einem ausreichenden Maße habitualisiert haben muss: Vertrauen in die Mitbürger; ausreichende Kenntnisse sowie emotionale und wertgebundene Zustimmung im Hinblick auf das politische Gesamtsystem, in dem sie leben, dessen Teilhabemöglichkeiten und grundlegenden Leistungen und ihre eigene Verantwortung in ihm; aktive Toleranz; Fähigkeit zur emotional stabilen Verbindung von Konflikten in Sachfragen mit Übereinstimmung in demokratischen Grundüberzeugungen; emotionale Fähigkeit der Trennung von politischer Differenz und menschlicher Anerkennung. Dieser Minimalkatalog muss um zwei der Maßstäbe aus der Liste von Galston ergänzt werden, um auf die Bedingungen kulturell vielgestaltiger Gesellschaften bezogen werden zu können: *Erstens*, die Teilhabe am öffentlichen Diskurs des Gemeinwesens muss zumindest passiv ohne substanzielle Behinderungen möglich sein; und *zweitens*, Vertrauen, Toleranz und wechselseitige Anerkennung dürfen nicht an ethnokulturellen bzw. kulturell-religiösen Milieugrenzen Halt machen (Almond/Verba 1963).

Die konsensuellen Minima demokratischer politischer

Kultur decken sich mit einem aus der Theorie der Staatsbürgerrolle abgeleiteten Grundbestand elementarer Tugenden demokratischer Staatsbürgerschaft. Wir müssen daher in ihnen diejenigen kulturell-politischen Orientierungen sehen, die in der ganzen Gesellschaft eines demokratischen Gemeinwesens als sozial wirksame Handlungsdispositionen eingelebt sein sollten, wenn dieses funktionsfähig sein und Bestand haben soll. Alle besonderen Identitäten, die sich innerhalb einer demokratisch verfassten Gesellschaft auf kulturell-ästhetischer, ethnokultureller, ideologischer oder kulturell-religiöser Basis ausbilden, müssen die Minima der politischen Kultur der Demokratie teilen können, da diese in empirischer Sicht die Voraussetzung der nachhaltigen Systemintegration des von ihnen allen geteilten Gemeinwesens ist und in demokratisch normativer Sicht eine der Voraussetzungen für wechselseitige Anerkennung des Rechts der Selbstbehauptung ihrer besonderen Identität innerhalb des von ihnen allen geteilten Gemeinwesens.

Nur für ein republikanisches Gemeinwesen der aktiven demokratischen Selbstregierung unter Beteiligung aller wäre die kulturelle Verankerung der anspruchsvollen Orientierungen erforderlich, die Galstons Katalog aufzählt. Er dürfte als Anspruch an die gesamte Staatsbürgerschaft die tatsächlichen Möglichkeiten nicht nur kulturell vielfältiger Gesellschaften, sondern jeder komplexen Massendemokratie überfordern. Eine gemeinsame politische Kultur, in der zumindest die Orientierungen der minimalen Staatsbürgerrolle in all ihren divergenten Teilkulturen als reale Soziokultur verankert ist, ist aber eine notwendige Bedingung für die dauerhafte politische Integration demokratischen Gemeinwesens auch in kulturell pluralistischen Gesellschaften. Unter welchen Bedingungen ist sie möglich?

An dieser Stelle der Argumentation stellen sich, auf unterschiedlichen Ebenen, vier Fragen:

1. Lassen Geschichte und gesellschaftlich-politischer Status der Beziehungen zwischen den jeweils in einem Gemeinwesen betroffenen Kollektiven die Ausbildung einer solchen gemeinsamen politischen Kultur für sie alle gleichermaßen als zumutbar und daher auch erwartbar erscheinen?

2. Ist nicht schon die Zumutung der Übernahme einer solchen politischen Kultur der Demokratie ein Angriff auf die besondere kulturelle Identität bestimmter Kollektive aus der Perspektive anderer?

3. Bedeutet die Übereinstimmung in den Grundfragen einer solchen politischen Kultur letzten Endes nicht die Preisgabe des Koexistenzkonzepts Integration zugunsten von Assimilation?

4. Welche strukturellen, politischen und rechtlichen Bedingungen müssen mindestens erfüllt sein, damit die Ausbildung einer gemeinsamen politischen Kultur in kulturell pluralistischen Gesellschaften wahrscheinlich wird?

Diesen Fragen möchte ich nun Schritt für Schritt nachgehen.

Typen des Status kollektiver Beziehungen. Ob die Ausbildung einer gemeinsamen politischen Kultur der Demokratie als Voraussetzung für eine nachhaltig stabile politische Integration als realistische Perspektive angesehen werden kann, hängt zunächst von Geschichte und spezifischer Qualität der Beziehungen zwischen den ethnokulturellen bzw. kulturell-religiösen Teilgruppen der jeweiligen Gesellschaft ab. Der kanadische Multikulturalitätsforscher Will Kymlicka hat eine differenzierte Liste der insgesamt zu beobachtenden Varianten aufgestellt, weil sich in der wissenschaftlichen Diskussion der Bedingungen von Staatsbürgerschaft und Integration immer deutlicher zeigt, dass Problemlösungsstrategien in hohem Maße von der individuellen Konstellation der jeweils betroffenen Gesellschaft abhängen. Kymlicka unterscheidet:

A. Nationale Minderheiten: a) staatenlose Nationen, b) indigene Völker;

B. Eingewanderte Minderheiten: c) mit Staatsbürgerrecht oder der Berechtigung, sie zu erlangen, d) ohne Staatsbürgerrecht, e) Flüchtlinge;

C. Religiöse Gruppen: f) isolationistische, g) nichtisolationistische;

D. Sui-generis-Gruppen: h) Afroamerikaner, i) Roma, z. B. Russen in den früheren Sowjetrepubliken.

Da die genauere Betrachtung zeigt, dass die Bedingungen gesellschaftlicher und demokratischer Integration sowie die Bestimmung einer angemessenen Staatsbürgerrolle und der Spielräume für eine gemeinsame politische Kultur in all diesen Fällen variieren, müssen Antworten auf die damit gestellte Frage zu entscheidenden Teilen auf den Einzelfall bezogen werden. Für einige der Fallgruppen wären Integration, wechselseitige Anerkennung als Bürger eines geteilten Gemeinwesens und eine darauf gestützte konsensuelle politische Kultur als politisches Ziel von vornherein wenig wahrscheinlich. Unter den möglichen Varianten ethnokulturell gemischter Gesellschaften ist die Bundesrepublik Deutschland im Hinblick auf die Problemdimensionen der Integration offensichtlich einer der »leichteren« Fälle, denn sie gehört ebenso wie größere Teile der Europäischen Union zur Fallgruppe »B. Eingewanderte Minderheiten«. Auf diese Konstellation sollen die nachfolgenden Betrachtungen daher ausdrücklich eingeschränkt werden (Kymlicka 2000, S. 18 f.).

Das offizielle, selbst gesetzte Ziel für das Verhältnis von Minderheit und Mehrheitsgesellschaft in der Bundesrepublik Deutschland heißt Integration. Trotz einiger Unschärfen des Begriffs und der Notwendigkeit, für bestimmte Teilbereiche weitere Begriffe ins Spiel zu bringen, empfiehlt es sich für die grundlegende Dimension an diesem Begriff festzuhalten und ihn genau zu bestimmen.

Es ist angesichts der Grundkonstellation »eingewanderte Minderheiten« ein durchaus realistisches Ziel der öffentlichen Politik in der Bundesrepublik, denn die einwandernden Minderheiten erheben weder einen Anspruch auf einen Teil des gemeinsamen staatlichen Territoriums noch auf politische oder soziale Sonderrechte, die sie von der Aufnahmegesellschaft dauerhaft isolieren könnten. Stattdessen wandern sie als Einzelne bzw. im Familienverband ein, verteilen sich weitgehend dispers über den staatlichen eingegrenzten Siedlungsraum und sind ihrerseits selbst ganz überwiegend an der Integration in die für ihre eigenen sozioökonomischen Entwicklungschancen maßgeblichen Strukturen der Aufnahmegesellschaft interessiert.

In diesem Sinne teilen die Migranten zum größten Teil das offiziell deklarierte Ziel »Integration« der Aufnahmegesellschaft, allerdings sehr viele von ihnen verbunden mit der entschiedenen Absicht, ihre angestammte kulturell-religiöse Identität zu wahren. Diese wird freilich ihrerseits von den unterschiedlichen Teilkollektiven und Individuen aus derselben Herkunftskultur in höchst unterschiedlicher Weise bestimmt und ebenso in höchst unterschiedlicher Weise für Wandel und Verbindungen mit der Kultur der Aufnahmegesellschaft offen gehalten. Eine für alle verbindliche A-priori-Bestimmung einer gemeinsamen Identität von Kollektiven aus derselben Herkunftskultur widerspricht daher stets in krasser Form den empirischen Befunden.

29. Verbindende politische Kultur

Die Theorie der Staatsbürgerschaft und die empirische politische Kulturforschung stellen überzeugende Argumente für die Begründung der These bereit, dass eine gemeinsame politische Basiskultur auch in kulturell pluralistischen Gesellschaften für eine dauerhafte demokratische Integration sowohl notwendig wie auch möglich ist (Almond/Verba 1963). Separate Teilgesellschaften innerhalb der Demokratie, wenn sie von der die demokratische Staatsnation über alle sonstigen Unterschiede hinweg verbindenden politischen Kultur ausgeschlossen bleiben, bergen daher ein desintegratives Potenzial. Die inhaltliche Bestimmung einer solchen politischen Basiskultur ihrerseits verlangt zweierlei: die empirisch orientierte Begründung ihrer normativen Minimalgehalte und die klare Unterscheidung der alle verbindenden politischen Kultur von den pluralistisch differenzierten Lebenskulturen. Ihre Realisierung als gelebte Soziokultur ist darüber hinaus an eine Reihe anspruchsvoller Voraussetzungen gebunden.

Seit dem Beginn der politischen Kulturforschung gilt: Das Fehlen einer in ausreichendem Maße in den realen Handlungsmotivationen der Bürger verankerten demokratischen politischen Kultur muss als eine der Hauptursachen für das Scheitern institutionalisierter Demokratien angesehen werden. Im Falle eines anhaltenden Widerspruchs zwischen den realen Handlungsmotivationen der Bürger und den Anforderungen der demokratischen Institutionen ist nicht nur die integrative Kraft, sondern auch der Bestand dieser Institutionen selbst akut gefährdet. Es ist infolge der Ergebnisse dieser Forschungstradition heute kaum noch umstritten, dass für die Integration demokratischer Gesellschaften weder die institutionellen Arrangements ausreichen, die sie sich geben, noch die Rechte, die sie ihren Mitgliedern gewähren, auch wenn beide für die Stabilität von Demokratien eine bedeutende Rolle spielen. Sie sind wichtige Voraussetzungen dauerhafter Integration, entscheidend für die politische Integration aber ist letzten Endes die real gelebte politische Kultur der Kollektive, aus denen die Gesellschaft besteht, denn aus ihr speisen sich die tatsächlichen Motive des Handelns der Bürger, für oder gegen die Institutionen, im Geist der Institutionen oder für deren Gebrauch in subversiver Absicht. Die real eingelebte politische Kultur entscheidet in der politischen Alltagspraxis darüber, welcher Gebrauch von den Institutionen gemacht wird und welche Sicht die unterschiedlichen Bürger von dem Gemeinwesen, in dem sie zusammen leben, und voneinander haben, ob sie seine wichtigen Einrichtungen und Ziele kennen und diese emotional und in ihren Wertungen unterstützen, ob sie sich in einem ausreichenden Maße mit ihnen identifizieren und daher auch im Konflikt- und Krisenfalle zu ihnen stehen.

Wenn in größeren oder in besonders mobilisierten Gruppen die Unterstützung der Institutionen, Grundwerte und Ziele des Gemeinwesens, in dem sie leben, schwindet oder in Ablehnung umschlägt, sind, wie die politische Kulturforschung vielfach belegt hat, Apathie, Entfremdung oder auch Aggression die wahrscheinliche Folge. Prozesse der gesellschaftlichen und politischen Desintegration kommen in Gang. In der Regel erweist sich im Falle eines Widerspruchs zwischen beiden die politische Kultur als stärker denn die Institutionen des Gemeinwesens. Die politische Kultur als real handlungswirksames Orientierungsmuster sozialer Kollektive spielt für den Zusammenhalt oder Zerfall politischer Gemeinwesen, für Kontinuität oder Bruch ihrer Institutionen stets eine Schlüsselrolle. Während die Institutionen für die politische Systemintegration sorgen, macht erst eine gemeinsam geteilte politische Kultur die politische Sozialintegration möglich (Lockwood 1964).

Bei der Ausbildung einer politischen Kultur geht es um die kollektive Habitualisierung real wirksamer Handlungsorientierungen. In dieser Hinsicht stellen sich aus politikwissenschaftlicher und demokratiepolitischer Sicht zwei entscheidende Fragen. Die eine ist die nach inhaltlichen Standards, denen eine solche politische Kultur der Demokratie mindestens genügen muss, um ihre integrative und stabilisierende Funktion erfüllen zu können. Die andere ist die nach den fördernden und hemmenden sozialen Bedingungen der Ausbildung einer auf diese Standards bezogenen gemeinsamen demokratischen politischen Kultur in kulturell pluralistischen Gesellschaften. Dabei ist die Frage nach der Begründbarkeit solcher Normen natürlich keineswegs unbedeutend. Ihre plausible Beantwortung in öffentlichen Diskursen ist in aller Regel vielmehr eine der notwendigen Bedingungen für deren kulturelle Habitualisierung. Denn erst aus dem Zusammenspiel von Deutungskultur und Soziokultur, von öffentlich wirksamen Begründungen und kulturellen Alltagserfahrungen ergibt sich die Dynamik der Entwicklung politischer Kulturen als psychosozial wirksame Handlungsorientierungen gesellschaftlicher Kollektive (Rohe).

Jürgen Habermas betont in seinen Analysen der kulturellen Anerkennungskämpfe im demokratischen Rechtsstaat ebenfalls die Schlüsselrolle der politischen Kultur als motivationale Verankerung demokratischer Normen für die politische Integration, lässt aber offen, worin sie über die Unterstützung der bestehenden rechtsstaatlich-demokratischen Institutionen hinaus bestehen soll. Bei ihm bleibt es in der Schwebe, ob es dabei v. a. um den prozeduralen Konsens des demokratisch-rechtsstaatlichen Verfahrens geht oder doch um einen weiter gefassten Satz von Normen und Werten, die tiefer und umfassender mit der Gesamtkultur der jeweiligen Gesellschaft verflochten sind (Habermas 1996, 1997, S. 181f.). Politische Kultur, daran lässt er keinen Zweifel, muss als das für die politische Integration entscheidende Segment der Sittlichkeit konkreter Gemeinwesen verstanden werden und nicht nur als eine Forderung der politischen Moral.

Die Frage nach den für ethnokulturell bzw. kulturell-religiös pluralistische Gesellschaften notwendigen gemeinsamen Grundnormen bezieht sich daher auf den Zusammenhang und die Wechselbeziehung zwischen den drei einschlägigen Größen: den begründbaren Grundnormen des politischen Zusammenlebens in der Demokratie, den Bedingungen der Ausbildung einer ihnen entsprechenden politischen Kultur sowie dem Verhältnis zwischen dieser und den Differenzen ethnokultureller oder kulturell-religiöser Identitäten.

Politische Kultur ist in der sozialwissenschaftlichen Politikforschung zunächst ein deskriptives Konzept. Es beschreibt die Verteilung der kollektiven Orientierungen einer Gesellschaft gegenüber dem Politischen: dem politischen System, seinen Teilhabemöglichkeiten, seinen Leistungen und der Rolle des Einzelnen in ihm, mithin die soziale Realität der Staatsbürgerrolle in den tatsächlich verhaltenssteuernden Grundorientierungen der Bürger. Im Sinne der realen politischen Kultur geht es daher nicht um Normen als abstrakte Verhaltenserwartungen an den Einzelnen, sondern um die handlungswirksamen Orientierungen, soweit sie tatsächlich schon in den Motivationsstrukturen größerer Kollektive verankert sind. Freilich sind diese als kulturelle Sachverhalte Ergebnisse von Erfahrungs- und Lernprozessen, die zwar kurzfristig als handlungssteuernde Kräfte invariabel sind, sich aber unter dem Einfluss veränderter Erfahrungen längerfristig immer auch ihrerseits im Wandel

befinden, also als historische Variable erweisen. Die empirische Forschung hat seit langem gezeigt, dass sich die konkrete politische Kultur auch in ethnokulturell relativ homogenen Gesellschaften in der Regel erheblich ausdifferen-
ziert, so dass sich eine Reihe von Teilkulturen ausbilden, die
zwar durch einige Basisorientierungen miteinander verbunden sein, gleichzeitig aber in der konkreten Ausprägung der
einzelnen Orientierungen beträchtliche Differenzierungen
aufweisen können (Flaig/Meyer/Ueltzhöffer 1993).

Ein viel zitiertes Beispiel für diesen Sachverhalt war in den
ersten Jahrzehnten nach dem Zweiten Weltkrieg der Dualis-
mus des kommunistisch-säkularen und des katholischen
Milieus in der politischen Kultur Italiens, die über alle
höchst beträchtlichen Unterschiede hinweg doch beide inte-
grierter Teil des demokratischen »Verfassungsbogens« der
italienischen Republik waren (Trautmann 1984). Für die
USA wiederum ist in diesem Zeitraum eine gemeinsame politische Kultur der Demokratie konstatiert worden, die in
den wesentlichen staatsbürgerlichen Grundorientierungen
die mannigfachen ethnokulturellen Differenzen wirkungsvoll überbrückte.

An dieser Stelle der Argumentation stellen sich die beiden
Fragen:

1. Bedarf die demokratische Integration kulturell plura-
listischer Gesellschaften eines bestimmten Maßes auch an
kultureller Integration, und wie ist dieses zu bestimmen?

2. Welchen Beitrag leistet die Zivilgesellschaft und welchen leisten Parallelgesellschaften zur demokratischen politischen Integration?

30. Zivilgesellschaft und Integration

Die Zivilgesellschaft muss aus einer Reihe empirisch gestützter Gründe als die zentrale Gelegenheitsstruktur für die
Ausbildung und Selbsterhaltung der politischen Kultur angesehen werden. Dass eine verbindende politische Kultur
eine gemeinsame Sprache oder wenigstens Gelegenheiten
der fortwährenden Übersetzung als Minimalbedingung der
Möglichkeit öffentlicher Verständigung voraussetzt, ist offenkundig. Darüber hinaus aber muss ein gewisses Maß geteilten kulturellen Hintergrund- und Geschichtswissens gegeben sein, aus dem sich die spezifische kollektive politische
Identität der politischen Kultur eines Gemeinwesens speist,
denn zur politischen Kultur eines Kollektivs gehört ja auch
ein Entwurf dessen, wie man nach innen und außen gemeinsam politisch leben und handeln will. Für die Gewährleistung dieser beiden Voraussetzungen politischer Kultur ist
v. a. das Bildungssystem, im Falle von Neueinwanderern
dessen Teilbereich Weiterbildung zuständig. Selbstverständlich kann das Bildungssystem diesen ohnedies schwierigen
Teil der politisch-kulturellen Assimilation nur in dem Maße
leisten, wie es nicht seinerseits wieder kulturell fragmentiert
ist.

Wie die Forschung zum Entstehen und zur Erhaltung von
sozialem Kapital gezeigt hat, ist für die Schaffung der hand-
lungsbezogenen Orientierungen einer gemeinsamen politischen Kultur, wie Vertrauen, Verständnis- und Kooperati-
onsfähigkeit sowie Solidarität, die beständige Chance zur
Zusammenarbeit in den Foren, Initiativen, Netzwerken und
Freundeskreisen der Zivilgesellschaft ausschlaggebend, in
denen sich die eigenen Interessen der Engagierten und die
öffentlichen Interessen des Gemeinwesens überlappen (Putnam 2000). Die grundlegenden gemeinsamen Handlungs-

orientierungen, die den Kern einer alle verbindenden politischen Kultur ausmachen, können verlässlich und umfassend nur aus einer gemeinsamen Praxis des sozialen, zivilgesellschaftlichen und politischen Handelns hervorgehen und sich in ihr fortlaufend erneuern.

Die niederländischen politischen Kulturforscher *Meindert Fennema* und *Jean Tillie* haben ihre empirischen Untersuchungen zur Ausbildung politischer Kultur in kulturell pluralistischen Gesellschaften ganz auf diesen Zusammenhang von zivilgesellschaftlicher Kooperation und Ausbildung von Vertrauen als Grundorientierung demokratischer Integration gestützt (Fennema/Tillie 2001). Sie gehen davon aus, dass die Zusammenarbeit innerhalb der einzelnen Organisationen der Zivilgesellschaft zunächst in diesen selbst zur Ausbildung von Vertrauen und Sozialkapital führt und dann durch eine Vielzahl überlappender Mitgliedschaften und horizontaler Vernetzungen zwischen ihnen zu einer »Zirkulation des Vertrauens« über die ganze Bandbreite des zivilgesellschaftlichen Spektrums hinweg. Demnach sind es v. a. drei unvermittelte soziale Handlungszusammenhänge, die die Zivilgesellschaft zur primären sozialen »Werkstatt« zur Erzeugung von Vertrauen und Sozialkapital als Kernelemente einer integrierten demokratischen Kultur machen:

a) das unmittelbare verständigungsgeleitete Zusammenwirken in einer konkreten sozialen Organisation für spezielle gemeinschaftliche Zwecke mit einem dichten Netz andauernder persönlicher Interaktionsbeziehungen,

b) eine Vielfalt überlappender Mitgliedschaften einer großen Zahl aktiver Bürger,

c) die horizontale (nichthierarchische) Vernetzung der Organisationen und Initiativen innerhalb der Zivilgesellschaft.

Die damit geforderte Schaffung von Lebenswelten und zivilgesellschaftlichen Handlungsfeldern, die prinzipiell von allen Teilen der Gesellschaft geteilt werden, ist eine anspruchsvolle, aber notwendige Bedingung für die demokratische politische Integration. Sie ist eine unverzichtbare Gelegenheitsstruktur, um dasjenige Maß an wechselseitigem Vertrauen und an Solidarität entstehen zu lassen, das der politischen Kultur der Demokratie als Energie, Grundorientierung und Bindekraft zugrunde liegt. Vertrauen und ein ausreichendes Maß an verbindendem sozialen Kapital sind das Fundament für die politische Kultur der Demokratie. In dem Maße, wie sich daher tatsächlich ethnokulturelle bzw. kulturell-religiöse Parallelgesellschaften innerhalb von demokratisch verfassten Staatsnationen entfalten, ist aus den dargelegten Gründen zu erwarten, dass sie als systematische Hindernisse sowohl für die Ausbildung einer verbindenden politischen Kultur wie auch für den Prozess der gesellschaftlichen und politischen Integration wirksam werden. Sie erzeugen, je vollständiger und geschlossener sie sind, in umso stärkeren Maße eine für die demokratische Integration höchst problematische Form der ausschließenden Gruppensolidarität, die *Robert Putnam* im Gegensatz zu dem verbindenden *bridging social capital* mit dem Terminus *bonding social capital* bezeichnet hat. Sie erzeugen eine Art von interner Solidarität, die die ethnokulturellen oder kulturell-religiösen Gruppen einander entfremdet.

Parallelgesellschaften stellen in dieser theoretischen Perspektive Gelegenheitsstrukturen für die dauerhafte Entfremdung der kulturell verschiedenen Kollektive der Gesellschaft dar. Ihre Ausbildung ist nicht in jedem Falle an streng segregierte Wohnbezirke gebunden. Sie können sich ebenso gut durch ein dichtes und ausschließendes Netzwerk »eigenethnischer« Gruppenbeziehungen aus verstreuten Wohnlagen heraus oder durch die ausschließliche Nutzung »eigenethnischer« Kommunikationsmedien ausbilden.

Integration kann in empirischer Perspektive nur als ein

längerfristiger zielgerichteter Prozess verstanden werden, der die Identitäten aller Beteiligten verändert. Sein Gelingen hat zahlreiche Voraussetzungen. Dazu gehören neben den in der politischen Kultur der Demokratie und ihrer Staatsbürgerrolle begründeten normativen Zielwerten v. a. auch empirische Erfolgsbedingungen. Die erste besteht in der Anerkennung einer bestimmten Wechselseitigkeit, nämlich des Sachverhalts, dass Integration nichts anderes sein kann als ein multidimensionaler Prozess, in dem Formen der wechselseitigen Anerkennung und der wechselseitigen Selbstveränderung auf aktive und bewusste Weise in ein Verhältnis zueinander gesetzt werden. Schon die Notwendigkeit der wechselseitigen Anerkennung der Verschiedenen mutet allen Beteiligten ein bestimmtes Maß an Selbstveränderung zu. Im Verlaufe des Prozesses gelingender Integration entsteht ja insgesamt gesehen etwas Neues, die Einstellungen aller werden beeinflusst und zum großen Teil auch verändert, weil es um mehr geht als die bloß duldende Koexistenz der Verschiedenen in ihrer ursprünglichen Verfassung, dem also, was Habermas in diesem Zusammenhang »Artenschutz« genannt hat (Habermas 1997).

Die wechselseitige Beeinflussung reicht aber tiefer und betrifft sogar die Inhalte der politischen Kultur selbst. Es war wiederum *Jürgen Habermas*, der darauf hingewiesen hat, dass die Aufnahmegesellschaft zwar berechtigt ist, Eintrittsbedingungen für Migranten im Sinne der politischen Kultur des demokratischen Rechtsstaates verbindlich zu machen. In diesem Rahmen ändert sich aber mit dem Eintritt von Menschen unterschiedlicher kultureller Identität die gesellschaftliche »Grundgesamtheit« der betreffenden Staatsnation, die über die kollektive politische Identität fortan legitimerweise zu befinden hat, und damit voraussichtlich auch der konkrete Inhalt der politischen Kultur.

Auch in dieser Hinsicht sind es nicht homogene Identitätsfiktionen, sondern das Konzept der Transkulturalität, das am ehesten in der Lage ist, die komplexen Wechselbeziehungen im Prozess der Integration zu beschreiben. Zu unterscheiden sind dabei zwei Einflussebenen und zwei Einflussrichtungen. Auf der Ebene der politischen Kultur verlangt Integration mithin ein bestimmtes Maß an Assimilation – und zwar in beiden Richtungen: Die *erste* Richtung weist auf die ursprüngliche Mehrheitskultur hin, weil allen Migranten zumindest die Übernahme der Grundnormen und der rechtsstaatlichen Demokratie mitsamt den zugehörigen Orientierungen zugemutet wird; in der *zweiten* Richtung mutet der durch die politische Integration entstehende kulturelle Pluralismus nunmehr dem ursprünglichen Kollektiv der Aufnahmegesellschaft zu, fortan die gemeinsame politische Identität der Staatsnation unter gleichberechtigter Teilhabe der zu Staatbürgern gewordenen Migranten zu bestimmen. Das führt – freilich weiterhin in den Grenzen der Normen der rechtsstaatlichen Demokratie – vermutlich immer zu einer neuen kollektiven Identität, in der sich alle Staatsbürger wiederfinden können.

Habermas spricht von einer ethischen Imprägnierung der politischen Kultur und meint damit den Sachverhalt, dass die Entwürfe kollektiver Identität einer Staatsnation immer in einem bestimmten Maße durch ihre gemeinsame Geschichte und deren symbolische Interpretation sowie gemeinsame Entscheidungen darüber, wie diese Geschichte fortgesetzt werden soll, geprägt sind. Das setzt voraus, dass alle Staatsbürger einen ausreichenden Teil dieser Geschichte und ihrer symbolischen Verarbeitung überhaupt kennen. Insofern muss von allen Migranten, die die Eintrittsbedingung als Staatsbürger erfüllen wollen, dieses Maß an Kenntnis der Kultur des Aufnahmelandes und Identifikation mit ihr erwartet werden. Ein Stück weit greifen also die Voraussetzungen für Integration auf der Ebene der politischen Kultur auf die Ebene der allgemeinen Kultur über und beziehen sie mit ein. Habermas lässt letztlich offen, wie eine ethische Imprägnierung der politischen Kultur möglich sein soll, ohne eine gewisse Assimilation auf der Ebene der ethisch-kulturellen Identität selbst vorauszusetzen. Er bleibt auch unentschieden zwischen dieser Lesart und einer anderen, wonach politische Kultur in der rechtsstaatlichen Demokratie in der Hauptsache nur die gemeinsame Verinnerlichung der demokratischen Prozeduren ist. *Hartmut Esser* hat nun zu Recht eine sensible Frage aufgeworfen, die im Hinblick auf die Konstitutionsbedingungen einer gemeinsamen politischen Kultur der Demokratie in kulturell pluralistischen Gesellschaften zugespitzt lauten muss: Welches Maß und welche Art kultureller Konvergenz der Identitäten selbst verlangt die zuverlässige Ausbildung einer solchen politischen Kultur der Demokratie (Esser 2001, S. 89)? Offensichtlich ermöglicht erst ein breiterer Horizont geteilten kulturellen Verständnisses und Wissens sowie gelungener kultureller Identifikation die zuverlässige Ausbildung einer gemeinsamen politischen Kultur. Dies Grenzen sind hier ihrer Natur nach fließend und, soweit ihre Bestimmung aus praktischen Gründen unumgänglich ist, immer nur auf der Basis gemachter Erfahrungen in Aushandlungsprozessen zu ziehen.

31. Identität und Differenz in der Zivilgesellschaft

Notwendige Normen des Zusammenlebens in kulturell pluralistischen Gesellschaften entfalten ihre integrative Wirkung erst in dem Maße, wie sie als Bestandteile einer gemeinsam geteilten politischen Kultur habitualisiert und damit in die realen Handlungsmotivationen der Menschen eingelassen sind. Eine notwendige, wenn auch bei weitem nicht die hinreichende Bedingung dafür ist die Begründbarkeit dieser Normen gegenüber allen ihren Adressaten und letztlich die aktive Teilhabe aller Adressaten als Mitautoren im Prozess ihrer Definition selbst. In seiner Auseinandersetzung mit Charles Taylor über die Frage, ob eine individualrechtliche Grundlage allein zur Begründung der Rechte und Pflichten kultureller Minderheiten ausreicht, macht Habermas deutlich, dass schon am Prozess der Bestimmung dieser Grundnormen selbst sowie der Rechte und Pflichten des Einzelnen alle Staatsbürger teilnehmen können müssen, die von ihnen betroffen sein werden. Nur wenn die Adressaten der Normen zugleich auch ihre Autoren sind, also die Grenzen der privaten Autonomie der Selbstbehauptung kultureller Lebensformen aller Staatsbürger in einem Prozess der gemeinsam ausgeübten öffentlichen Autonomie gezogen werden, können diese legitime Geltung beanspruchen und als individualrechtliche Normen ohne Widerspruch zu den Legitimationsgrundlagen der rechtsstaatlichen Demokratie Geltung erlangen. Die Normen, die eine kulturell pluralistische Gesellschaft also braucht, damit sie nicht auseinander fällt, können letzten Endes daher verbindlich und mit Aussicht auf kulturelle Habitualisierung von der Gesamtheit ihrer Staatsbürger begründet werden – allerdings nur im Rahmen der rechtsstaatlichen Demokratie.

Die breitenwirksame soziale Verankerung derjenigen Staatsbürgerrolle, die den Anforderungen der politischen Kultur der Demokratie entspricht, vollzieht sich in drei Dimensionen: erstens Status, zweitens Identität, drittens Handlungsorientierung (Kymlicka 2000, S. 30f.). Für die Ausbildung einer gemeinsamen politischen Kultur der Staatsbürger sind demnach alle Erfahrungsdimensionen und deren Wechselbeziehung von Bedeutung, die auf diese Dimensionen Einfluss nehmen können: das Bildungssystem,

politische Entscheidungen über die Definition und die Ge-
währung des Staatsbürgerstatus, die lebensweltlichen und
zivilgesellschaftlichen Gelegenheitsstrukturen gemeinsamer kultureller Erfahrungen und die materielle Integration
in die gesellschaftlichen Teilsysteme.

Von beträchtlicher Bedeutung ist darüber hinaus aber, wie
Jürgen Habermas dargelegt hat, die Erlangung des fakti-
schen Staatsbürgerstatus, denn erst mit Mitwirkung der
Migranten an der Weiterentwicklung der nunmehr gemeinsamen Rechtsordnung und der Definition der rechtlichen
Spielräume für die Selbstbehauptung der Integrität ihrer diversen kulturellen Lebensformen können sie diese Rechte in
einer für sie akzeptablen Form konkretisieren und damit
ihre vorbehaltlose Identifikation mit ihr ermöglichen.

Ruud Koopmans und *Paul Statham* haben gezeigt, dass
für das politisch kulturelle Selbstverständnis der Staatsbürgerrolle nicht nur die Erlangung der Staatsangehörigkeit
überhaupt von Bedeutung ist, sondern darüber hinaus auch
die spezifische kulturelle Begründung für die Staatsangehörigkeit, die ein Staat offiziell benutzt (Koopmans/Statham
2001). Die bis vor kurzem in Deutschland übliche und der
Rechtspraxis auch tatsächlich zugrunde gelegte Begründung
der Staatsbürgerschaft aus dem Ius sanguinis einer ethnisch
homogenen Gesellschaft erzeugt eine Gelegenheitsstruktur,
die die verschiedenen Migrantenkollektive dazu drängt, sich
in erster Linie in nationalstaatlichen Begriffen als Ausländer
zu definieren, deren Hauptidentitätsquelle das Herkunfts-
land bleibt. Dieses Dilemma ist durch das neue Staatsbür-
gerecht aus dem Jahr 2000 und seine Begründung im Ansatz
korrigiert. In rechtlicher und kultureller Hinsicht ist damit
ein Haupthindernis für die Entwicklung eines angemessenen Staatsbürgerverständnisses in der Dimension Status beseitigt. Die Möglichkeit zur Erlangung des Staatsbürgerstatus für die in Deutschland lebenden Migranten ist damit

wesentlich erleichtert und durch die veränderte Definition des Staatsbürgerschaft zugleich eine neue Gelegenheitsstruktur geschaffen, die eher zu einer Selbstdefinition der Migranten als ethnisch-kultureller bzw. kulturell-religiöser Minderheiten im Rahmen einer gemeinsamen nationalen Aufnahmegesellschaft einlädt.

Spätestens seit sich nun auch die Bundesrepublik Deutschland offiziell als Einwanderungsland versteht, ist die Integration der Migranten zum politischen Programm geworden (Kommission Zuwanderung 2001). Es bleibt dabei zunächst eine offene Frage, ob innerhalb der Kollektive der Migranten und innerhalb der Aufnahmegesellschaft unter »Integration« wenigstens annähernd dasselbe verstanden wird. Begrifflich und in der Sache ist nämlich weitgehend ungeklärt, ob sich die beiden Zielsetzungen der Integration und der Wahrung einer von den kulturellen Identitätsmustern in der Aufnahmegesellschaft höchst unterschiedlichen ethnokulturellen bzw. kulturell-religiösen Identität dem Anspruch nach und in der sozialen Lebenspraxis miteinander vereinbaren lassen. Es scheint in der gegenwärtigen Diskussion sogar fraglich geworden zu sein, ob »Integration« überhaupt als inhaltlich bestimmter Leitbegriff gelten kann. Das *Zentrum für Türkeistudien* verwendet in einem Gutachten den Begriff als Gattungsbezeichnung für die unterschiedlichen Arten des Verhältnisses von Minderheits- und Mehrheitsgesellschaft und unterscheidet dabei die folgenden Möglichkeiten:

1. Assimilation: Teilhabe bei hohem Grad der Aneignung der Werte der Aufnahmegesellschaft.

2. Inklusion: Teilhabe trotz Beibehaltung der Werte der Herkunftsgesellschaft.

3. Exklusion: mangelnde gesellschaftliche Teilhabe trotz Aufgabe der Werte der Herkunftsgesellschaft.

4. Segregation: mangelnde Teilhabe bei Konservierung

der Herkunftskultur und eventuell Etablierung eigen-ethni-
scher Infrastrukturen (Sen/Sauer/Halm 2001, S. 3).

»Integration« selbst kann demnach nur mehr in einer dieser vier Formen in Erscheinung treten.

Der Aussiedlerbeauftragte der Bundesregierung hingegen bekräftigt eine in den öffentlichen und wissenschaftlichen Diskursen eingebürgerte Begriffsverwendung, wonach
sich Integration in der Hauptsache auf Chancengleichheit
der Teilhabemöglichkeiten bezieht: »Das Ziel der Integration von Einwanderinnen und Einwanderern in unsere Gesellschaft muss die gleichberechtigte Teilhabe am ökonomischen, sozialen, politischen und kulturellen Leben sein.
Integration setzt voraus, dass sich die Aufnahmegesellschaft
für die kulturellen Wurzeln der Migranten interessiert und
im Sinne einer offenen Gesellschaft bereit ist, sich mit diesen
kulturellen Wurzeln auseinander zu setzen. So verstanden
befruchtet das kulturelle Erbe der Migranten auch die Aufnahmegesellschaft« (Welt 2001, S. 34). Integration ist demnach ein spezifisches Modell der Beziehungen zwischen Migranten und Aufnahmegesellschaft, nämlich ein interaktiver
Prozess der wechselseitigen Beeinflussung divergenter Kulturen auf der Basis gleicher Teilhabechancen an den gesellschaftlichen Teilsystemen für alle.

Bundespräsident *Johannes Rau* unternimmt kraft Amtes
beharrliche Versuche, auf die Entwicklung der politischen
Kultur der Bundesrepublik Einfluss zu nehmen mit der gewichtigen Chance, einen nachhaltigen Fokus für die Diskussion des Themas in der Öffentlichkeit und im gesamten Bildungssystem zu setzen: »Integration: Das bedeutet nicht
Entwurzelung und gesichtslose Assimilation. Integration ist
auch die Alternative zum beziehungslosen Nebeneinander
unvereinbarer Kulturen. Integration: Das ist die immer wieder zu erneuernde Bindung aller an gemeinsame Werte. Wer
dauerhaft in Deutschland leben will, braucht seine Herkunft

nicht zu verleugnen. Er muss aber bereit sein, eine offene
Gesellschaft nach dem Leitbild des Grundgesetzes mitzuge-
stalten.« Es geht darum, dass Mehrheit und Minderheit »ein
Wir-Gefühl entwickeln, das beide bindet und verbindet«
(Rau 2000). Rau deutet an, dass gelungene Integration neben
der gleichen Teilhabechance im Bereich der politischen Kultur zwei Maßstäben gerecht werden muss: dem Konsens der
politischen Grundwerte von Demokratie und offener Gesellschaft als internalisierter Orientierung und der Bereitschaft zur Übernahme einer aktiven Staatsbürgerrolle im
politischen Gemeinwesen der Aufnahmegesellschaft. Er
geht davon aus, dass die Wahrung einer an der Herkunftsgesellschaft orientierten kulturellen Identität der Migranten zu
diesen anspruchsvollen Zielen nicht in Widerspruch steht.

Der Sozialwissenschaftler *Hartmut Esser* versucht hingegen im Rahmen einer sehr genauen soziologischen Begriffs-
differenzierung zu zeigen, dass Integration als Chancengleichheit, also Assimilation (Angleichung) auf der Ebene
der Teilhabemöglichkeiten in den gesellschaftlichen Teilsystemen, in einer illusionslosen empirischen Betrachtung auch
die weitgehende kulturelle Assimilation voraussetzt. Dafür
nennt er zwei Gründe. *Erstens* setzt Integration als strukturelle Assimilation in den gesellschaftlichen Teilsystemen die
Beherrschung »kultureller Fertigkeiten voraus, die im Bildungssystem und durch dichte Interaktion in der Aufnahmegesellschaft erworben werden müssen, aber gerade kulturell nicht neutral sind, sondern durch und durch von der
Aufnahmegesellschaft bestimmt«. Ohne eine »gewisse Leitkultur«, also kulturelle Assimilation, sei daher Integration
nicht zu erwarten (Esser 2001, S. 89). *Zweitens* sei davon
auszugehen, dass eine dauerhafte Mehrfachintegration sowohl in die Kultur der Aufnahme- wie der Herkunftsgesellschaft fast alle Menschen überfordere. In diesem Sinne
könne es in der Lebenspraxis unabhängig von allen theore-

tisch begründbaren Modellen realistischerweise nur um
Assimilation gehen: den Erwerb möglichst umfassender
Teilhabefähigkeiten durch Übernahme der Kultur der Auf-
nahmegesellschaft.

Die im Prinzip sinnvolle analytische Unterscheidung des
Zentrums für Türkeistudien hat zwei Mängel. Sie erscheint
im Hinblick auf die Variable »Werte der Herkunftsgesellschaft« in doppelter Weise zu statisch angelegt und lässt
überdies eine für die Frage der politischen Integration wichtige Unterscheidung außer Acht. Sie ist zu statisch, da zum
einen »die Werte der Herkunftsgesellschaft« ihrerseits in
den verschiedenen Minderheitengruppen in höchst unterschiedlicher Weise interpretiert und im Aufnahmeland ak-
tualisiert werden, und zum zweiten ist eher als die bloße Erhaltung der Werte der Herkunftsgesellschaft eine Reihe
unterschiedlicher Synthesen zwischen ihnen und den Werten der Aufnahmegesellschaft für die reale Situation charak-
teristisch. Insbesondere aber umgeht diese Typisierung die
demokratietheoretisch gerade entscheidende Möglichkeit
einer Differenzierung zwischen der Übernahme von Elementen der politischen Kultur der Aufnahmegesellschaft bei
Beibehaltung der Lebenskultur des Herkunftslandes. Aus
demokratietheoretischer Sicht wird aber, wie auch im Modell des Bundespräsidenten, gerade eine Form der Integration angestrebt, die die Entwicklung einer gemeinsamen politischen Basiskultur der Demokratie zwischen allen in ihr
zusammen lebenden Gruppen mit toleranter Freiheit für die
Wahl der Lebenskultur der verschiedenen Gruppen produktiv verbindet. Auch Esser betont, dass die theoretische
oder normative Betrachtung der Integration sich auf die
Frage der strukturellen Assimilation, also der Angleichung
der Teilhabechancen, beschränken und dabei für die ohnehin hochgradig individualisierten modernen Gesellschaften
offen lassen kann, wie sich unter der Bedingung ihrer Ge-

währleistung die individuellen kulturellen Identitäten darüber hinaus tatsächlich entwickeln.

Um diese Differenzierung überhaupt begrifflich unmissverständlich zum Ausdruck bringen zu können, ist der Grundbegriff »Integration« nicht als Gattungsname für die überhaupt möglichen Varianten, sondern als Bezeichnung für einen bestimmten Typ des Wechselverhältnisses von Aufnahmegesellschaft und Migranten weiterhin unverzichtbar. Er bezeichnet dann allerdings denjenigen Typ dieses Wechselverhältnisses, bei dem nicht nur die gleichberechtigte Teilhabe aller an allen gesellschaftlichen Teilsystemen ermöglicht, sondern auch eine gemeinsame politische Kultur der rechtsstaatlichen Demokratie ausgebildet worden ist. In diesem Rahmen kann und muss gelungene Integration es dann den beteiligten Individuen und Kollektiven überlassen, wie sie ihre lebenskulturelle und weltanschaulich-religiöse Identität bestimmen wollen. Für alle kulturellen Differenzen, die sich in diesem Rahmen ergeben, verlangt positive Integration in der politischen Kultur des demokratischen Rechtsstaates nicht nur duldende Toleranz, sondern aktive Anerkennung.

Benjamin Barber hat zu Recht darauf verwiesen, dass das für die politische Kultur der rechtsstaatlichen Demokratie unerlässliche Wechselverhältnis von Assimilation auf der Ebene der politischen Kultur und Differenz auf der Ebene der ethnokulturellen bzw. kulturell-religiösen Lebensweisen ein im engeren Sinne kommunitaristisches Konzept der Zivilgesellschaft ausschließt, sofern dieses kulturell-religiöse Gemeinschaft zur Voraussetzung tragfähiger politischer Kooperation überhaupt machen will (Barber 1998, S. 22 ff.). Entscheidend ist im Gegenteil gerade die systematische Entkoppelung von zivilgesellschaftlicher Kooperation und kultureller Differenz, die nur ein liberales Konzept der Zivilgesellschaft zu leisten vermag.

32. Politische Kultur und kultureller Pluralismus

Die Normen, die eine institutionelle Demokratie braucht, um auf die Dauer lebensfähig zu sein, sind also Normen der politischen Kultur. Dies ist der empirische Befund. Die rechtsstaatliche Demokratie würde im Übrigen ja auch in dem Maße mit sich selbst in Widerspruch geraten, wie sie über diejenigen Normen hinaus, die die autonomen Entfaltungsspielräume der in ihr Lebenden sichern sollen, auch noch kulturelle Regeln der Lebensweise selbst verbindlich machen wollte. Ein solcher Übergriff wäre der erste Schritt in ein fundamentalistisches Kulturverständnis, das nicht nur die Regeln der Moral und des Rechts für alle verbindlich machen will, sondern darüber hinaus der spezifischen Ethik eines der miteinander lebenden Kollektive Verbindlichkeit für die anderen zusprechen will. Auch die normative Theorie der rechtsstaatlichen Demokratie schließt jede Forderung als illegitim aus, die kulturelle Normen über das für ihre Bestandssicherung erforderliche qualitative und quantitative Maß hinaus verbindlich machen will.

Die politische Kultur ist jedoch ein durch und durch mit der allgemeinen Kultur verwobener Teil der Gesellschaft, sie ist, wie Habermas sagt, ethisch imprägniert (Habermas 1997, S. 178). Sie umfasst zum einen diejenige Teilmenge der Einstellungen, Orientierungen, Emotionen, Werturteile, Kenntnisse und Verhaltensdispositionen der allgemeinen Kultur, die sich speziell auf politische Objekte beziehen. Sie schließt aber auch einen gemeinsamen Entwurf dessen ein, was die Staatsnation als ihre politische Identität und als das gemeinsame Sinnzentrum ihres politischen Handelns betrachtet. Zur Klärung dieser Zusammenhänge muss auf das Drei-Ebenen-Modell kultureller Binnendifferenzierung zurückgegriffen werden. Zu unterscheiden sind:

1. die Ebene der metaphysischen Sinngebungen und Heilserwartungen (*ways of believing*),
2. die Ebene der individuellen und kollektiven Lebensführung, also der Lebensweisen und der Alltagskultur (*ways of life*),
3. die Ebene der sozialen und politischen Grundwerte des Zusammenlebens mit anderen (*ways of living together*).

Das Verhältnis der Ebenen zueinander befindet sich stets in einem Prozess des Wandels, in dem die Festlegungen, Normen, Überzeugungen und Gewohnheiten der unterschiedlichen Ebenen zwar miteinander in Wechselwirkung bleiben, aber dennoch ein erhebliches Maß an Unabhängigkeit, bis hin zur vollständigen Verselbständigung gegeneinander entwickeln können.

In empirischer Betrachtung sind Kulturen dynamische Diskursräume, die sich je nach Erfahrungen, Konflikten, Außeneinflüssen intern hochgradig ausdifferenzieren, so dass unterschiedliche Kollektive bzw. Milieus dieselben Traditionen jeweils in ganz unterschiedlicher, mitunter sogar entgegengesetzter Weise weiterführen. Der Prozess der Differenzierung findet auf allen drei kulturellen Ebenen statt, obgleich die allgemeinste Ebene der Sinn- und Heilserwartungen häufig besonders kontinuierlich ihren, wenn auch mit der Zeit ausgedünnten, Vorrat an Identitätsangeboten zur Verfügung stellt. In diesem dynamischen Prozess spielen auch in der Gegenwart, wie im Übrigen ja in der Geschichte immer schon, kulturelle Außeneinflüsse und infolgedessen Formen der Synthese zwischen der eigenen Überlieferung einer Kultur und Elementen des »Anderen« eine beträchtliche Rolle.

Der normative Funktionssinn der rechtsstaatlichen Demokratie besteht nun gerade darin, die Festlegungen auf der dritten Ebene (Institutionen sowie soziale und politische Grundwerte) so zu treffen, dass ein möglichst großer Spielraum der Entscheidungsfreiheit auf den Ebenen 1 (Religion) und 2 (Alltagskultur und Lebensführung) entsteht. Diese beiden Ebenen der privatautonomen Handlungsfreiheit sind der Entscheidung und Verantwortung der Individuen und gesellschaftlichen Kollektive vorbehalten. Die politische Kultur der Demokratie kann sich demnach legitimerweise explizit nur auf Übereinstimmungen auf der Ebene 3 beziehen, also auf die sozialen und politischen Grundwerte des Zusammenlebens und des Schutzes der Individuen und Minderheiten. Der Funktionssinn der rechtsstaatlichen Demokratie besteht mithin in der Festlegung desjenigen Minimums auf der Ebene 3, das das Maximum an Differenz auf den Ebenen 1 und 2 gewährleisten und nachhaltig verbürgen kann. Diese Garantien kann die rechtsstaatliche Demokratie allerdings nur geben, weil und solange die Grundwerte der Ebene 3 durch die Art und Weise der kulturellen Identitätsbildung und Praxis auf den anderen beiden Ebenen nicht in Frage gestellt wird.

Fundamentalistische oder essentialistische Formen kultureller Identität verträgt die Demokratie daher prinzipiell nicht. Diese können aber auch in der empirischen Realität keiner der kulturell-religiösen Traditionen der Gegenwart den Anspruch erheben, die authentische, geschweige denn allein legitime Form der kulturellen Selbstbehauptung derjenigen Tradition zu sein, in deren Namen sie sprechen. Alle großen kulturell-religiösen Traditionen differenzieren sich seit langem u. a. in einen traditionalistischen und einen modernisierenden Zivilisationsstil der Interpretation der Überlieferung, gegen die der Fundamentalismus als dritte Hauptströmung sich wendet. Kulturelle Identität gibt es aus diesen Gründen auch innerhalb der großen kulturell-religiösen Traditionen empirisch immer nur im Plural.

In den rechtsstaatlichen Demokratien der Gegenwart sind es nicht nur die von allen zu achtenden Regeln der Moral, der Gleichheit der Person und ihrer Würde und der wechselseitigen Anerkennung, die den Raum für die Selbstbehauptung divergenter Lebensführung und Glaubensüberzeugung, also für die Entfaltung der konkurrierenden Zivilisationsstile der Aktualisierung gemeinsam geteilter kultureller Orientierungen erst schaffen. Auch die wesentlich weiter gehenden konkreten Werte und Normen der politischen Kultur der Demokratie in einer gegebenen Gesellschaft, also ein wichtiger Teil ihrer gelebten Sittlichkeit, gehören zu den ermöglichenden Bedingungen des kulturellen Pluralismus. Weil sie die Bedingung für Autonomie und Selbstbehauptung der unterschiedlichen Identitäten sind, können beide nicht ohne Selbstwiderspruch von diesen partikulären Identitäten her selbst wieder in Frage gestellt werden. Eine partikulare Kollektivethik bzw. Weltanschauung an die Stelle von Moral, Recht und der Sittlichkeit der politischen Kultur des demokratischen Rechtsstaats zu setzen, die für alle gelten, definiert gerade den Kern des modernen Fundamentalismus und schließt ihn darum als legitimen Teilhaber am kulturellen Pluralismus aus. Sobald nun aber der Anspruch auf eine Leitkultur innerhalb der Demokratie erhoben wird, die Festlegungen auf den Ebenen 1 oder 2 für alle BürgerInnen treffen will, die über das für die gemeinsame politische Kultur Unerlässliche hinausgehen, werden die Ansprüche der rechtsstaatlichen Demokratie verletzt und damit im Kern schon der fundamentalistische Übergriff auf die Rechte und anerkennungsfähigen Identitäten anderer von Seiten der Mehrheitskultur selbst vollzogen.

Die »Leitkultur«, die eine rechtsstaatliche Demokratie von Rechts wegen für alle Bürgerinnen und Bürger als Orientierung verbindlich machen kann und auf deren Verankerung in der Gefühls- und Denkwelt ihrer Bürgerinnen und Bürger sie u. a. im Bildungssystem hinwirken muss, um die Voraussetzungen ihres eigenen institutionellen Bestands zu sichern, dürfen daher den Kernbestand der politischen Kultur, also der Ebene 3 nicht überschreiten. Auch empirisch gesehen werden nicht begründungsfähige Überschreitungen dieser Ebene gerade Distanz und Entfremdung der betroffenen Gruppen gegenüber der Demokratie schaffen und damit deren Stabilität und Existenzbedingungen untergraben. Die rechtsstaatliche Demokratie bedarf keiner Übereinstimmungen auf der Ebene 1 und auf der Ebene 2, nur deren prinzipielle Verträglichkeit mit der Ebene 3, und sie beschädigt ihre eigenen Legitimationsbedingungen, wenn sie darüber hinausgehende Forderungen erhebt.

Die Menschen- und Bürgerrechte, die den Raum für die Privatautonomie auf den Ebenen 1 und 2 konstituieren und die auf der Ebene 3 begründet und garantiert werden, können nur individuelle Rechte sein und keine kollektiven, für deren Vermittlung und Verwaltung kulturelle oder religiöse Kollektive benannt werden, in deren Namen Repräsentanten Inhalte definieren, Grenzen ziehen und Kontrollfunktionen wahrnehmen. Nur die einzelne Person kann die Verbindlichkeiten, Praktiken und Zugehörigkeiten, die auf diesen Ebenen eine Rolle spielen, letztinstanzlich für sich selbst entscheiden. Sie muss jederzeit das Recht und die gesicherte soziale Chance haben, ihre Personenrechte gegebenenfalls gerade auch gegen unerwünschte Zumutungen von Repräsentanten des »eigenen« ethnokulturellen bzw. kulturell-religiösen Kollektivs behaupten zu können, dem sie zugerechnet wird oder dem sie sich selbst zurechnet. Einen »Artenschutz« für bestimmte Gestaltungen kultureller Lebensweisen, unabhängig von dem, was die unterschiedlichen Individuen in ihrer Lebenspraxis daraus machen möchten, kann es in der rechtsstaatlichen Demokratie darum nicht geben (Habermas 1997, S. 171 ff.).

Dieser Vorrang der individuellen Rechte für das Zusammenleben kulturell Verschiedener in einem gemeinsamen

genen Gruppe und Orientierung hinweg, Züge einer politischen Kultur, die alle in ein und demselben demokratischen Gemeinwesen zusammenlebenden Menschen miteinander teilen. Auf dieser Basis aber wird es auch zwischen den verschiedenen Milieus der unterschiedlichen Kulturen, gerade auch des Islam in der Bundesrepublik, und den Milieus anderer kultureller Traditionen eine Fülle von Verschiedenheiten und eigensinnigen Ausprägungen geben, in denen die Grundwerte der Demokratie in höchst unterschiedlicher Weise zum Ausdruck kommen: zwischen einer eher basisdemokratischen und einer autoritären Variante von Demokratie, zwischen einer egalitären und einer auf Differenz bedachten Orientierung.

Selbst die in anderer Hinsicht für das niederländische *Versäulungsmodell* der ethnischen Kollektive sehr eingenommene Amsterdamer Fallstudie von *Fennema* und *Tillie* lässt kritisch durchblicken, dass die Politik einer großzügigen staatlichen Förderung ethnischer Selbstorganisation bis hin zur Gründung eigenethnischer Schulen auf der Basis der einheitlichen kollektiven Zuordnung diese Formen von relativ homogenen, ethnisch geschlossenen »Parallelgesellschaften« überhaupt erst hervorgebracht hat (Fennema/Tillie 2001). Es handelt sich bei dem Ergebnis dieser Politik offenbar im Habermas'schen Sinne um eine Art »Artenschutz«, der eben nur denen zugute kommt, die sich als Individuum der von den Führungen jeweils definierten Art zurechnen. Es ist nach allem, was wir empirisch über die zunehmenden internen Differenzierungsprozesse kultureller Identitäten wissen, kaum anzunehmen, dass diese Art institutionell forcierter Identitätsbildung eine nachhaltige Strategie der sozialen und politischen Integration sein kann.

Die harten Grenzen der Institution und der Demokratie und die Minima einer alle verbindenden politischen Kultur, auf die die Demokratie um ihrer eigenen Lebenschancen

willen hinwirken muss, sind eindeutig. Wer gegen die
Grundwerte der Menschenrechte und Demokratie selbst
Stellung bezieht, hat in der Demokratie keinen legitimen
Platz, wie immer seine religiösen und kulturellen Rechtfer-
tigungsversuche auch lauten mögen. Darum kann der Dialog der Religionen und Kulturen weder ziel- noch bodenlos
sein. Die Orientierung auf eine gemeinsame politische Kultur der Demokratie gibt ihm Sinn und Richtung. Allerdings
muss auch die Grenze nach der anderen Seite klar gezogen
werden. Wer eine der kulturell bedingten Lebensformen in
der Demokratie zur Leitkultur für alle machen will, verletzt
selber die Grundnormen der rechtsstaatlichen Demokratie.
Eines der Hauptergebnisse der politischen Kulturforschung
besteht auch darin: Politische Kultur lernt man nicht im Un-
terricht, in Seminaren oder beim Anhören großer Reden,
sondern in der Alltagspraxis konkreter Lebenserfahrungen.
Wenn Demokratie die Chance zur gleichberechtigten Teilhabe und zum toleranten Zusammenleben nicht bietet, dann
schafft sie auch nicht die Kultur, die sie verlangt und zum eigenen Überleben braucht.

33. Risiko Parallelgesellschaft

Das Konzept der Parallelgesellschaft. Der Begriff der *Parallelgesellschaft* ist in der historischen Abfolge seiner höchst
unterschiedlichen Verwendungskontexte in der jüngsten
Geschichte in der Sache schillernd und weitgehend unbe-
stimmt geblieben. Er reicht von den Ansätzen einer liberalen
Gegenöffentlichkeit in den ehemaligen kommunistischen
Diktaturen Osteuropas bis hin zu den ethnisch-kulturell
verdichteten oder gar geschlossenen Siedlungsräumen der
multikulturellen Gegenwartsgesellschaften. Er ist darüber
hinaus aber auch in seinem Begriffsinhalt noch nicht in aus-

reichender Trennschärfe bestimmt worden, so dass in den bisherigen Debatten Missverständnisse vorherrschen.

Idealtypische Trennlinien sind zunächst in sechs grundlegenden Dimensionen zu ziehen:

1. Handelt es sich bei den Kollektiven, die gemeinsame »parallelgesellschaftliche« Strukturen teilen, um sozial homogene oder heterogene Gruppen,

2. um ethnokulturell bzw. kulturell-religiös homogene oder heterogene Gruppen?

3. Handelt es sich bei den »parallelgesellschaftlichen« Strukturen um lediglich zivilgesellschaftliche oder darüber hinaus auch um lebensweltliche und ökonomische Strukturen?

4. Verdoppeln diese Strukturen diejenigen der Mehrheitsgesellschaft komplett oder nur zu einem begrenzten Teil?

5. Ist die parallelgesellschaftliche Segregation erzwungen oder freiwillig gesucht?

6. Handelt es sich um eine siedlungsräumliche Segregation, oder erfolgt diese überwiegend auf der Ebene der sozialen Interaktionen und der Mediennutzung ohne räumliche Segregation?

Obgleich in all diesen Bereichen, wenn auch durchaus in unterschiedlichem Ausmaß, in der Realität so gut wie immer Übergänge zwischen den alternativen Polen zu beobachten sein dürften, markieren diese doch die Konturen eines idealtypischen Modells, das bei der Analyse der Realität und bei ihrer demokratiepolitischen Beurteilung eine Hilfestellung bieten kann.

Offensichtlich macht es zunächst einen wesentlichen Unterschied, ob die Segregation formal, sei es rechtlich, sei es politisch-sozial, erzwungen ist oder freiwillig erfolgt. Für den erstgenannten Fall hat sich auch im wissenschaftlichen Sprachgebrauch der Begriff des »Ghettos« eingebürgert.

Für den Fall der freiwilligen siedlungsräumlichen Segregation ethnokultureller Minderheiten ist der Begriff der »ethnischen Kolonie« gebräuchlich. Sowohl die teilweise wie
auch die weitgehende soziokulturelle Segregation ethnokulturell oder religiös-kulturell homogener Gruppen, sei sie
nun siedlungsräumlich oder lediglich auf der Ebene der sozialen Interaktion vollzogen, ist soziologisch mit dem Begriff der »Subkultur« verbunden. Wenn diese eine bestimmte Verknüpfung soziokultureller Orientierungen mit
segregierten ökonomischen Strukturen verbindet, sprechen
wir von »Alternativökonomie«.

Aus naheliegenden integrationspolitischen Gründen soll
im vorliegenden Zusammenhang der Begriff der *Parallelgesellschaft* nur für soziale Kollektive verwendet werden, auf
die in ausschlaggebendem Maße die folgenden Merkmale
zutreffen:

1. sozial homogen oder heterogen;
2. ethnokulturell bzw. kulturell-religiös homogen;
3. nahezu vollständige lebensweltliche und zivilgesellschaftliche sowie weitgehende Möglichkeiten der ökonomischen Segregation;
4. nahezu komplette Verdoppelung der mehrheitsgesell-
schaftlichen Institutionen;
5. formal freiwillige Form der Segregation;
6. siedlungsräumliche oder nur sozial-interaktive Segregation, sofern die anderen Merkmale alle erfüllt sind.

Nur »formal« freiwillig kann die siedlungsräumliche
Segregation auch in dem fragwürdigen Sinne sein, dass die
betreffenden Personen faktisch anderweitige Wohnmög-
lichkeiten gar nicht finden oder sprachlich ganz auf die Interaktion in den eigenethnischen Netzen angewiesen sein
mögen. Die wichtigste Streitfrage im Zusammenhang mit
dem Begriff der Parallelgesellschaft verbirgt sich erwartungsgemäß in dem Kriterium »komplette« Segregation.

Auch nach Auffassung von Wilhelm Heitmeyer schließt es die Ausbildung eines eigenen, »segregierten« Rechtskreises ein, so wie etwa die Muslime Indiens im Gegensatz zu den übrigen religiös-kulturellen Gruppen des Landes auf ein eigenes Familienrecht zurückgreifen können, das ausschließlich für sie gilt (Heitmeyer 2001). Obgleich ich dieses Kriterium ebenfalls für entscheidend halte, möchte ich anregen, es nicht auf eine formal-rechtliche Deutung zu begrenzen. Von einem eigenständigen Rechtskreis kann faktisch nämlich auch dann gesprochen werden, wenn ein erheblicher sozialer oder soziokultureller Druck innerhalb der betreffenden Gemeinschaft besteht, wesentliche staatlich garantierte Grundrechte nicht zu nutzen oder im Streitfall nicht die staatlichen Gerichte, sondern »eigenethnische« bzw. »kulturell-religiöse« Schiedsstellen anzurufen und sich deren Urteil zu unterwerfen. Der Druck, sich hergebrachten Normen der eigenen Gruppe unter Verzicht auf wesentliche verbriefte Rechte der Aufnahmegesellschaft zu unterwerfen und sogar im Falle einer entgegengesetzten eigenen Auffassung auf die Anrufung der staatlichen Gerichte zu verzichten, um den sozialen Sanktionen der Parallelgesellschaft zu entgehen, kann in der Praxis ja durchaus überwältigend sein. Auch in solchen Fällen möchte ich vorschlagen, die strengen Kriterien für die Anwendung des Begriffs der Parallelgesellschaft für erfüllt zu halten, obwohl, wie bei allen anderen Kriterien im Übrigen ja auch, ihr Vorliegen in der Realität umstritten sein kann. Falls alle anderen außer diesem Kriterium erfüllt sind, möchte ich aus Gründen, die im Verlaufe der Argumentation deutlicher werden, von »unvollständigen« Parallelgesellschaften sprechen.

Insoweit ging es zunächst nur um die exakte Abgrenzung des Begriffs der Parallelgesellschaft. Die Frage seiner gerechtfertigten Anwendung auf empirische Gegebenheiten in Deutschland oder anderswo ist damit freilich noch nicht beantwortet. Allerdings bin ich der empirisch zu begründenden Auffassung, dass sich hierzulande in einer Reihe ethnisch-verdichteter Wohngebiete kollektive Lebensformen entwickeln, die die begrifflichen Merkmale der Parallelgesellschaft weitgehend erfüllen. Andererseits sind lediglich soziokulturelle Subkulturen oder zivilgesellschaftliche Alternativkulturen wie die der deutschen Arbeiterbewegung zwischen der Reichsgründung und dem Ende der Weimarer Republik in diesem Sinne gerade keine Parallelgesellschaften. Das machen auch empirische Untersuchungen deutlich. Der Historiker Dieter Groh hat in diesem Zusammenhang zu Recht von negativer Integration gesprochen, da die Arbeiterbewegung mit all ihren zahlreichen und umfassenden Alternativorganisationen (»von der Wiege bis zur Bahre«) zum einen kommunikativ immer auf die Institutionen und die Kultur der Mehrheitsgesellschaft aktiv bezogen blieb und zum anderen durch und durch darauf angelegt war, die bestehenden kulturellen Trennungen und institutionellen Ausschließungen der Staatsnation gerade zu überwinden (Groh 1973). Dazu trug übrigens erheblich die Tatsache bei, dass die Arbeiterbewegung nicht nur die Sprache der Mehrheitsgesellschaft sprach, sondern sich auch als der wahre Erbe der nationalen Kultur und ihrer klassischen Hervorbringungen verstand. Ihre Mitglieder waren zudem gleichzeitig in viele der basalen Institutionen der Mehrheitsgesellschaft integriert und ohne Ausnahme in den öffentlichen Rechtskreis eingeschlossen, auf dessen Veränderung für alle sie ansonsten hinwirkten. Der laxe Hinweis, gerade die deutsche Arbeiterbewegung zeige doch, dass Parallelgesellschaften immer schon zum gesellschaftlichen Leben gehörten und daher auch heute keine besondere Beachtung verdienten, schon gar nicht als Herausforderung für Integration und Demokratie, trägt daher zur Klärung der Sache nichts bei.

Zur Realität der Parallelgesellschaft. In der Bundesrepublik Deutschland haben sich im Verlauf der letzten Jahrzehnte ethnisch verdichtete Siedlungsgebiete – etwa Köln-Eigelstein, Duisburg-Marxloh, Hamburg-Wilhelmsburg oder Berlin Kreuzberg – und darüber hinaus auch intraethnische Kommunikationsgewohnheiten der türkischen Minderheit ausgebildet, die die Frage aufgeworfen haben, ob es sich bei ihnen bereits um Parallelgesellschaften im definierten Sinne handelt. In den Niederlanden wird die Entwicklung eigenethnischer Communities durch die staatliche Politik aktiv gefördert in der Annahme, dass damit die Integration der Minderheiten entscheidend vorangebracht werden kann. Zu beiden Bereichen liegen aufschlussreiche empirische Untersuchungen vor. Dabei bleibt umstritten, ob bzw. in welchem Maße es sich bei den betreffenden »ethnischen Kolonien« bzw. »ethnisch verdichteten Siedlungsgebieten« im strikten Sinne um Parallelgesellschaften handelt, zumal der Terminus selbst häufig umgangen wird. Untersucht worden sind zudem bislang nur einzelne Aspekte des Themas.

Zunächst ist festzuhalten, dass zu den unbestrittenen Vorzügen des Lebens in »ethnischen Kolonien« für ihre Angehörigen v. a. gezählt werden: die Selbststabilisierung der in der Fremde infrage gestellten Persönlichkeit durch das homogene soziale Umfeld sowie die Hilfs- und Orientierungsfunktionen, die es für Neuankömmlinge oder von der Mehrheitsgesellschaft isoliert Gebliebene leistet. Eine empirische Studie des Zentrums für Türkeistudien, Essen, weist allerdings darauf hin, dass die hilfreiche Schleusenfunktion, die Parallelgesellschaften für die neu ankommenden Angehörigen der entsprechenden Minderheiten ausüben, in der Regel rasch und gründlich zur Integrationsfalle wird (Zentrum für Türkeistudien 1999). Das Leben innerhalb der Parallelgesellschaften ist nämlich zahlreichen Prägungen und Konsequenzen unterworfen, die ganz unabhängig von den eigentlichen Absichten der betroffenen Menschen wirksam werden. Das erhebliche, nicht selten vollständige Maß der Isolation von der Sprache, den Erfolg versprechenden Verhaltenstechniken und den sozialen Umgangsformen in der Mehrheitsgesellschaft wird für den Einzelnen zur schwer zu vermeidenden Integrationsfalle und für die Gesellschaft im Ganzen zum systematischen Integrationshemmnis. Die erhebliche und gewohnheitsmäßige äußere Distanz (*strukturelle Segregation*) erzeugt wie nebenher bei vielen Angehörigen der »Parallelgesellschaft« auch eine tief wurzelnde innere Distanz zur Mehrheitsgesellschaft. Diese verschlechtert dann wiederum gewohnheitsmäßig die Möglichkeiten zum Erwerb ebenjener personenbezogenen Fähigkeiten, die zur Erfolg versprechenden Wahrnehmung der ohnehin sehr ungleich verteilten Integrationschancen in die Mehrheitsgesellschaft vorausgesetzt sind. Parallelgesellschaften tragen daher erfahrungsgemäß in erheblichem Maße dazu bei, dass aus der kulturellen Differenz eine dauerhafte ethnokulturelle soziale Schichtung zu Lasten der Minderheit wird – ein Faktum, das seinerseits wieder die sozialen Voraussetzungen der politischen Integration nachhaltig beeinträchtigt (Esser 2001, S. 89).

Die auf diesem Wege forcierte Verringerung der Sprach-, Bildungs- und Erwerbschancen nährt ihrerseits dann wieder das Motiv einer verstärkten Assimilation innerhalb der Parallelgesellschaft, wodurch die Chancen der Integration in die wichtigen Funktionssysteme und Gesellschaftsbeziehungen der Mehrheitsgesellschaft abermals geschwächt werden. Diese Spirale erzeugt starke Triebkräfte zum Selbsterhalt der Parallelgesellschaften weit über den gerechtfertigten und sozial produktiven Anlass der ursprünglichen Integrationshilfe für Neuankömmlinge hinaus. Ihre Ambivalenz zwischen persönlicher Stützungsfunktion und gesellschaftlichem Integrationshindernis wächst und wird zum Dauerphänomen.

Thom Duyvené de Wit und *Ruud Koopmans* kommen in ihrer Vergleichsstudie über die Niederlande und Deutschland zu dem Schluss, dass das niederländische Versäulungsmodell voneinander abgeschotteter, homogenisierter ethnokultureller Kollektive zwar auf der soziokulturellen Ebene der Anerkennung unterschiedlicher Identitäten zu Erfolgen geführt habe, die sozioökonomische Integration auf diesem Wege aber nicht gelungen sei (Duyvené de Wit/Koopmans 2001). Auch der Wissenschaftliche Rat für die Regierungspolitik der Niederlande hat die Gefahr der zunehmenden sozialen und ökonomischen Marginalisierung als ein Ergebnis dieser Versäulungspolitik gekennzeichnet und aus diesem Grunde ihre Revision angeregt. Die Autoren dieser Studie stellen auch fest, dass trotz der großzügigen Unterstützung eigenethnischer Selbstorganisation die Teilnahme der betreffenden Personen am politischen Leben der Niederlande geringer ausfällt, als in einem die übrigen Bedingungen berücksichtigenden Ländervergleich zu erwarten wäre. Sie kommen zu dem Schluss, dass die Überbetonung der ethnokulturellen Identität in der Form der Ausbildung versäulter Gemeinschaften, die auf der Basis von Homogenitätsunterstellungen über repräsentative Eliten integriert werden, vermutlich ein Irrweg beim Versuch der Integration ist.

Erstaunlich und in erheblichem Maße diskussionsbedürftig sind die Ergebnisse der Amsterdamer Studien von *Fennema* und *Tillie* (Fennema/Tillie 2001). Sie kommen trotz ihres analytischen Ausgangskonzepts, wonach eine großflächige horizontale Vernetzung der Organisationen der Zivilgesellschaft die Voraussetzung für die Zirkulation von Vertrauen und sozialem Kapital ist, zu dem Schluss, eine weitgehende ethnokulturelle Versäulung der Zivilgesellschaft

widerspräche dann der politischen Integration und der Ausbildung einer verbindenden politischen Kultur nicht, wenn
die Repräsentanten der voneinander abgeschotteten Säulen
in das politische System der Gesellschaft integriert sind.
Demzufolge wäre eine intensive Integration ethnokultureller Kollektive ausschließlich in ihre eigenen Parallelgesellschaften unter zwei Bedingungen gleichbedeutend mit ihrer
gelungenen Integration in Demokratie und Staatsnation:
wenn sie, *erstens*, innerhalb ihrer Parallelgesellschaften umfassende Zivilgesellschaften ausbilden, und wenn, *zweitens*,
die Führungsgruppen in den Institutionen des politischen
Systems mit den Führungsgruppen der Mehrheitsgesellschaft und der anderen ethnischen Minderheitsgruppen ko-
operieren können.

Die empirischen Daten der Studie selbst belegen diese in
demokratietheoretischer Hinsicht durchaus überraschen-
den Schlussfolgerungen jedoch in keiner Weise. Es werden
als Belege gelungener Integration nämlich nur Indikatoren
herangezogen, die sich wiederum ausschließlich auf die Angehörigen dieser Führungsgruppen beziehen. Bei ihnen
handelt es sich nach den eigenen Voraussetzungen der Studie
aber genau um diejenigen Personen, die einen ständigen in-
tensiven Umgang mit den Repräsentanten der Mehrheitsgesellschaft und der anderen ethnischen Gruppen haben.
Die darüber hinausgehende spekulative Annahme der Autoren, die übrigen Mitglieder der ethnischen Gruppen würden
Vertrauen und Solidarität, die sie untereinander ausgebildet
haben, auf den Rest ihrer Staatsnation erstrecken, wenn sie
Vertrauen in ihre eigenen Führungen haben, widerspricht
den theoretischen Annahmen der Studie, dass Vertrauen
sich ausschließlich auf dem Wege häufiger direkter Zusammenarbeit, personeller Überlappungen und horizontaler
Vernetzungen bildet.

Duyvené de Wit und Koopmans interpretieren die niederländischen Erfahrungen im Rahmen ihrer eigenen Studie denn auch umgekehrt gerade als einen Beleg für die mangelnde Repräsentativität der ethnokulturellen Eliten für die Gesamtheit der ihrem Vertretungsanspruch zugerechneten Minderheiten. Es würde in der Tat allen gut begründeten theoretischen Annahmen und empirischen Forschungsergebnissen der politischen Kulturforschung widersprechen, würden die Mitglieder einer kulturell unterschiedenen Teilgesellschaft in einer stets von Vorurteilen gegen »die Anderen« belasteten kulturellen Atmosphäre ihr in realen Interaktionsprozessen mit Angehörigen der eigenen Teilgesellschaft erworbenes Vertrauen nun plötzlich auf die Angehörigen der Teilgesellschaften »der Anderen« übertragen, ohne mit ihnen soziale Zusammenarbeit praktizieren zu können.

Eine solche rein elitevermittelte symbolische Integration birgt vielmehr zusätzliche Risiken für die Integration. Diese sind in der Studie des *Zentrums für Türkeistudien* herausgearbeitet worden. In den »ethnisch verdichteten Siedlungsgebieten« entsteht beträchtlicher Druck gegenüber den eher individualistischen Lebensweisen zuneigenden Angehörigen der jüngeren Generation, die sich ihren eigenen Weg zwischen Treue zur Religion und offener, toleranter Lebensführung suchen. Mitunter kann der Gruppendruck unter der Regie kontrollierender Eliten so weit gehen, dass Einzelne an der tatsächlichen Ausübung ihrer Menschen- und Bürgerrechte gehindert werden und damit der demokratische Rechtsstaat de facto in diesem Bereich unterlaufen wird. Dann wird aus der »unvollständigen« rasch und unbemerkt ein »vollständige« Parallelgesellschaft.

Die Studie warnt davor, dass eine solch negative Autonomie der Parallelgesellschaft in der und gegen die Mehrheitsgesellschaft für die Integration der ganzen Gesellschaft umso nachhaltigere Folgen haben muss, je kompletter die

Alternativinstitutionen der Abschließung sind, die sie ihren Mitgliedern bietet. Sie sieht das Hauptproblem jedoch in der Weise, wie die sich herausbildenden türkischen Parallelgesellschaften in Deutschland im Inneren tatsächlich funktionieren. Die Wahrnehmungen und Kommunikationsweisen, die sie bei ihren Angehörigen erzeugt, sind überwiegend nur nach innen gerichtet. Die fast ausschließliche Nutzung der Massenmedien des Herkunftslandes, Tageszeitungen, Videos und Fernsehen, führt zu einer fast ebenso ausschließlichen Konzentration auf dessen Probleme, Konfliktlinien, Themen und Sichtweisen. Die Entfremdung von den Problemen, Konfliktlinien, Kommunikationsangeboten und Sichtweisen der Mehrheitsgesellschaft ergibt sich angesichts der beschriebenen Lebensgewohnheiten dann wie von selbst.

Das zentrale Problem für die gesellschaftliche Integration folgt aber aus der Schlüsselstellung, in die in diesen Gesellschaften die Eliten nun zunehmend geraten. Sie begünstigt nämlich die Einwirkung zentralisierter kultureller, religiöser und politischer Vereine und Eliten von außen, die in die Parallelgesellschaften hineinwirken und sie zu kontrollieren beginnen. Organisierte Eliten, die die Probleme und Themen definieren, Sprachregelungen und Lösungsansätze einbringen, aber v. a. die Orientierungsmarken der ethnisch-kulturellen Identität mit kollektiver Verbindlichkeit zu definieren versuchen, gewinnen Auftrieb und Einfluss.

Die Hauptressource dieser Eliten ist aber nicht der kulturelle und politische Brückenschlag zur Mehrheitsgesellschaft mit der Zielsetzung zunehmender Integration, sondern die Verwaltung, wo nicht gar Mehrung des sozialen und politischen Kapitals der abgesonderten ethnisch-kulturellen Identität. Ihr Vermittlungs- und Interpretationsmonopol basiert, in den Begriffen *Robert Putnams*, nicht darauf, dass sie verbindendes (*bridging*) Sozialkapital mehren, sondern von der Ansammlung und Verwaltung seiner trennenden (*bonding*) Variante (Putnam 2000, S. 23). Nur so gewinnen sie Macht, Einfluss und Privileg als Makler zwischen vermeintlich unversöhnlichen Identitäten. Ihr politisches Kapital steht in einem direkten Verhältnis zur Breite des Grabens, der ihre Minderheitsgesellschaft von der Mehrheitsgesellschaft trennt. Gelingende Integration, die immer das »Risiko« einer Annäherung der Verschiedenen birgt, jedenfalls ihre wachsende Fähigkeit zur sozialen Interaktion, muss ihnen daher eher als eine Gefahr für die eigene Stellung erscheinen, die sie dann umso eifriger und nachdrücklicher als Gefahr für die Identität ihrer Klientel und für die Zugehörigkeit des Einzelnen zur Gemeinschaft interpretieren.

Die Überbetonung und die Ausweitung des ethnischkulturellen Identitätsdenkens, verbunden mit sozialem Konformitätsdruck, können auf diesem Wege zur Alltagspraxis innerhalb der Parallelgesellschaften werden. Das engt den Spielraum des Einzelnen ein, für sich selbst eine sozialkulturelle Identität zwischen den vielfältigen Deutungen und Angeboten von Mehrheits- und Minderheitsgesellschaft zu finden.

Ausreichend präzise Untersuchungen, die zuverlässig Auskunft darüber geben könnten, ob es sich bei den genannten oder weiteren infrage kommenden »ethnisch-verdichteten Siedlungsgebieten« in empirisch zweifelsfreier Weise um vollständige oder unvollständige Parallelgesellschaften handelt – oder auch um keines von beiden –, stehen noch aus. Die empirischen Indizien und die verfügbaren Untersuchungen über die Niederlande und die Bundesrepublik enthalten jedoch deutliche Hinweise, dass es sich dabei zumindest um »unvollständige Parallelgesellschaften« handelt. Die Studien des Zentrums für Türkeistudien legt den Schluss nahe, dass in den untersuchten Gemeinden Tendenzen des Übergangs zur »vollständigen Parallelgesellschaft«

in dem Maße zu beobachten sind, wie der interne, von oben organisierte Sozialdruck zur Einhaltung einer ethnokulturell spezifischen Sittlichkeit in Widerspruch zu den Rechtsnormen und Moralregeln der rechtsstaatlichen Demokratie gerät.

Wir können daher feststellen, dass es in der sozialen Realität der Bundesrepublik Tendenzen zur Ausbildung von »Parallelgesellschaften« gibt und damit auch, dass dieses Analysekonzept nicht nur theoretisch begründbar, sondern auch empirisch gehaltvoll und demokratietheoretisch relevant ist. Die theoretischen und die verfügbaren empirischen Erklärungsansätze rechtfertigen die Vermutung, dass Parallelgesellschaften Hindernisse auf dem Wege der sozialen, ökonomischen und politischen Integration darstellen.

In kulturell vielfältigen Gesellschaften wie der Bundesrepublik hängt der Fortschritt der Integration in hohem Maße auch davon ab, dass die Integration der kulturell Verschiedenen, übrigens längst auch der soziokulturell Verschiedenen der Mehrheitsgesellschaft untereinander, nicht lediglich auf der Ebene diskursiver Deklarationen und auch nicht allein auf der Ebene gleicher Rechtsansprüche stattfindet, sondern in der sozialen Lebenswelt und in der Zivilgesellschaft. Es erscheint in dieser Perspektive infolgedessen eine vorrangige Aufgabe der Zivilgesellschaft selbst, in erster Linie der der Mehrheitsgesellschaft, aber auch der der Minderheitsgesellschaften, ein ausreichendes Maß an gesellschaftsweiter horizontaler Vernetzung anzustreben, um politische Integration zu ermöglichen. Auch die Kommune und der Staat sind bei Wahrung der Freiheitsräume aller Beteiligten und des Respekts vor der Integrität und der gleichen Würde der vielfältigen kulturellen Identitäten zu Initiativen und Hilfen in diesem Prozess der zivilgesellschaftlichen Integration verpflichtet.

Nur in einer wenigstens teilweise integrierten Zivilgesellschaft können sich, ohne Idealisierung und ohne die Hoffnung auf Problemverschonung, auf längere Sicht dann doch durch die Erfahrungen überlappender Interessen, erlebter Hilfen und täglich nahe gelegter Empathie die Formen von wechselseitiger Anerkennung und Solidarität ausbilden, die den Einzelnen heimisch werden lassen und die Gesellschaft zusammenhalten. Parallelgesellschaften aber »versperren« genau diejenigen »Gelegenheitsstrukturen«, die nicht allein für die Einübung kultureller Fertigkeiten, sondern mehr noch für den Erwerb von Vertrauen und verbindendem Sozialkapital unabdingbar sind.

Religion, Politik, Identität

Die unübersichtlichen Prozesse einer vielerorts v. a. als Bedrohung eingelebter kultureller Lebensformen erfahrenen, überwiegend nur negativen Globalisierung mit ihren ökonomischen Folgen und ihren Migrationsbewegungen haben eine Forcierung kultureller Politik in zwei einander entgegengesetzten Richtungen ausgelöst. Auf der einen Seite ist, wie *Claus Offe* es formuliert hat, ein »massiver Trend transnationaler Homogenisierung von Kultur« zu beobachten und auf der anderen Seite »die Wiederentdeckung und Wiederbelebung von lokalen ästhetischen und religiösen (Volks-)Traditionen« (Offe 2000, S. 111 f.). Beide Prozesse müssen keineswegs zueinander in Widerspruch geraten, sofern sie als Muster kultureller Differenzierung innerhalb der kulturell vielfältigen Gesellschaften der Gegenwart und zwischen ihnen wirksam werden. Sie kennzeichnen vielmehr die unterschiedlichen Grundorientierungen verschiedenartiger Milieus in allen Gesellschaften der Gegenwart, von denen einige durch Trends der Überlappung und der Synthese, andere hingegen durch die Selbstbehauptung angestammter Traditionen und lokaler Besonderheiten geprägt sind. Zum Problem für beide Trends, für ihre Koexistenz innerhalb multikultureller Gesellschaften und für die transnationale Kooperation beim Aufbau der Strukturen einer positiven Globalisierung der weltweiten Verantwortlichkeit und Regulationsfähigkeit werden sie erst im Aggregatzustand fundamentalistischer Identitätspolitik. Der 11. September 2001 hat zunächst das Risiko erhöht, dass die beiden in diesem Buch analysierten Varianten des politischen Missbrauchs kultureller Identität, der religiöse und

ethnische Fundamentalismus auf der einen Seite und eine
»westliche«, anscheinend nur reaktive Identitätspolitik auf
der anderen, sich durch die Ereignisse selbst und die Reak-
tionen der jeweils anderen Seite auf sie bestärkt fühlen. Das
Risiko einer negativen Spiralbewegung auf der Basis wechselseitiger Projektionen, die in der Sache selbst ohne Fundament sind, ist beträchtlich.

Im jedem Risiko liegen auch neue Chancen. Nicht nur
Menschen, auch Gesellschaften lernen selten durch Argumente, Erfahrungen und Einsichten allein. Erst in der Krise,
in der ein alter Weg in eine Sackgasse führt, werden Erfahrungen einprägsam, und das Neue erhält seine Chance. Das
ist zwar nie sicher, aber fast immer möglich. In diesem Sinne
kann das nicht nur in der öffentlichen Debatte, sondern auch
den allzu vielen Fällen blutiger Praxis, die wir erleben, in ersten Ansätzen von politischen Strategien schon realisierte
Szenario vom Kampf der Kulturen vielleicht zu der Schlüsselerfahrung werden, die zuerst das Nachdenken fördert
und dann entschiedene Gegenwehr auf den Plan ruft. Darin
könnte die Chance im Risiko liegen.

Die *Gruppe von Lissabon* hat 1997 der Weltöffentlichkeit
einen Vorschlag vorgelegt, der zum entscheidenden Schritt
der Nutzung dieser Chance werden kann, so wie der Bericht
des *Club of Rome* über die Grenzen des Wachstums zu Beginn der 1970er-Jahre das weltweite Erwachen des ökologischen Bewusstseins von der Zerstörbarkeit der natürlichen
Lebensgrundlagen der menschlichen Zivilisation eingeleitet
hat. Der 11. September hat die Erfahrung der neuen Risiken
dramatisiert, und zwar beider, das einer sozial und ökolo-
gisch verantwortungslosen negativen Globalisierung und
das einer fundamentalistischen Identitätspolitik, die meint,
über Patentrezepte gegen sie zu verfügen. Könnte nicht der
Bericht der Gruppe von Lissabon über die sozialen und
ökologischen Grenzen des Wettbewerbs und ihrer kulturel-

len Voraussetzung in der Weltgesellschaft eine ähnliche Auslöserrolle spielen? Auch heute sind ja die zugehörigen Krisenerfahrungen allgemein und dramatisch.

Das Memorandum schlägt zur Eindämmung der vernichtenden gesellschaftlichen Folgeschäden der ungehemmten
weltweiten Wettbewerbswirtschaft vier »globale Sozialverträge« vor, von denen alles Weitere seinen Ausgang nehmen
kann. Diese Verträge machen weltweite Kooperation verbindlich, markieren erste Projekte gemeinsamen Handelns,
entwerfen Institutionen nachhaltiger Koordination und geben dem kulturübergreifenden Dialog Richtung, Handlungsorientierung und Dauer. Der *Grundbedürfnisvertrag*
zielt auf die Überwindung von Ungleichheiten im Bereich
der Grundbedürfnisse und öffentlichen Güter, der *Demokratievertrag* entwirft Voraussetzungen und Elemente globaler Verantwortlichkeit und Regulation, der *Erdvertrag* sichert die Durchsetzung nachhaltiger Entwicklung, und der
Kulturvertrag fördert Toleranz und den interkulturellen
Dialog als Grundlage politischer Kooperation. Er ist zugleich die Grundlage der anderen Verträge, denn er ist auf
die Überwindung der Hindernisse für eine weltweite politische Verständigung gerichtet, ohne die, wie heute jeder wissen kann, noch nicht einmal das physische Überleben der
Menschen wahrscheinlich wäre.

Der Kulturvertrag verpflichtet die Unterzeichner zur
»Unterstützung von Maßnahmen und Kampagnen zur Förderung von Toleranz und Dialogen zwischen den Kulturen«
(Gruppe von Lissabon 1997). Zunächst sollen 40 bis 50
Städte aus allen Regionen der Welt zusammen mit lokalen
Medienunternehmen und Bürgerinitiativen und mit Hilfe
nationaler und internationaler Stiftungen Aufklärungs- und
Erziehungskampagnen beginnen. In Ausstellungen und
Konzerten, Filmen, Zeitungsartikeln und weltweiten gemeinsamen Fernsehprogrammen sollen Wissen und Ver-

ständnis über die unterschiedlichen Kulturen der Welt verbreitet und damit der Geist der Verständigung und Kooperation gefördert werden. Jährlich soll dann von einigen kleineren Ländern und Nichtregierungsorganisationen ein »Bericht zur Lage des interkulturellen Dialogs« der Weltöffentlichkeit übergeben werden, der künftiges Handeln anleiten kann. Kein Patentrezept, gewiss, aber ein guter Anfang über das hinaus, was die UN-World Commission on Culture and Development mit ihrem World Culture Report 1998 begonnen hat (UNESCO 1998). Nichts von dem, was wir über die Kulturen wirklich wissen, spricht ja dagegen, dass jede von ihnen bei aller voranschreitenden Differenzierung und Überlappung mit anderen ihren eigenen Bürgern Chancen einer lebbaren Identitätsbildung bietet und dennoch zu den moralischen Grundlagen für weltweites gemeinsames Handeln beiträgt, ohne welches das Überleben der menschlichen Gattung heute in Frage gestellt wäre. Das gilt für das Verhältnis im Inneren der Gesellschaften gleichermaßen wie für ihre weltweite Beziehung zueinander.

Dabei wäre es ein verhängnisvolles Missverständnis, das seinerseits dem Fundamentalismus nur neue Nahrung zuführen würde, wenn aus dem gegenwärtig anwachsenden Missbrauch ethnokultureller und kulturell-religiöser Differenzen für identitätspolitische Dominanzstrategien etwa die Schlussfolgerung gezogen würde, das Religiöse sei als solches aus dem öffentlichen Leben zu verbannen und gänzlich auf den privaten Bereich zu beschränken. Ein solches Missverständnis folgt schon im Ansatz der unzulässigen Unterstellung, aus der der Fundamentalismus einen wichtigen Teil seines Kredits bezieht, in ihm nicht in erster Linie die politische Strategie, sondern den religiösen Glauben zu erkennen. Fundamentalismus ist ja gerade *nicht* die Rückkehr des Religiösen in die Politik, sondern die systematische Behinderung von religiösen und moralischen Diskursen in der Politik, sofern sie von der fundamentalistisch machthabenden Variante auch nur im Geringsten abweichen. Er ist die Verabsolutierung je eines einzelnen religiösen Deutungsanspruchs und dessen öffentlicher Konsequenzen auf Kosten aller anderen. Religiöse Lebensformen aber gehören entgegen den Erwartungen der Aufklärung auch in der modernen Kultur nicht nur zu den wichtigsten Quellen der persönlichen und kollektiven Identitätsbildung, sondern auch zu den machtvollsten Energien für die Ausbildung moralischer Motive für öffentliches Handeln.

Religiöse Motive und aus religiösen Überzeugungen und Überlieferungen gespeiste soziale, kulturelle und politische Argumente können in allen Dimensionen und Foren des öffentlichen Lebens einen legitimen Platz einnehmen und eine für das Gemeinwesen produktive Rolle spielen – sofern sie ihre Glaubenswahrheiten nicht in öffentlich bindende Gewissheitsansprüche übersetzen. In der modernen Kultur und der auf sie gestützten menschenrechtlich gebundenen Demokratie hat Religion als Quelle und Energie moralischer Motivation, sozialer Verantwortung und politischen Engagements einen unersetzlichen Platz, sofern sie jederzeit in Rechnung stellt, dass dieser Anspruch durch alle anderen legitimen Ansprüche relativiert wird, die ebenfalls den demokratischen Rahmen respektieren und sich in den öffentlichen Arenen Geltung verschaffen. Diese einschränkenden Bedingungen gelten für jede Art legitimer politischer Identitätsbehauptung in der rechtsstaatlichen Demokratie; das unterscheidet sie so folgenreich vom Missbrauch kultureller Differenz. Ihm muss zwar entschieden auch auf der kulturellen und politischen Ebene selbst entgegengetreten werden, die Aussicht auf Massenerfolg in diesem Bestreben dürfte indessen entscheidend davon abhängen, ob die sozialen, ökonomischen und politischen Modernisierungskrisen und Globalisierungseffekte überwunden werden, die ihn als letzten Ausweg erscheinen lassen und stark machen.

Anhang

Grundwertevergleich auf der Basis
der Daten von Hofstede

Hofstede hat 1968 und 1972 das Grundwerteverständnis von 116 000 Mitarbeitern von IBM in jeweils vergleichbaren Positionen in 65 Ländern mit über 100 standardisierten Fragen erforscht. Carsten Brosda, Universität Dortmund, Fachbereich 14, hat die ermittelten Daten für die Leitfragen des vorliegenden Buches neu bearbeitet. Einige der interessantesten Ergebnisse sind im Folgenden dokumentiert.

(Für die Daten insgesamt vgl. Brosda, *Wertprofile und Kulturkreise*, 1997, Ms.)

Liste der beteiligten Länder

Arab-speaking countries
(Egypt, Iraq, Kuwait,
Lebanon, Libya,
Saudi Arabia,
United Arab Emirates)
Argentina
Australia
Austria
Belgium
Brazil
Canada
Chile
Colombia
Costa Rica
Denmark
East Africa
(Ethiopia, Kenya,
Tanzania, Zambia)
Equador
Finland
France
Great Britain
Germany F. R.

Greece
Guatemala
Hong Kong
Indonesia
India
Iran
Ireland (Republic of)
Israel
Italy
Jamaica
Japan
South Korea
Malaysia
Mexico
Netherlands
Norway
New Zealand
Pakistan
Panama
Peru
Philippines
Portugal
South Africa

Salvador   Turkey
Singapore   Uruguay
Spain   United States
Sweden   Venezuela
Switzerland   West Africa
Taiwan   (Ghana, Nigeria, Sierra Leone)
Thailand   Yugoslavia

Quelle: Hofstede 1994.

Profile und Spannweiten der Grundwerte

Profile der Länder und Spannweiten der Grundwerte nach den auf der Hofstede-Skala erreichten Punktzahlen

PDI = Machtdistanz-Index (Power Distance Index)
IDV = Individualitäts-Index (Individualism Index)
MAS = Maskulinitäts-Index (Masculinity Index)
UAI = Unsicherheitsvermeidungs-Index (Uncertainty Avoidance Index)
LTO = Langfristorientierungs-Index (Longterm-Orientation Index)

Christlich-westlicher Kulturkreis

	PDI	IDV	MAS	UAI	LTO
Australien	36	90	61	51	31
Belgien	65	75	54	94	–
Dänemark	18	74	16	23	–
Deutschland (BRD)	35	67	66	65	31
Finnland	33	63	26	59	–
Frankreich	68	71	43	86	–
Griechenland	60	35	57	112	–
Großbritannien	35	89	66	35	25
Irland	28	70	68	35	–
Italien	50	76	70	75	–
Kanada	39	80	52	48	23
Neuseeland	22	79	58	49	30
Niederlande	38	80	14	53	44
Norwegen	31	69	8	50	–
Österreich	11	55	79	70	–
Polen	–	–	–	–	32
Portugal	63	27	31	104	–
Schweden	31	71	5	29	33
Schweiz	34	68	70	58	–
Spanien	57	51	42	86	–
USA	40	91	62	46	29

	PDI	IDV	MAS	UAI	LTO
Median	35,5	72	55,5	55,5	31
arithmetisches Mittel	39,7	69,05	47,4	61,4	30,89
Spannweite (range)	57	64	74	89	21
Varianz	241,81	263,35	501,54	586,74	30,99
Standardabweichung	15,55	16,23	22,4	24,22	5,57

Islamischer Kulturkreis

	PDI	IDV	MAS	UAI	LTO
arabische Staaten	80	38	53	68	–
Bangladesch	–	–	–	–	40
Indonesien	78	14	46	48	–
Iran	58	41	43	59	–
Malaysia	104	26	50	36	–
Pakistan	55	14	50	70	0
Türkei	66	37	45	85	–
Median	72	31,5	48	63,5	–
arithmetisches Mittel	73,5	28,33	47,83	61	–
Spannweite (range)	49	27	10	49	–
Varianz	271,92	124,22	11,81	250,67	–
Standardabweichung	16,49	11,15	3,44	15,83	–

Jüdischer Kulturkreis

	PDI	IDV	MAS	UAI	LTO
Israel	13	54	47	81	–

Konfuzianischer Kulturkreis

	PDI	IDV	MAS	UAI	LTO
China	–	–	–	–	118
Hongkong	68	25	57	29	96
Singapur	74	20	48	8	48
Südkorea	60	18	39	85	75
Taiwan	58	17	45	69	87
Median	64	19	46,5	49	87
arithmetisches Mittel	65	20	47,25	47,75	84,8
Spannweite (range)	16	8	18	77	70
Varianz	41	9,5	42,19	942,69	536,56
Standardabweichung	6,40	3,08	6,50	30,70	23,16

Hinduistischer Kulturkreis

	PDI	IDV	MAS	UAI	LTO
Indien	77	48	56	40	61

Japanischer Kulturkreis

	PDI	IDV	MAS	UAI	LTO
Japan	54	46	95	92	80

Lateinamerikanischer Kulturkreis

	PDI	IDV	MAS	UAI	LTO
Argentinien	49	46	56	86	–
Brasilien	69	38	49	76	65
Chile	63	23	28	86	–
Costa Rica	35	15	21	86	–
Ecuador	78	8	63	67	–
Guatemala	95	6	37	101	–
Kolumbien	67	13	64	80	–
Mexiko	81	30	69	82	–
Panama	95	11	44	86	–
Peru	64	16	42	87	–
El Salvador	66	19	40	94	–
Uruguay	61	36	38	100	–
Venezuela	81	12	73	76	–
Median	67	16	44	86	–
arithmetisches Mittel	69,54	21	48	85,15	–
Spannweite (range)	60	40	52	34	–
Varianz	262,4	148,31	236,77	83,82	–
Standardabweichung	16,2	12,18	15,39	9,16	–

Buddhistischer Kulturkreis

	PDI	IDV	MAS	UAI	LTO
Thailand	64	20	34	64	56

Afrikanischer Kulturkreis

	PDI	IDV	MAS	UAI	LTO
Nigeria	–	–	–	–	16
Ost-Afrika	64	27	41	52	–
West-Afrika	77	20	46	54	–
Simbabwe	–	–	–	–	25
Median	–	–	–	–	–
arithmetisches Mittel	70,5	23,5	43,5	53	20,5
Spannweite (range)	13	7	5	2	9
Varianz	42,25	12,25	4,25	1	20,25
Standardabweichung	6,5	3,5	2,5	1	4,5

Länder mit konträren Wertprofilen innerhalb der Kulturen

	PDI	IDV	MAS	UAI	LTO	Diff.
Westen						
Griechenland	60	35	57	112	–	**52,75**
Dänemark	18	74	16	23	–	
Portugal	63	27	31	104	–	**47,00**
Dänemark	18	74	16	23	–	
Portugal	63	27	31	104	–	**46,00**
Irland	28	70	68	35	–	
Griechenland	60	35	57	112	–	**50,00**
Schweden	31	71	5	29	33	
Portugal	63	27	31	104	–	**48,50**
Großbritannien	35	89	66	35	25	

	PDI	IDV	MAS	UAI	LTO	Diff.
Konfuzianismus						
Südkorea	60	18	39	85	75	**25,80**
Singapur	74	20	48	8	48	
Islam						
Malaysia	104	26	50	36	–	**25,75**
Türkei	66	37	45	85	–	
Lateinamerika						
Guatemala	95	6	37	101	–	**30,00**
Argentinien	49	46	56	86	–	

Länder mit ähnlichen Wertprofilen in unterschiedlichen Kulturen

	PDI	IDV	MAS	UAI	LTO
Malaysia	104	26	50	36	–
Philippinen	94	32	64	44	19
Südafrika	49	65	63	49	–
Schweiz	34	68	70	58	–
Deutschland (BRD)	35	67	66	65	31
Indonesien	78	14	46	48	–
West-Afrika	77	20	46	54	–
Ost-Afrika	64	27	41	52	–
Thailand	64	20	34	64	56
Ost-Afrika	64	27	41	52	–
Taiwan	58	17	45	69	87
arabische Staaten	80	38	53	68	–
Mexiko	81	30	69	82	–

	PDI	IDV	MAS	UAI	LTO
Pakistan	55	14	50	70	0
Peru	64	16	42	87	–
Pakistan	55	14	50	70	0
Kolumbien	67	13	64	80	–
Brasilien	69	38	49	76	65
Türkei	66	37	45	85	–
Südkorea	60	18	39	85	75
Peru	64	16	42	87	–
El Salvador	66	19	40	94	–
Chile	63	23	28	86	–
Jugoslawien	76	27	21	88	–
Portugal	63	27	31	104	–
Uruguay	61	36	38	100	–
Argentinien	49	46	56	86	–
Spanien	57	51	42	86	–
Portugal	63	27	31	104	–
Türkei	66	37	45	85	–
Portugal	63	27	31	104	–
Südkorea	60	18	39	85	75

Postmaterialismus in 40 Ländern nach
Bruttosozialprodukt

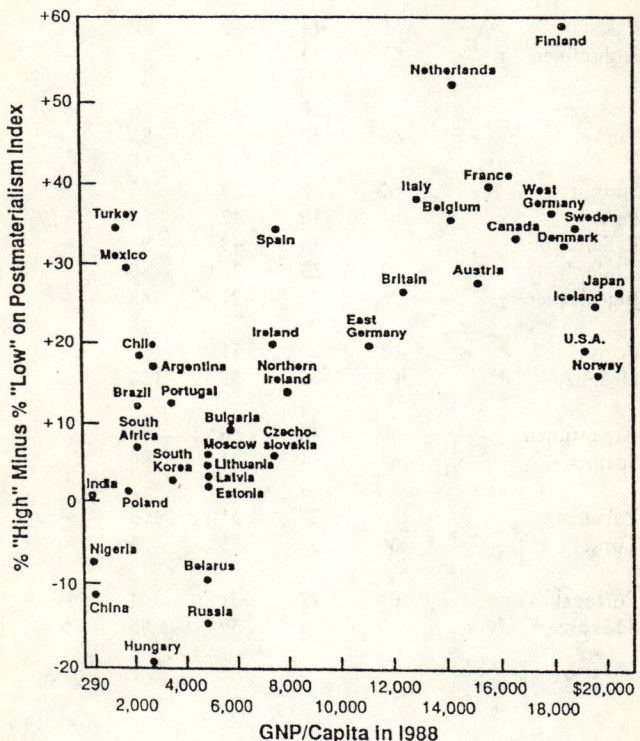

Materialistische/Postmaterialistische Werte bezogen auf die wirtschaftliche Entwicklung in 40 Ländern.
Quelle: Inglehart/Abramson: *Value Change in Global Perspective*. Michigan 1995.

Soziokulturelle Milieus
in Deutschland

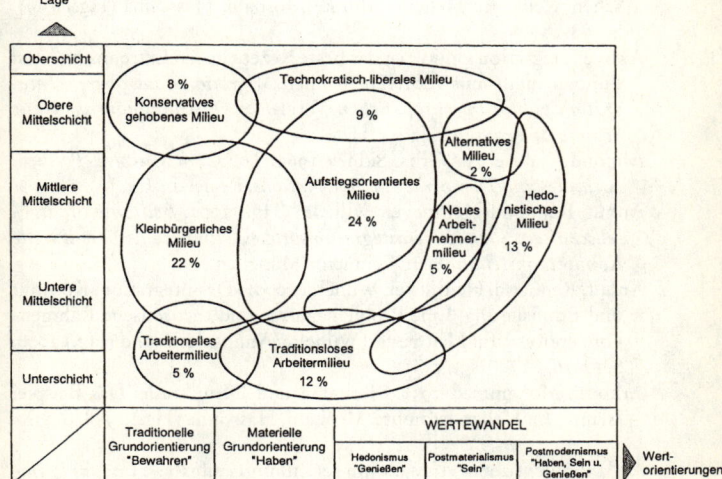

Quelle: Flaig/Meyer/Ueltzhöffer 1993, S. 74.

Literatur

Adonis (Ali Ahmed Said) 1998: »Kultur und Demokratie in der arabischen Welt«. In: Heller, Erdmute/Mosbahi, Hassouna (Hg.) 1998. S. 130-137

Aktive Integrationspolitik ist das beste Rezept gegen Extremismus und Fundamentalismus 2001: Themenheft *Migration kontrovers – Integrationspolitik im europäischen Vergleich. Forschungsjournal Neue Soziale Bewegungen*. Jg. 14. H. 1

Almond, Gabriel A./Verba, Sidney 1963: *The Civic Culture. Political Attitudes and Democracy in Five Nations*. Princeton/N. J.

Anhut, Reimund/Heitmeyer, Wilhelm (Hg.) 2000: *Bedrohte Stadtgesellschaften. Soziale Desintegrationsprozesse und ethnisch-kulturelle Konfliktkonstellationen*. Weinheim/München

Anhut, Reimund/Heitmeyer, Wilhelm 2000: »Desintegration, Konflikt und Ethnisierung. Eine Problemanalyse und theoretische Rahmenkonzeption«. In: Heitmeyer, Wilhelm/Anhut, Reimund (Hg.) 2000. S. 17-76

Arkoun, Mohammed 1998: »Religion und Demokratie: Das Beispiel Islam«. In: Heller, Erdmute/Mosbahi, Hassouna (Hg.) 1998. S. 138-153

Arslan, Bülent 2000: »Integration als Zukunftsaufgabe«. In: *Das Parlament*. Nr. 12/17. März 2000

Ashraf, Ali (Hg.) 1995: *Political Culture in India*. New Delhi

Aslan, Fikret/Bozay, Kemal 1997: *Graue Wölfe heulen wieder. Türkische Faschisten und ihre Vernetzung in der BRD*. Münster

Assemblee National (Hg.) 1995: *Les Sectes en France*. Paris

Bakir, Suat 2001: »Wach auf, die Welt ändert sich – ein deutsch-türkischer Erfahrungsbericht«. In: Diepgen, Eberhard: *Deutsche Einheit. Gedanken, Einsichten, Perspektiven*. Berlin

Barber, Benjamin R. 1995: *Jihad vs. McWorld*. New York

Barber, Benjamin R. 1998: *A Place for Us. How To Make Society Civil and Democracy Strong*. New York

Becker, Jörg 2001: »Zwischen Integration und Abgrenzung. Anmerkungen zur Ethnisierung der türkischen Medienkultur«. In: Hamburgische Anstalt für neue Medien (Hg.): *Medien – Migration – Integration: elektronische Massenmedien und die Grenzen kultureller Identität*. Berlin. S. 89-100

Behrendt, Günter Max 2001: »Scheitert die multikulturelle Gesellschaft am Islam?« Vortrag auf dem Soziologiekongress »Grenzenlose Gesellschaften?« an der Universität Freiburg/Breisgau [http://www.unics.uni-hannover.de/nhrkbehr/vortrag4html]. 27. 6. 2001

Bello, Walden 1999: »Asia's Diverse Democratic Transitions«. In: Gaerlan, Kristina N. (Hg.) 1999

Benhabib, Seyla 1993: »Demokratie und Differenz. Betrachtungen über Rationalität, Demokratie und Postmoderne«. In: Brumlik/Brunkhorst 1993

Berger, Peter L. 1985: *Das Unbehagen in der Modernität*. Frankfurt/New York

Berg-Schlosser, Dirk/Schissler, Jakob (Hg.) 1987: *Politische Kultur in Deutschland. Bilanz und Perspektiven der Forschung*. Opladen

Blickpunkt Bundestag 2001: »Islam als Religion nicht mit Gewalt und Fundamentalismus gleichsetzen«. November. 11/2000 [http://www.bundestag.de/aktuell/bp/2000/bp0011/0011045a.html]. 27. 6. 2001

Borjas, George J. 2001: »To Ghetto or Not to Ghetto: Ethnicity and Residential Segregation« [http://netec.mcc.ac.uk/WoPEc/data/Papers/nbrnberw06176.html]. 3. 7. 2001

Bourdieu, Pierre 1987: *Die feinen Unterschiede. Kritik der gesellschaftlichen Urteilskraft*. Frankfurt/M.

Bozay, Kemal 2000: »... ich bin stolz, Türke zu sein. Türkische Jugendliche im ethnisch-nationalistischen Blickfeld«. In: *SoZ – Sozialistische Zeitung*. Nr. 8. 14. 3. 2000. S. 16

Braudel, Fernand 1993: *A History of Civilizations*. Harmondsworth

Brumlik, Micha/Brunkhorst, Hauke 1993: *Gemeinschaft und Gerechtigkeit*. Frankfurt/M.

Castells, Manuel 1997: *The Information Age. Economy, Society and Culture*. Bd. 1: *The Rise of the Network Society*. Oxford

Castells, Manuel 1997: *The Information Age. Economy, Society and Culture*. Bd. 2: *The Power of Identity*. Oxford

Castells, Manuel 2000: »The Network Society«. In: Held, David/McGrew, Anthony (Hg.) 2000. S. 76-81

Chandra, Bipan 1987: *Communalism in Modern India*. New Delhi

Cox, Robert 1997: *The New Realism: Perspectives on Multilateralism and World Order*. London

Derichs, Claudia 1998: »Universalität und Kulturspezifik – das Modell westlicher Demokratie in der Defensive?« In: Greven, Michael Th. (Hg.) 1998. S. 107-122

Diehl, Claudia/Urbahn, Julia 1998: *Die soziale und politische Partizipation von Zuwanderern in der Bundesrepublik Deutschland*. Bonn.

Duyvené de Wit, Thom/Koopmans, Ruud 2001: »Die politisch-kulturelle Integration ethnischer Minderheiten in den Niederlanden und in Deutschland«. In: *Forschungsjournal Neue Soziale Bewegungen*

Eagleton, Terry 2001: *Was ist Kultur? Eine Einführung*. München

Eichler, Willi 1962; *100 Jahre Sozialdemokratie*. Bonn

Elias, Norbert 1979: *Über den Prozeß der Zivilisation. Soziogenetische und psychogenetische Untersuchungen*. 2 Bde. Frankfurt/M.

Elst, Koenraad 1991: *Ayodhya and After. Issues Before Hindu Society*. New Delhi

Ende, Werner/Steinbach, Udo (Hg.) 1984: *Der Islam in der Gegenwart*. München

Erez, Miriam/Early, P. Christopher 1994: *Culture, Self-Identity and Work*. New York/Oxford

Esser, Hartmut 2001: »Integration und das Problem der ›multikulturellen Gesellschaft‹«. In: Mehrländer, Ursula/Günther Schultze 2001

Faist, Thomas (Hg.) 2001: *Transstaatliche Räume. Politik, Wirtschaft und Kultur in und zwischen Deutschland und der Türkei*. Bielefeld

Fennema, Meindert/Tillie, Jean 2001: »›Civic Community‹, politische Partizipation und politisches Vertrauen. Ethnische Minderheiten in den Niederlanden«. In: *Forschungsjournal Neue Soziale Bewegungen*

Ferdinand, Peter 2000: »Democratization, Good Governance and Good Government in Asia«. Project Discussion Paper No. 2/2000. Universität Duisburg. Institut für Ostasienwissenschaften

Finkielkraut, Alain 1987: *La Defaite de la Pensée*. Paris

Flaig, Bodo B./Meyer, Thomas/Ueltzhöffer, Jörg 1993: *Alltagsästhetik und politische Kultur. Zur ästhetischen Dimension politischer Bildung und politischer Kommunikation*. Bonn

Frey, Hans-Peter/Haußer, Karl (Hg.) 1987: *Identität. Entwicklungen psychologischer und soziologischer Forschung*. Stuttgart

Freyberg, Thomas von 1999: *Sozialraumanalyse als Lernprozeß: Beiträge zur qualitativen Segregationsanalyse, Institut für Stadt- und Regionalentwicklung*. Frankfurt/M.

Friedrich-Ebert-Stiftung (Hg.) 1970: *One World Only. How Can World Religions Help To Survive*. Tokyo

Friedrich-Ebert-Stiftung (Hg.) 1998: *Ghettos oder ethnische Kolonie? Entwicklungschancen von Stadtteilen mit hohem Zuwandereranteil*. Bonn

Fukuyama, Francis 1995: *Konfuzius und Marktwirtschaft. Der Konflikt der Kulturen*. München

Gaerlan, Kristina N. (Hg.) 1999: *Transitions to Democracy in East and Southeast Asia*. Quezon City/Philippines

Galston, William A. 1991: *Liberal Purposes: Goods, Virtues, and Diversity in the Liberal State*. Cambridge

Geiling, Heiko (Hg.) 2001: *Globalisierung. Partizipation. Protest*. Opladen

Giddens, Anthony 1995: *Konsequenzen der Moderne*. Frankfurt/M.

Giddens, Anthony 1997: *Jenseits von Links und Rechts*. Frankfurt/M.

Greven, Michael Th. (Hg) 1998: *Demokratie – eine Kultur des Westens*. 20. Wissenschaftlicher Kongreß der Deutschen Vereinigung für politische Wissenschaft. Opladen

Greven, Michael Th. 1998: »Demokratie – eine Kultur des Westens?« In: Greven, Michael Th. 1998. S. 19-36

Groh, Dieter 1973: *Negative Integration und revolutionärer Attentismus*. Frankfurt/M.

Die Gruppe von Lissabon 1997: *Grenzen des Wettbewerbs. Die Globalisierung der Wirtschaft und die Zukunft der Menschheit*. Neuwied

Habermas, Jürgen 1996: *Die Einbeziehung des Anderen. Studien zur politischen Theorie*. Frankfurt/M.

Habermas, Jürgen 1997: »Anerkennungskämpfe im demokratischen Rechtsstaat«. In: Charles Taylor (Hg.) 1997

Hafez, Kai. (Hg.) 1996: *Der Islam und der Westen*. Frankfurt/M.

Hafez, Kai 2001a: »Globalisierung, Ethnisierung und Medien: Eine ›Parallelgesellschaft‹ durch türkische Medien in Deutschland?« In: Becker, Jörg/Behnisch, Reinhard (Hg.): *Zwischen Abgrenzung und Integration – Türkische Medienkultur in Deutschland*«. Dokumentation einer Tagung vom 28. bis 30. Januar 2000 der Evangelischen Akademie Loccum. Loccumer Protokolle 3/00. Loccum 2001. S. 37-48

Hafez, Kai 2001b: »Zwischen Parallelgesellschaft, strategischer Ethnisierung und Transkultur. Die türkische Medienkultur in Deutschland«. In: *Blätter für deutsche und internationale Politik*. Bonn 45. 6/2000. S. 728-736

Hallsson, Fridrik 1996: »Lebensweltliche Ordnung in der Metropole. Ethnische Konfliktpotentiale, Demarkationslinien und Typisierung von Ausländern im Frankfurter Gallusviertel«. In: Heitmeyer, Wilhelm/Dollase, Rainer: *Die bedrängte Toleranz*. Frankfurt/M. 1996. S. 271-312.

Hamm, Bernd 1987: *Soziale Segregation im internationalen Vergleich*. Trier

Hansen, Georg ⁴1997: Zum Spannungsverhältnis von Integration und Segregation. Hagen

Heberer, Thomas/Derichs, Claudia 2000: »Politische Reform und Demokratisierungsdiskurse im Lichte neuer regionaler Gemeinschaftsbildung«. Project Discussion Paper. Universität Duisburg. Institut für Ostasienwissenschaften

Heimann, Horst 1989: »Marxismus als Fundamentalismus?« In: Meyer, Thomas (Hg.) 1989b

Heine, Peter/Johansen, Baber/Steppat, Fritz 2002: *Lehrer-Kursbuch Islam. Grundwissen und Praxistipps*. Berlin

Heitmeyer, Wilhelm 1996: *Die bedrängte Toleranz*. Frankfurt/M.

Heitmeyer, Wilhelm/Müller, Joachim/Schröder, Helmut 1997: *Verlockender Fundamentalismus. Türkische Jugendliche in Deutschland*. Frankfurt/M.

Heitmeyer, Wilhelm (Hg.) 1998: *Was hält die Gesellschaft zusammen?* Frankfurt/M.

Heitmeyer, Wilhelm (Hg.) 1999: *Was treibt die Gesellschaft auseinander?* Frankfurt/M.

Heitmeyer, Wilhelm/Anhut, Reimund (Hg.) 2000: *Bedrohte Stadtgesellschaft. Soziale Desintegrationsprozesse und ethnisch kulturelle Konfliktkonstellationen*. Weinheim/München. S. 17-76

Heitmeyer, Wilhelm 2002: »Ist der Begriff der ›Parallelgesellschaft‹ tragfähig und empirisch sinnvoll?« In: Heitmeyer, Wilhelm/Meyer, Thomas (Hg.) (2002): *Verdeckter Islamismus*. Frankfurt/M. (im Erscheinen)

Held, David/McGrew, Anthony (Hg.) 2000: *The Global Transformations Reader. An Introduction to the Globalization Debate*. Cambridge

Heller, Erdmute/Mosbahi, Hassouna (Hg.) 1998: *Islam. Demokratie. Moderne. Aktuelle Antworten arabischer Denker*. München

Herzinger, Richard 2001: »Was heißt hier deutsch? Der Irrglaube an den kulturellen Volksgeist eint Konservative und Multikulturalisten« In: *Die Zeit*. 3/1999 [http://www.zeit.de/1999/3/199903_nation.html]. 3.7.2001

Hilpert, Kornelia 1997: *Ausländer zwischen Integration und Marginalisierung: zur Bedeutung kommunaler Quartierbildung und Traditionalisierung von Integrationsdefiziten beim Wechsel der Generationen*. Frankfurt/M.

Hofstede, Geert 1980: *Culture's Consequences: International Differences in Work-Related Values*. Beverly Hills

Hofstede, Geert 1993: *Interkulturelle Zusammenarbeit*. Wiesbaden

Hofstede, Geert 1994: *Cultures and Organizations. Intercultural Cooperation and Its Importance for Survival*. London

Hufen, Friedhelm 2000: »›Entfundamentalisierung‹ als Konstitutionsprinzip der modernen Demokratie«. In: Marko, Joseph/Burkert-

Dottolo, Günther R. (Hg.): *Multikulturelle Gesellschaft und Demokratie*. Baden-Baden. S. 21-29

Huntington, Samuel P. 1993: »Clash of Civilizations?« In: *Foreign Affairs*. H. 3. 1993. S. 22-49

Huntington, Samuel P. 1996: *Kampf der Kulturen. The Clash of Civilizations. Die Neugestaltung der Weltpolitik im 21. Jahrhundert*. München

Informationszentrum Sozialwissenschaften/Landeszentrum für Zuwanderung NRW 2000: *Einwanderung im Spiegel der sozialwissenschaftlichen Forschung 1996-2000*. Solingen

Inglehart, Ronald/Abramson, Paul. A. 1995: *Value Change in Global Perspective*. Michigan

Innenministerium Nordrhein-Westfalen (Hg.) 1996: *Scientology – eine Gefahr für die Demokratie. Eine Aufgabe für den Verfassungsschutz*. Düsseldorf

Jäggi, Chr. J./Krieger, D. J. 1991: *Fundamentalismus: Ein Phänomen der Gegenwart*. Zürich

Judd, Dennis R. 1998: »Fortress America: Gated Communities in the United States«. In: American Planning Association: *Journal of the American Planning Association*. Chicago. Herbst 1998. S. 505-506

Kallscheuer, Otto (Hg.) 1996: *Das Europa der Religionen. Ein Kontinent zwischen Säkularisierung und Fundamentalismus*. Frankfurt/M.

Kepel, Gilles 1991: *Die Rache Gottes. Radikale Moslems, Christen und Juden auf dem Vormarsch*. München

Kerber, Walter (Hg.) 1995: *Religion: Grundlage oder Hindernis des Friedens?* München

Klein, Ansgar 2001: *Der Diskurs der Zivilgesellschaft. Politische Hintergründe und demokratietheoretische Folgerungen*. Opladen

Klein, Ansgar/Koopmans, Ruud/Geiling, Heiko (Hg.) 2001: *Globalisierung. Partizipation. Protest*. Opladen

Koopmans, Ruud/Statham, Paul (Hg.) 2000: *Challenging Immigration and Ethnic Relations Politics: Comparative European Perspectives*. Oxford

Koopmans, Ruud/Statham, Paul 2001: »Herausforderung des liberalen Nationalstaats? Postnationalismus, Multikulturalismus und die kollektiven Forderungen von Migranten und ethnischen Minderheiten in Großbritannien und Deutschland«. In: Klein, Ansgar/Koopmans, Ruud/Geiling, Heiko 2001

Kothari, Rajni 1989: *Politics and the People. In Search of a Humane India*. New Delhi

Kotkin, Joel 1993: *Tribes. How Race, Religion and Identity Determine Success in the New Global Economy*. New York

Krappmann, Lothar [7]1988: *Soziologische Dimensionen der Identität*. Stuttgart

Kreile, Renate: »Politisierung von Ethnizität in Afrika«. In: *Aus Politik und Zeitgeschichte*. Beilage zur Wochenzeitung *Das Parlament*. B 9/ 1997. 21. 2. 1997

Kroeber, A. L. 1957: *Style and Civilizations*. Ithaka/New York

Krummacher, Michael/Waltz, Viktoria 1996: *Einwanderer in der Kommune. Analysen, Aufgaben und Modelle für eine multikulturelle Stadtpolitik*. Essen

Küng, Hans/Kuschel, Karl-Josef (Hg.) 1993: *Erklärung zum Weltethos. Die Deklaration des Parlaments der Weltreligionen*. München/Zürich

Küng, Hans 1997: *Weltethos für Weltpolitik und Weltwirtschaft*. München

Künzli, Arnold 1986: »Strukturelle Verantwortungslosigkeit«. In: Meyer, Thomas/Miller, Susanne: *Zukunftsethik und Industriegesellschaft*. München

Kulke, Hermann/Rothermund, Dietmar 1998: *Geschichte Indiens. Von der Induskultur bis heute*. München

Kymlicka, Will 1999: *Multikulturalismus und Demokratie. Über Minderheiten in Staaten und Nationen*. Hamburg

Kymlicka, Will 2000: *Politics in The Vernacular: Nationalism, Multiculturalism,& Citizenship*. Oxford

Kymlicka, Will/Norman, Wayne 2000: *Citizenship in Diverse Societies*. Oxford

Leggewie, Claus 2000: »Integration und Segregation«. In: *Migrationsreport 2000. Fakten – Analysen – Perspektiven*. Für den Rat für Migration, hg. v. Klaus J. Bade/Rainer Münz. Frankfurt/M. S. 85-140

Lockwood, David 1964: »Social Integration and System Integration«. In: George K. Zollschan/Hirsch, Walter (Hg.) 1964: *Explorations in Social Change*. London

Löw-Beer, Martin 1993: »Der normative Kitt zwischen Lebensformen: Überlegungen zur politischen Toleranz«. In: Brumlik/Brunkhorst 1993

Marquard, Odo/Stierle, Karlheinz (Hg.) 1979: *Identität*. München

Marty, Martin E./Appleby, R. Scott (Hg.) 1991: *Fundamentalisms Observed*. Chicago

Marty, Martin E./Appleby, R. Scott (Hg.) 1993: *Fundamentalism and the State*. Chicago

Marty, Martin/Appleby, R. Scott (Hg.) 1995: *Fundamentalism Comprehended*. Chicago

Marty, Martin E./Appleby, R. Scott 1996: *Herausforderung Fundamentalismus. Radikale Christen, Moslems und Juden im Kampf gegen die Moderne*. Frankfurt/New York

Mehrländer, Ursula/Schultze, Günther (Hg.) 2001: *Einwanderungsland Deutschland. Neue Wege nachhaltiger Integration*. Bonn

Mehta, Suketu 1997: »Mumbai. Eine Metropole im Krieg gegen sich selbst«. In: *Lettre International*. H. 37. II Vj. 1997. S. 23-27

Merkel, Wolfgang 1999: *Systemtransformation. Eine Einführung in die Theorie und Empirie der Transformationsforschung*. Opladen

Merkel, Wolfgang 2000: »Gibt es eine asiatische Form der Demokratie?« Unveröffentlichter Vortrag. Universität Heidelberg. Institut für Politikwissenschaft

Merkens, Hans/Schmidt, Folker (Hg.) 2001: *Individuation und soziale Identität bei türkischen Jugendlichen in Berlin*. Abschlußbericht eines von der Volkswagenstiftung geförderten Projektes, hg. in der Reihe *Berichte aus der Arbeit des Institutes für Allgemeine Pädagogik – Abt. Empirische Erziehungswissenschaft – der Freien Universität Berlin*. Bd. 34. Berlin

Mernissi, Fatima 1975: *Die Angst vor der Moderne. Frauen und Männer zwischen Islam und Demokratie*. Hamburg

Messner, Dirk/Nuscheler, Franz (Hg.) 1996: *Weltkonferenzen und Weltberichte. Ein Wegweiser durch die internationale Diskussion*. Bonn

Meyer, Stephen G. 2000: *As Long as They Don't Move Next Door. Segregation and Racial Conflict in American Neighborhoods*. Lanham

Meyer, Thomas (Hg.) 1989a: *Fundamentalismus in der modernen Welt*. Frankfurt/M.

Meyer, Thomas (Hg.) 1989b: *Fundamentalismus. Aufstand gegen die Moderne*. Reinbek

Meyer, Thomas (Hg.) 1995: *Fundamentalismus. Der Kampf gegen Aufklärung und Moderne*. Dortmund

Meyer, Thomas 1995: »Fundamentalismus und Universalismus in Moral und Politik«. In: Kerber, Walter (Hg.)

Meyer, Thomas 1997: *Identitätswahn. Die Politisierung des kulturellen Unterschieds*. Berlin

Meyer, Thomas 1998: »Die Politik kultureller Identität«. In: Rapp, Friedrich (Hg.): *Globalisierung und kulturelle Identität*. Bochum

Meyer, Thomas 1999: »Sozialdemokratie und Kommunitarismus. Impulse für die politische Erneuerung«. In: von Alemann, Ulrich/

Heinze, Rolf G./Wehrhöfer, Ulrich (Hg.): *Bürgergesellschaft und Gemeinwohl. Analyse. Diskussion. Praxis.* Opladen.

Meyer, Thomas 2000: »Ethnisch-kulturelle Integration und Parallelgesellschaften«. In: Europa-Union Hamburg (Hg.): *Parallelgesellschaften und Extremismus.* Tagung mit Unterstützung der Landeszentrale für politische Bildung Hamburg, 6. November 1999. Hamburg

Meyer, Thomas 2001a: *Identity Mania. The Policization of Cultural Difference.* London

Meyer, Thomas 2001b: »The Cultural Factor in the Process of Globalization«. In: Telo, Mario (Hg.): *European Union and New Regionalism. Regional Actors and Global Governance in a Post-Hegemonic Era.* Aldershot u. a.

Meyer, Thomas 2002a: »Wie viele unteilbare Grundnormen braucht eine demokratische Gesellschaft, damit sie nicht auseinander fällt?« In: Heitmeyer/Meyer 2002 (im Erscheinen)

Meyer, Thomas 2002b: »Politische Kulturforschung und Gewalt«. In: Hagan, John/Heitmeyer, Wilhelm (Hg.) 2002: *Handbuch zur Gewaltforschung* (im Erscheinen)

Miller, Susanne 1989: »Fundamentalistische Tendenzen in der frühen Arbeiterbewegung«. In: Meyer, Thomas (Hg.) 1989b

Münch, Richard 1996: *Die Kultur der Moderne.* 2 Bde. Frankfurt/M.

Naipaul, V. S. 1990: »Our Universal Civilization«. In: *New York Review of Books.* 30. 10. 1990

Northrop, F. S. C. 1952: *The Taming of the Nations. A Study of the Cultural Bases of International Policy*

Oberndörfer, Dieter 2001: »Vom Unsinn der ›Integration‹. Wer von Ausländern die Anpassung an eine deutsche Leitkultur fordert, hat keine Ahnung vom Grundgesetz« [http://www.amana-online.de/pp/news/amana-news/msg00180.shtml]. 26. 6. 2001

Offe, Claus 2000: »Staat, Markt und Gemeinschaft – Gestaltungsoptionen im Spannungsfeld dreier politischer Ordnungsprinzipien«. In: Ulrich, Peter/Maak, Thomas: *Die Wirtschaft in der Gesellschaft.* Bern/Stuttgart/Wien. S. 105-129

Putnam, Robert 2000: *Bowling Alone. The Collapse and Revival of American Community.* New York u. a.

Rada, Uwe 1998: »Identität durch Ausgrenzung« [http://www.friedenkooperative.de/themen/jericho4.htm]. 13. 5. 1998

Rahim, Lily Z. 2000: »Economic Crisis and the Prospects for Democratisation in Southeast Asia«. In: *Journal of Contemporary Asia.* Nr. 1/2000. S. 17-45

Riesebrodt, Martin 1990: *Fundamentalismus als patriarchalische Protestbewegung.* Tübingen

Roberts, J. M. 1986: *Der Triumph des Abendlandes.* Düsseldorf

Rohe, Karl 1987: »Politische Kultur und der kulturelle Aspekt politischer Wirklichkeit. Konzeptionelle und typologische Überlegungen zu Gegenstand und Fragestellung Politischer Kultur-Forschung«. In: Berg-Schlosser, Dirk/Schissler, Jakob (Hg.) 1987: *Politische Kultur in Deutschland. Bilanz und Perspektiven der Forschung.* Opladen

Rokeach, Milton 1960: *The Open and Closed Mind.* New York

Santel, Bernhard 2000: Interview: »Eine Parallelgesellschaft gibt es nicht!« In: *Das Parlament.* Nr. 3-4.

Sattler, Karl-Otto 2001: »Die Schattenseiten einer Subkultur. Tendenzen zu Parallelgesellschaften«. In: *Das Parlament.* Nr. 18-19

Schiffauer, Werner 2000: *Die Gottesmänner. Türkische Islamisten in Deutschland.* Frankfurt/M.

Schweitzer, Helmuth 1994: *Lernen vom Interkulturellen: Zur Kritik der sozialwissenschaftlichen Grundlagen interkultureller Erziehung und subkultureller Selbstorganisation ethnischer Minderheiten am Beispiel der USA und der Bundesrepublik Deutschland.* Münster

Sen, Faruk/Sauer, Martina/Halm, Dirk 2001: *Intergeneratives Verhalten und (Selbst-)Ethnisierung von türkischen Zuwanderern.* Essen. S. 9-120

Singhammer, Johannes 2000: »Es entwickeln sich Parallelkulturen. Debatte über den Bericht der Beauftragten für Ausländerfragen über die Lage der Ausländer in Deutschland/133. Sitzung des Bundestages am 16. November 2000«. In: *Das Parlament.* Nr. 48

Sivan, Emmanuel 1985: *Radical Islam. Medieval Theology and Modern Politics.* New Haven/London

Sivan, Emmanuel 1995: »The Enclave Culture«. In: Marty, Martin E./Appleby, Scott R. (Hg.) 1995

Straub, Jürgen 1991: »Identitätstheorie im Übergang?« In: *Sozialwissenschaftliche Literatur Rundschau* 23

Taylor, Charles 1997: *Multikulturalismus und die Politik der Anerkennung. Mit einem Beitrag von Jürgen Habermas.* Frankfurt/M.

Teheranian, Majid 1993: »Islamic Fundamentalism in Iran and the Discourse of Development«. In: Marty, Martin E./Appleby, R. Scott: *Fundamentalisms and Society.* Chicago/London

Terkessidis, Mark 1995: *Kulturkampf. Volk, Nation, der Westen und die Neue Rechte.* Köln

Thränhardt, Dietrich 2000: »Conflict, Consensus, and Policy Outcomes«. In: Koopmans/Statham 2000

Tibi, Bassam 1992: *Die fundamentalistische Herausforderung: Der Islam und die Weltpolitik*. München

Tibi, Bassam 1995: *Krieg der Zivilisationen. Politik und Religion zwischen Vernunft und Fundamentalismus*. Hamburg

Tibi, Bassam 2000: »Hidschra nach Europa. Probleme der Integration islamischer Einwanderer in Deutschland«. In: *Die Zeit*. 18. 12. 2000

Tönnies, Ferdinand 1987: *Gemeinschaft und Gesellschaft. Grundbegriffe der reinen Soziologie*. Berlin

Touraine, Alain 1995: *Critique of Modernity*. Cambridge

Trautmann, Günter 1984: »Italien – Eine Gesellschaft mit gespaltener politischer Kultur«. In: Reichel, Peter (Hg.): *Politische Kultur in Westeuropa. Bürger und Staaten in der Europäischen Gemeinschaft*. Frankfurt/M. S. 220- 260

Unabhängige Kommission Zuwanderung 2001: *Zuwanderung gestalten. Integration fördern*. Berlin

UNESCO 1998: *World Culture Report. Culture, Creativity and Markets*. Paris

Voll, Klaus 1989: »Fundamentalistische Tendenzen unter Hindus und Moslems in Indien«. In: Meyer, Thomas (Hg.) 1989b

Wallerstein, Immanuel M. 1992: *Geopolitics and Geoculture: Essays on the Changing World-System*. Cambridge

Walzer, Michael 1991: »The Idea of Civil Society«. In: *Dissent*. Frühjahr 1991

Weber, Max 1978: *Gesammelte Aufsätze zur Religionssoziologie*. Tübingen

Weiß, Anja 2001: »Was macht interkulturelle Konflikte aus? Kulturelle Differenzen, ethnische Identitäten und die Frage der Macht«. In: *Journal für Konflikt- und Gewaltforschung*. Universität Bielefeld. 2/2001. S. 87-110

Wellmer, Albrecht 1993: »Bedingungen einer demokratischen Kultur. Zur Debatte zwischen Liberalen und Kommunitaristen«. In: Brumlik/Brunkhorst 1993

Welsch, Wolfgang 1994: »Transkulturalität – die veränderte Verfassung heutiger Kulturen«. In: Stiftung Weimarer Klassik (Hg.): *Sichtweisen. Die Vielheit in der Einheit*. Frankfurt/M.

Welt, Jochen 2001: »Von der gesellschaftlichen Selbsttäuschung zum Zuwanderungs- und Integrationskonzept«. In: Mehrländer, Ursula/Schultze, Günther 2001

Zentrum für Türkeistudien 1999: *Das integrative bzw. desintegrative Potenzial türkischer Selbstorganisation unter besonderer Berücksichtigung ethnisch verdichteter Stadtteile*. Essen

Geschichte und Politik
in der edition suhrkamp
Eine Auswahl

Hannah Arendt revisited. »Eichmann in Jerusalem« und die Folgen. Herausgegeben von Gary Smith. es 2135. 320 Seiten

Stephen Bronner. Augenblicke der Entscheidung. Übersetzt von Petra Willim. es 1981. 247 Seiten

Marie-Janine Calic. Der Krieg in Bosnien-Hercegovina. Ursachen – Konfliktstrukturen – Internationale Lösungsversuche. es 1943. 256 Seiten

Lorraine Daston. Vom Nutzen und Nachteil der Historie für die Wissenschaften. es 2199. 80 Seiten

Kurt Eisner. Zwischen Kapitalismus und Kommunismus. Herausgegeben und mit einer biographischen Einführung versehen von Freya Eisner. Mit Abbildungen. es 1982. 311 Seiten

Europa im Krieg. Die Debatte über den Krieg im ehemaligen Jugoslawien. es 1809. 157 Seiten

Richard J. Evans. Im Schatten Hitlers? Historikerstreit und Vergangenheitsbewältigung in der Bundesrepublik. Übersetzt von Jürgen Blasius. es 1637. 283 Seiten

Fluchtpunkt Europa. Migration und Multikultur. Herausgegeben von Martina Fischer. es 2062. 248 Seiten

NF 315/1/11.00

NF 315/4/11.00

Von der Risikogesellschaft zur Chancengesellschaft. Herausgegeben von Erwin Teufel. es 2209. 300 Seiten

Was hält die moderne Gesellschaft zusammen? Herausgegeben von Erwin Teufel. es 1977. 340 Seiten

Der Zusammenbruch der DDR. Soziologische Analysen. Herausgegeben von Hans Joas und Martin Kohli. es 1777. 325 Seiten

Eine kleine Geschichte ...

Eine kleine Geschichte Brasiliens. Von Walther L. Bernecker, Horst Pietschmann und Rüdiger Zoller. es 2150. 368 Seiten

Kleine Geschichte Haitis. Von Walther L. Bernecker. Unter Mitarbeit von Sören Brinkmann und Patrick Ernst. Mit Abbildungen. es 1994. 220 Seiten

Eine kleine Geschichte Polens. Von Rudolf Jaworski, Christian Lübke. Michael G. Müller. es 2179. 384 Seiten

Eine kleine Geschichte der Schweiz. Der Bundesstaat und seine Traditionen. Von Manfred Hettling, Mario König, Martin Schaffner, Andreas Suter, Jakob Tanner. es 2079. 322 Seiten

Eine kleine Geschichte Ungarns. Von Holger Fischer und Konrad Gündisch. es 2114. 302 Seiten